吴式颖 口述 孙 益 李曙光 整理

吴式颖口述史

北京师范大学出版集团
BEIJING NORMAL UNIVERSITY PUBLISHING GROUP
北京师范大学出版社

吴式颖

前　言

　　我出生于贫寒家庭，生长在中华民族和国家处于危难的年代。新中国诞生后，在党和人民的培养下，我成长为一名能够在外国教育史专业方面做点事情的知识分子。在我担任博士生导师的第二年，适逢北京师范大学90周年校庆，学报的编辑同志对我做了一次访谈，后来这次访谈的简要内容被纳入北京师范大学出版社出版的《学者写真》校庆纪念册。这是我第一次对公众谈论自己的人生道路。不久，国务院学位办公室又通过学校让我们这些当时的博士生导师写一份关于自己专业成长道路的自述，我才第一次对自己的生平和我是怎样走上外国教育史研究道路的情况做了一个小结。这份自述后来被纳入由国务院学位办公室主编、上海教育出版社1997年出版的《中国社会科学家自述》。

　　2008年，可能是考虑到我即将年满80岁，张斌贤教授向我提出编一部自选集的建议，并让他的博士生陈露茜、林伟等为我做一些电脑录入工作。2009年，这部定名为《教育：让历史启示未来》的自选集在我生日前夕由人民教育出版社出版了。在该文集的正文前载有一篇以"自序：走向教育历史的深处"为篇名的序言，比较详细地讲述了自己艰难的求学之路和学术探究的情况与体会。

　　我已经退休多年。由于常年养成的习惯，而且身体还算健康，我每天仍在阅读各种书籍，做一点力所能及的工作。这既是自己兴趣之所在，也是一种精神寄托。我曾想过，如果我能活到90岁，可以写一本回忆录，对自己的一生进行反思，但没有想过要做口述史，因为我认为自己只是一个普通的知识分子和教师，做了自己应该做的事情，一些重要的成果都是大家共同努力的结果。2012年春天，青年教师孙益对我说，教育历史与文化研究院给了她一项为我做口述史的任务，她将带着张斌贤教授的博士生李曙光和她自己的硕士生杨璐仪一起完成这项任务，我感到有些突然，但又认为应该服从院领导的安排，也就放下手边未了之事而为完成口述史做些准备。两年来，孙益、李曙光、杨璐仪不辞辛劳，与我密切合作，完成了这部口述史。期间，教育学部的负责人石中英教授和教育历史与文化研究院负责人郭法奇教授在遇到我时总要问："口述史做得怎么样了？"这使得我感到学部领导和院领导对这项工作的重视，对我坚持完成口述史的工作起了促进作用。说实在的，在我向孙益等年轻同志讲述自己的人生经历和专业工作时，对于做这样一部口述史是否有价值，我还是有一些疑虑的。在这项工作即将结束之际，一个偶然的机会让我读到19世纪德国著名诗人海涅的如下诗句："每个个人都是一个世界，这世界同他一起诞生、一起死亡，每一块墓碑下都埋葬着一部世界历史……"①，深感其中蕴意之深远。我虽然是一个平凡的中国知识分子，但这份口述史所讲述的也是一个人一生的生活过程和精神世界，其中在某种程度上亦折射着中国人民艰苦奋斗和奋勇前进的历史。

十分感谢北京师范大学教育学部和教育历史与文化研究院对我这样一个老教师工作与生活上的关怀。衷心感谢褚宏启、张斌贤等教授的关心和支持，衷心感谢孙益、李曙光等年轻同行为完成我的这部口述史所付出的辛勤劳动。

---

① 章国锋、胡其鼎主编，章国锋译，《海涅全集》（第六卷），《从慕尼黑到热那亚的旅行》，石家庄，河北教育出版社，2003年版，第84页。

目　录

第六章　主持与参加的重大课题研究及教学工作

后记

第一章　童年、少年和青年早期

一、我的故乡在哪里

一般来说，籍贯是指一个人祖居或个人出生的地方，故乡是指个人出生或长期居住过的地方，也就是"家乡"或"老家"。由于近百年来中国社会的动荡，许多人的祖居地、出生地和长期居住过的地方并不一致。因此，对许多中国人来说，当人们询问他们"你是哪里人"时，往往需要加以解说，而不能做一个简单的回答。在一些人所填的简历表中，籍贯和出生地也往往是不一致的。我的情况正是如此。

在这次访谈前，我对自己的籍贯和故乡并没有做过认真的研究，每当有人问我"你是哪里人"这个问题，我总是回答说："我的祖籍是安徽泾县，出生在河南信阳，长在湖南。"而且还经常加上如下的一段解说："我的籍贯虽然是安徽泾县，但我家里的人，包括我的父母亲，除了我以外，谁都没有到过安徽，我也只是因为'文化大革命'期间教育部的'五七干校'办在安徽凤阳才在安徽待过几年。泾县，我只有一次乘汽车从芜湖到杭州时经过那里，也没能下去看一看。我虽出生在信阳，但七八岁时因为躲日本兵就离开了那里，再也没有回去过。我是在湖南长大的。我的母亲是湖南长沙人，湖南的亲戚多。抗日战争开始不久我们就逃到湖南去了。抗日战争胜利后，我家又定居长沙，可以说我是湖南人。"此外，在我模糊的印象中，我家是从我的祖父开始离开泾县的，这次为了做口述史能留下信史，我认真地研究了一下父亲留给我们的一份以"我的家庭"为标题的"自叙"，这使我对父亲的家史以及父亲的经历有了更多的了解，从而对我的籍贯和故乡等问题有了新的认识。

在父亲留下的"自叙"中，一开始就说，他的"祖籍"是安徽泾县，那里"吴姓为大家族"，这说明我们以前按父亲传下来的说法，认为我们的祖籍是安徽泾县并没有错。但是父亲在其"自叙"中又说，并不是我们的祖父，而是他的祖父（我们的曾祖父）在世时就离开了安徽泾县，"流寓湖北省武昌"。父亲在其"自叙"中并没有说他的祖父在武昌做过些什么，也没有谈及他的祖母，只是说他的祖父"不及五旬即终"，他的父亲"幼孤"，是由其姊抚养长大的。后来，我们的祖父跟着他姐姐的公公学习刑钱之学，也就是学习做州县小官吏的为官之道，学成后曾在湖北、河南的一些县政机关工作，最后定居河南信阳，终年51岁。我的祖母姓金，是典型的家庭妇女，不识字。他们生育子女十人，其中一个女孩早年夭亡，一个男孩过继给祖母的弟弟，留下三男五女。父亲的外公是徽商，所以祖母崇尚经商，主张她的儿子们学做生意。我的伯父和父亲都有做学徒的经历。伯父曾在成衣店当学徒，后来在信阳盐厂工作，终年39岁。我的父亲于1899年出生在湖北省洪安县（原黄安县）。由于祖父母的住地长时间到处流动，所以他只上过五年私塾，11岁开始在汉口的百货店和钱庄当学徒，18岁时回到河南信阳家中，第二年奉双方父母之命和我的母亲成婚。他们养育了七个子女，其中两个男孩幼年夭折。除了一个男孩是抗日战争中出生在湖南益阳的农村，大约三岁病亡以外，其他的孩子都是在信阳出生的。在我的前面有一个哥哥，五六岁的时候在信阳生病死亡，完全长大成人的有我和比我年长9岁的大姐、比我大6岁的大哥、比我小4岁的妹妹以及比我小6岁的弟弟。

由于我母亲的亲人，包括我母亲的祖父、父亲和叔父起初和我的祖父一样，也在湖北与河南的一些县政机关做事，我父亲成婚后曾尝试着在县政机关做点事情，但是他对官府的事情不感兴趣。当时社会秩序混乱，时常有土匪围城或兵变之事，工作也很难做，几年之后他就不做了。后来，上海道路协会的宣传品在信阳发行，父亲积极参与宣传修路的运动，并促成了从信阳至潢川公路的修筑，之后又在信阳的大同医院服务多年。北方军阀混战时期，陕军围困信阳达两个月之久，我的祖父是在信阳被围期间病故的。解围后，上海的两个慈善团体（济生会、灵学会）来信阳赈灾。当时我父亲是信阳大同医院董事会的文牍兼会计，遂与上海的两个慈善团体建立了联系。上海灵学会主办长期赈灾，设立了筹办贫民工厂的基金。北伐战争期间，信阳地区驻军撤出，北伐军队到来时，国共两党都在这里开展宣传活动，父亲说他也曾积极参加群众运动。就在我出生的1929年秋，北军又南下到信阳，向地方筹款，绅商要动用贫民工厂基金，父亲坚决反对，遂遭军队追捕，士兵把我家围起来了。当时我母亲正在坐月子，父亲就躲藏在她坐月子的房间里。民间有一种说法，外人进到坐月子的屋里，对他们自己是不利的，所以士兵们忌讳进去搜捕，父亲因此逃过这一劫。这件事，我曾不只一次听我母亲和大姐说过。据说，这是我父亲特别喜欢我的原因之一。他们这样说，可能也是逗我开心的玩笑话。不过，这件事对我父亲来说，却是人生的一个转折。因为在这种情况下，他是不能再在信阳待下去了。于是他连夜逃往上海去找灵学会，长达四年不敢回家。在上海逃亡期间，他认识了一些经商的人，从此走上了为商人帮工或与人合伙做生意的道路。在上海期间，他曾受友人邀请到青岛、济南等地收购鸡蛋，感受到日本侵占青岛对经商的不利影响。四年之后，因为我的伯父病逝，父亲成了家中最年长的男子，他不得不回信阳养家糊口。

回到信阳，父亲即受邀请加入名为"瑞源通号"的香烟公司，主持推销业务。经过他的努力，公司获利颇丰，两大经理要提取特别红利，并答应给我父亲提成。为了维护众多小股东的利益，父亲坚决反对。为此，他与经理发生矛盾，便辞职不干了。后来，父亲受一位钱庄老板邀请，帮助他推销"裕中公司"的淮盐。父亲与"集成盐号"取得联系，多次由新浦运盐到信阳，分给全县的盐店销售，得到了一些报酬。以后便与几位友人集资开办了"信安盐号"，由我父亲担任经理。其间还与上海"通益盐号"的老板江白云先生建立了联系，帮助他开展陕南的水运业务，在经营盐务的过程中，父亲还参与筹资开办了一所商会小学。这是抗日战争前父亲在信阳所做的一些事情和他建立的一些社会关系。

抗日战争爆发后，我的父亲由陕南回信阳并转新浦（盐厂）清理了多年的经济来往账单，再回信阳"信安盐号"办理结束工作。各股东十分友好地只收回了原股，余下6000元钱交给父亲处理。父亲不愿意生活在日本统治下，当日军逼近信阳时，他将家中难以带走的全部东西存放到侄媳妇乡下的娘家后，带领全家17口人（祖母、三个没有出嫁的妹妹、四叔，伯母以及他的儿子、媳妇、孙女，父亲、母亲和我们兄弟姐妹五人，以及过继给舅舅家的三叔的一个比我小3岁的男孩金永年）逃出了信阳。

从以上情况看，河南信阳是我的祖辈、父辈长期生活过的地方，也是我们兄弟姐妹的出生地，可以说是我们的老家。而且，说河南信阳或湖北的武昌是我们兄弟姐妹的祖籍似乎比安徽泾县更合理。如果没有日本军阀对我国发动的侵略战争，我家在河南信阳的生活可能会越来越好，我在童年和少年也不会经受那么多的磨难。但是，信阳没有给我留下多少印象。听家人说，我们在那里住的房子是自己家的，而且是一幢不错的砖瓦房，后来在日本的空袭中被炸毁了。这可能是抗战胜利后我家没有重新回到信阳的原因吧！此外，我最近努力回想起来，我似曾上过父亲参与筹办的信阳商会小学，但不记得上了多长时间。模糊中记得离小学不远的地方有一个较大的池塘。有一次，我到池塘旁边去玩耍，不小心踩到池塘边有点发黏的稀泥里了，好不容易才走出来，不记得我是怎样回到家中的。还听家里人说过，我小时候曾得过一次有可能危及生命的疾病，是经中医针灸抢救过来的。

我家逃离信阳后，首先是到武汉，而不是直接到湖南长沙。这是父亲在其"自叙"中所说的。这使我忆起，父亲最小的妹妹（我们称之为团姑）此前已嫁给武汉的龚姓商人。龚家的有些人后来还和我家一起逃到湖南，但一段时间后，他们先到四川去了，没有和我家一起经历八年的逃难生涯。因此，逃难到武汉没有在我的记忆中留下什么印象。

对于我家逃到湖南以后的生活情况，我开始有了比较清晰的记忆。在长沙，我们见到了外公外婆，还有我们的二姨和五姨两家亲戚。外公脾气很大，喜欢教训人，我们都不大喜欢他。外婆相信佛教，口中经常念念有词，当时我们也不明白她念的是什么。不过，她对我们每一个人都很和善，疼爱我们这些孙辈，我们喜欢她。在长沙，给我留下印象最深的是躲避日本人的空袭，空袭警报的尖叫声使我们心感颤栗。长沙夏天天气十分炎热，为了躲避日本人的轰炸，我们多半大清早就跑到湘江对面的乡下去（人们称之为"对河"）。日军轰炸时飞机飞得很低。曾听说有一次日军向农家的冬瓜架子扔了炸弹，湖南的冬瓜长得很大，日本人以为冬瓜架子下面躲着人，这使我们感受到日本军人的残忍。如果不到对河去，日本飞机来袭，我们只能躲在家里的桌子下，以求安心。倘若真的把炸弹扔到我们房顶上，那自然是毫无用处的。我们在长沙经常过着这种提心吊胆的日子，后来我们搬到湖南益阳的乡下，这次住的时间比较长。印象中，益阳人非常好客，走到谁家，都会热情地为我们端上黎茶，茶里面有黄豆芝麻之类的东西。父亲、我的叔父（四叔）和大哥好像没有常住乡下。父亲可能是在外面做生意，叔父和哥哥在外面的学校里念书。只记得那段时间我经常和过继给舅家的那个叔叔的男孩金永年一起上山打柴，还到离家有一段路程的一个水池去抬泉水，供家里做饭。金永年在新中国成立后参加了解放军，转业后由西北到安徽合肥定居，因为他的夫人是合肥人。我们现在还有联系。在益阳乡下时还有一件事让我记忆很深。当时我母亲快要生我最小的那个弟弟（后来夭折），临产前让我和金永年到我们经常打柴的山那边去找接生婆。那是一个早晨，我心里很着急，也有点害怕，毕竟当时我也就十一二岁。

参看父亲在"自叙"中所说的，我家逃难到长沙后，他先是请我们的五姨父（姓向）用"信安盐号"股东们留给他处理的6000元钱购买一些青布保存，后来五姨父将这笔钱退给了他。父亲只得自己去经商，曾到广州、温州办货，但战时交通混乱，货物托运中遭受了一些损失。后来经逃难到湘潭的龚家姑父的一位湘潭籍店友介绍到了湘潭，参与一位富裕商人合资开办的南货店，我家因此由益阳乡下搬到湘潭所属石潭镇的乡下居住。这是和益阳乡下一样的鱼米之乡，生活是比较容易的，还很有乐趣。用一个小网可以从小河沟里捞到很多小虾，不但可以吃新鲜的，还可以与米粉拌和在一起腌制起来，留着冬天吃。在小河里也可以捞到鱼；在田里可以捡到田螺。田螺也可以晒干了留着冬天吃。家里租住的房子旁边还有一个菜园，我们自己在园子里种菜，解决家里对蔬菜的需求。

我们家住在石潭乡下时，不幸的事是我的那个大约三岁的小弟弟生病夭折。一件让我庆幸的事是金永年这时开始到石潭镇的小学上学（走读），他年龄小，家里让我陪伴他上学。因此，我也在石潭小学念过书。

父亲在"自叙"中说，他在湘潭参与经营的南货生意，由于该商人的亲戚主持业务时用人不当，将他的"资本亏尽"，以"失败告终"。所幸的是他与从上海迁到重庆的"通益盐号"的老板取得了联系。该商号要在湖南衡阳设一个批发点，老板委托父亲办理此项业务，父亲又将全家由湘潭乡下迁到衡阳居住。这次搬迁的时间大致是在1942年的上半年。所以，抗日战争的前几年我家主要是在湖南农村生活，我在承担家里辅助性劳动的过程中经受了锻炼，同时也看到了农民劳动的艰辛。此后两年多（1942年上半年至1944年夏天），我们是在湖南的第二大城市衡阳度过的，一直到长沙失守衡阳告急，我家才离开湖南逃往广西桂林，开始更为艰苦的逃难生涯。

在衡阳生活的两年多时间里，我的伯母因她的老毛病去世，她的媳妇和孙女患霍乱去世，我的叔伯哥哥吴载福受此打击先于我们离开了湖南，没有和我们共度最后的艰难时光。但是他在抗日战争胜利后也回到湖南长沙定居，并和一位湖南女子再婚，他们生育的也是一个女儿，这使我的这个叔伯哥哥晚年生活过得很幸福。我的大姐在我们居住在衡阳时嫁给了我五姨父哥哥的儿子，他们先去了广东，因为我的姐夫当时在广东南雄工作，所以我的大姐也没有和我们一起经受抗战时期最后一年多的困难日子，但是她在结婚之前帮了我一个大忙。我母亲最小的妹妹（我们称之为元姨，姨父姓左）一家也在衡阳，我大姐在结婚前经常到元姨家里去帮助做针线活。得知我的姨父兼做铁路员工子弟小学（湘桂铁路扶轮小学）校长并且元姨在该校当教师后，大姐便请求元姨设法让我得到学习机会。在元姨的安排下，我得以到该校读书，从此走上正式的求学之路。这是我人生道路上的一大转折。

总之，我虽然出生在河南信阳，我的祖辈和父辈曾经在这里生活，但是我在信阳时年龄很小，记事不多，离开后也没有再次去

1983年，我的父亲（84岁）、母亲（83岁）摄于长沙天心阁公园。

1962年冬，姐姐、妹妹和我。中间是妹妹的儿子小波。

我的弟弟吴载阳、弟妹陈福云在湖南省邵东县第三中学工作时合影。

过这座城市。所以，我对信阳这个老家没有多少印象，更谈不上有什么感情。这是日寇侵略我国造成的结果。逃难到湖南以后我已记事。抗日战争前七年我们家主要在湖南生活，我在这里成长。湖南农村给我留下了山清水秀、物产丰富、民众好客而不欺生的印象。我家搬到衡阳以后虽然发生了一些不幸的事，大姐也离开我们远走他乡，但是在她的关心下，我真正开始上学读书。这一切使我对湖南这个新的家乡充满了感情。加之抗战胜利后我家也没有回到信阳，而是由四川北碚经武汉回湖南长沙定居。我的妹妹长大以后嫁给了湖南人，我的弟媳是湖南醴陵人，大哥长时间在湖南常德工作，在那里成家，并在那里病故。他们长期在湖南工作、生活，成了地地道道的湖南人。父亲退休后，父母也多住在湖南弟弟或妹妹家里，最后在妹妹家里因病先后去世，安葬在长沙潇湘陵园。所以，对我来说，我更倾向于认为我的故乡在湖南，我是湖南人。

二、我家逃难生活的最后历程

我家又怎么会跑到四川北碚去了呢？

1944年，日本侵略者做垂死前的挣扎，疯狂发动对湖南并深入我国西南腹地的战争。长沙失守，衡阳危急。这时，父亲也在衡阳（他是在衡阳和重庆两地之间经商），就带着全家逃离我们居住了两年多的衡阳。记得我家逃离衡阳时是夏天，是学校放暑假和招生的时节。当我们准备出逃时，已经看见马路上向西撤离的士兵，晚间还听到远处的枪炮声。我们先乘火车到广西桂林，但只住了很短的一段时间。即使在这种情况下，我在桂林还考上了一所中学（记得是汉民中学），只是因我患了疟疾发高烧而没能去上学。不久，日军又逼近桂林，我家不得不再次出逃。这一次，我家连火车座位票都没有买到，全家就挤在一节车厢厕所旁边的过道里。但我们能够坐在车厢里还算是幸运的，因为就连车厢顶上都坐着不愿意遭受日寇统治的逃难者，听说火车过山洞的时候还有人从车上掉下来摔死了。

由于火车上人员拥挤，又谈不上有什么卫生条件，车厢中疾病流行（霍乱、痢疾之类），时常有人死去，大家每天都是在担惊受怕的心情中过日子。父亲时时叮咛我们注意防病，他要求家里的人宁可饿一点，也不要吃不干净的东西。我家在这种情况下没有人得上传染病，这的确是很不容易的。后来，我在生活中比较讲究卫生，养成了经常洗手的好习惯，在很大程度上与那时在心理上留下的深刻影响有关。

此外，那时候也没有什么交通秩序可言。火车走走停停，开动时也不发出什么信号。在这种情况下，我家经历过一次很大的风险。我们当时都知道家里经历的这次风险。在这次风险里，我们只差一点就失去了自己的母亲，父亲只差一点就失去了他的伴侣。几十年以后，父亲在其"自叙"中仍然详述了我家经历的这次风险。当时父亲生病，都是母亲亲自照应茶水，有一次母亲下车取水，当她向车上递水时，火车突然发动而无信号告知，母亲受惊倒在车下，幸好她身后的人将她拖出，才使她躲过一劫。父亲写道，当时真是"危险至极，幸遇路旁好心人士冒险将她拖出，她双脚一缩，车轮即过，情状真是惊心动魄，群众都赞此人有德性"。父亲最后说他每当想起这一情节，心中仍有余悸。我们又何尝不是如此呢？

最后，当我们乘坐的火车如此走走停停地开到广西的一个小站金城江时，敌人打到我们前面，截断了火车的去路。全车人不得不下车靠步行逃难。大家一起翻山越岭，风餐露宿。逃难的队伍犹如一条长龙，弯弯曲曲，慢慢地向前移动，络绎不绝，看不到尽头。情景和林语堂先生在其所著《京华烟云》一书中对逃难群众所做的描述类似。不过他写的是人们由浙江往江西的方向逃，而我们是从广西往贵州的方向逃。这是我家在抗战中所经历的最困难的日子。我们携带着身边的一点东西（托运的行李都丢失了），挑着做饭用的家什，今天十里，明天二十里地往前走，晚上找不到房子住，就抱几捆稻草垫着睡在地里，白天多靠玉米棒子充饥。这样走了大约半年，才走到贵阳，住在难民所里，头上身上都长了虱子。逃难途中有时也看到饿死或病死的人，情状凄惨。还有一次，我们看到一个大约三四岁的女孩被遗弃在路旁。据说，大人为了背轮胎到贵阳去卖钱，就把自己的孩子扔了，大家纷纷议论，十分气愤。逃难途中的许多见闻让我认识到社会和人性的复杂。

我家在贵阳难民所里住了一个多月，父亲与重庆的"通益盐号"取得联系并得到汇款以后，我们才乘坐汽车到达重庆。父亲在"自叙"中说，是为了免遭空袭，我想父亲也是为了节省家里的开支，选择了离重庆不远的北碚安家。父亲就是这样带着自己的家人逃难到四川北碚的。北碚成了我家在抗日战争中的最后一个落脚点。这时离抗日战争的最后胜利已经不远，但当时我们并没能预见到。父亲将家事稍作安排后就急着到重庆"通益盐号"工作，他把我也带到了重庆。他与他的老板江白云先生商定，让我借住在江先生沙坪坝的家里备考中学。沙坪坝是重庆的文化区，中央大学及其附属中学、南开中学都在这里。因此，我在北碚的家里待的时间不长。我是在沙坪坝而不是在北碚家里迎接抗日战争胜利这一重大节日的。

三、我的父亲和母亲

我的父亲吴颖生（1899—1995）和母亲尹幼秋（1900—1996）都活到90多岁，都可以说是长寿之人。

1993年冬，父亲（94岁）母亲（93岁）在长沙家中合影。

在新中国成立前，父亲的生活道路曲折。从前面我对抗日战争前我家在河南信阳的生活情况和抗日战争中我家逃难经历的概述中已经可以清楚地看到我父亲在新中国成立前的人生态度、他建立的社会关系和他的社会活动轨迹。总体上说，我的父亲是个爱国、爱家、富有正义感和热心公益事业的小商人，重视子女教育。我的祖父和伯父早逝，没有给父亲留下多少家产，却留给他很多需要担起的责任。从年轻的时候起，他就不得不为赡养母亲、有病的大嫂及其幼子、几个未出嫁的妹妹和未成年的弟弟以及他自己的妻子和儿女而奔忙。当生活情况刚刚有点起色，又因日寇入侵不得不携带全家走上逃亡之路。在经历最后大半年的逃亡之后，正如他在"自叙"中所说的"身外之物完全损失，所幸人口无损，诚不幸中之万幸"。（他从信阳带出的家人除已有老年病的伯母、我的堂嫂和她的女儿外，全都保全下来了。）抗战胜利后，父亲卖掉信阳已被日本飞机炸毁房屋的庭院，用所得的钱与人合伙做生意养家活口，到新中国成立前夕，已落到"山穷水尽"的地步。新中国成立后的前三年，他仍为友人做生意。1952年，他找到了一份稳定的工作：在武汉民权煤炭中心店当会计，直至1972年12月退休。他在其"自叙"中写道，"这是我一生工作最长的一次"，他感到晚年生活很幸福。他留下的最后遗言是："人死是自然规律，我死后要求不通知亲友，不举行送葬习俗，不开追悼会，不请客，不收礼，一切从简，遗体火化，骨灰送农场施肥或植树，不留名。这样于国于家都有利。"他的遗言也体现了他的豁达无私。他写这份"自叙"时已满93岁，时间是1992年6月。此后他又健康地活了三年有余。我的母亲是个家庭妇女，没有读过书。她性格温顺，待人和善，很少对子女发脾气，很像我的外婆。但是她不信佛，不念经，整天在家里劳动，几十年为家里人洗衣做饭，从不抱怨。我们小时候穿的鞋子都是她做的。做

1986年12月父亲在湖南株洲被汽车撞伤，幸喜伤势不很严重。但我们兄弟姐妹已齐聚株洲，于是有了我们与母亲（86岁）的这一张合影。后排三人是我的大哥、大嫂和弟弟，前排从左至右依次是弟媳、妹妹、母亲、大姐和我。

鞋可能就是她的休息了。她不仅生养了我和我的兄弟姐妹，对孙辈也多有照顾。母亲只比父亲小一岁，父亲去世不足百日，她几乎是无疾而终。我的父亲、母亲都是因为摔了跤卧病而逝的。父亲卧病不足三日，母亲也只卧床一个多月。母亲的那种慈祥、勤劳、节俭和朴实的形象，永远留在我的脑海里。童年和少年时代的我受到了父母言行潜移默化的影响，这是毫无疑问的。

四、小学和中学的求学之路

从前面的讲述中，我已提到在1942年前我有两次上小学的经历。其中一次是抗日战争前上信阳商会小学，但在那里上了多久，学了一些什么，我一点也想不起来，只想起曾经踩到学校附近池塘边稀泥里的小事。想起曾上信阳商会小学的事，是因为父亲在其"自叙"中说到他曾"出资开办商会小学，临走时询问校内尚存800余元"。他说的"临走时"就是准备逃难时。另一次上学是陪金永年上石潭镇小学。学校离我家有三四里路，我们是走读。这是我经过调查核实得出的结论。在我原来的记忆中，我是陪伴自己的亲弟弟吴载阳上学。这次我给他们两个人打电话核实，弟弟说他没有上过石潭小学。他开始读书是在四川北碚，金永年说他在石潭镇的小学上过学。我在前面已经说过，金永年是祖母过继给她娘家弟弟的那个孩子（我们的三叔）的儿子。小时候，他也住在我们在信阳的家中，后来和我们一起逃难。在我和他的这次通话中，他还告诉我，他也经历了我们最后半年的步行逃难生活，到北碚之后才被家里派人接回陕西。他说，他在石潭小学读了一年多书，上到二年级。"在石潭小学读了一年多书"，这一点和我的记忆是相符的。不过，家里并不是有意让我去上学读书，而是陪伴弟弟上学，这一点我是记得很清楚的。当时农村的女孩子没有去上学的，我家里的三个姑姑和大姐也都没有上过学，她们都是文盲，等待她们的是长大了出嫁，依靠男人过一辈子。所以，这两次上学我都缺乏学习动力，既没有人要我学，我也没有要学。在信阳商会小学时，我年龄还小，没有学习的自觉性；第二次上石潭小学，大人明确地告诉我："上学，读书学习不是你的事，你的事主要是照顾好弟弟。"但这两次时断时续的学习还是为我以后主动的求学之路打下了一点读、写、算的基础。

我正式踏上主动求学之路是在我家搬到衡阳以后。在这座城市，不少女孩也上学读书，唱抗战歌曲，在女子中也有不少有文化的人。我的元姨就是受过教育、拥有一定文化、有自己工作的人，为我们树立了鲜活的榜样。我的大姐心灵手巧，但没有受过教育，没有文化，面对城市生活，她首先觉悟到有文化和没有文化的女子面临的前途是不同的。当时她已经知道大人在为她安排婚事，已经不可能得到学习机会了。因此，她在帮助元姨做针线活的时候就请求元姨为我解决学习问题。她说，"我（指她自己）已经吃了没有文化的亏，只能靠别人养活，我不想让她（指的是我）也走我这条路。"我的元姨安排我到她自己任教的湘桂铁路扶轮小学学习。这所学校离我家比较远，不能走读，又没有住校生制度，元姨就让我借住在她的同事和好友周老师的房间里，让我插班上四年级的课。这次上学成了我离家上学的起点。为此，我的祖母大发脾气，严厉地训斥了我的大姐，说她胆子太大，五六天不让她出门。可见我真正上学读书实在是一件不容易的事。学习机会的难得和大姐的困境与遭遇使我的学习有了主动性和自觉性，我意识到自己要学习了。成为一个有文化、能够独立生活的人，是我学习的主要动力，而且要赶紧、赶快，这种思想支配了我以后的中小学时期的全部生活。赶紧、赶快，是因为我比班上同学年龄大一些，而且家里人口多，父亲挣钱不容易，我在外面读书，至少需要父亲给我拿出一笔额外的生活费，尽管他后来说过讨饭也要供我上学读书，但是这在我心里仍是一个沉重的负担。

由于湘桂铁路扶轮小学没有住校生制度，长期麻烦周老师也不是个办法，读了一年多，我就转到好像是属于衡阳盐务局的慈保小学去读书。这所小学收住校生。我们的邻居是个老中医，他的女儿钱大咸就在这所学校念书，是她告诉我的。转到慈保小学后，我成了钱大咸的同学，我们成了好朋友。她很爱唱歌，经常唱《松花江上》《大刀进行曲》《阳关三叠》等歌曲。至今我还记得她的声音。新中国成立后，她参了军，复员后在长沙湘雅医院工作。后来我的妹妹在医院里碰见了她，告诉她我有妇女病并为此苦恼。她让她的父亲介绍我到北京西苑医院找一位姓郑的老中医（这位中医是她父亲的师弟），很快就医好了我的病并怀上了孩子，真是无巧不成书。

在慈保小学的生活既紧张而又愉快。我勤勉学习。在同学中，我的字写得比较好，得过101分。我们看过很多课外书，我很喜欢冰心的《寄小读者》。我现在的名字是我们的班主任魏老师起的。我以前的名字叫"爱珠"，我不喜欢，请她给我改一个名字，她为我起名"式颖"。"式"是效仿的意思，"颖"来自父名中的一个"颖"字，"式颖"也就是"效仿父亲"的意思，说明魏老师对我这个学生的经历和家庭情况非常了解。仅此一点，就使我对魏老师永远不能忘怀。在慈保小学，我不仅主课学得很好，在音乐方面也受到了陶冶，使我有了音乐感。至今，我也喜欢听音乐，在劳动时喜欢唱歌，特别喜欢民歌和地方戏（黄梅戏、越剧等，但不懂京剧），就是当时打下的基础。慈保小学是男女同校。记得毕业时有个姓李的男生为我写的毕业留言是："希望

初中时候的我。

你成为第二个冰心。"这说明少年人的天真,同时也说明当时的少年儿童都处在一种努力追求崇高和善良的气氛之中。

此后,我经历了一年左右逃难生活的艰难困苦。即使这样,逃难开始不久,我在桂林还考上了汉民中学,只因生病未能入学,可见求学心情之迫切。因此,逃到四川北碚后,父亲就把我带到重庆沙坪坝,借住在他的老板江先生家备考。我的四叔还带我到南开中学找我们龚家姑父的一位亲戚,她当时在南开中学任教,使我得以在南开中学补习了一下功课,如愿以偿地考上了中央大学附属中学沙坪坝分校(中央大学附属中学还有一所分校在青木关)。它当时是重庆最好的一所公立中学,免收学费。父亲为我感到高兴。他的那句"讨饭,我也要供你上学"的话就是在那时说的。他的这句话一方面给了我极大的鼓励;另一方面也让我感到不安,让我懂得家里的确是非常困难。这也是我在中学总是想着跳级,把一年当两年用的原因。考上中学后,我也没有回北碚。入学后的第一个寒假,我和同班同学尹心英一起回了一次家,她的家也在北碚。以后,至少有三年时间,我都忙于学习,没有回一次家。

我在中央大学附属中学沙坪坝分校读完了初中一年级的课程,各门成绩都不错,是班上的好学生。由于生活经历丰富,我的作文写得比较好。有时语文老师把我写的作文拿到班上念给同学听,还参加过一个名为"晨星报社"的课外小组组织的写稿活动。

我和班上的同学们相处得都很好。我有一位同班同学姓陆名玠,她的姐姐名瑜。她们父母双亡,留下兄弟姐妹四人,老家在南京,她们的大姐好像已经出嫁,哥哥在中央大学读书。陆瑜、陆玠学习都很刻苦,学习成绩优秀。她们都住在学校,我也是住校生,我们很自然地成了很要好的朋友。陆瑜比我们高一个年级。初中一年级结束的那个暑假,学校准备搬迁南京(中央大学及两个附属中学都迁南京，两个附中合为一校）。我们是随同学校一起迁到南京继续学习的。在迁校的过程中有几个月没有上课。陆瑜辅导我学习了一部分二年级课程。因此，到南京上初中二年级时，我觉得仍有余力。我一面学习初中二年级的课程，一面跟陆瑜学习初三的课程，做好了跳级考高中的准备。我非常感激陆瑜对我的帮助。我们之间保持了终生的友情。她现在住在美国的西雅图，我们仍有书信来往。

　　在南京上学的时候，我虽然没有家可回，一年到头也见不到家里的一个亲人，但这时候我的元姨也到了南京。左姨父在重庆病逝了，元姨在交通部做了一个小职员，一个人带着两个孩子，生活非常不容易，我有时候前去探望。有一次，我晚上住在她的家里，看见她很晚了还在灯下为孩子缝补衣裳，心有所感。回校后，我写

2011年，陆瑜和她的先生黄棣、妹妹陆玠在其美国西雅图的家中合影。左边是陆瑜，中间是她的先生，右边是陆玠。

了一篇以《灯下》为题的文章，被老师拿到班上念过。这是在南京读书期间的一个小故事。

　　我要跳级投考高中的事，我的同学们也都知道，对我很是同情。由于在本校不允许跳级投考高中，我必须对到什么地方去考哪一所学校做出选择。当时，我们班上有一位同学（李卫年）的家在杭州，她的父亲在教育厅工作，因此她知道杭州有所浙江大学附属中学，也可免学费，招住校生。她承诺我住在她家准备考试。同时，我的父亲也写信告诉我，他过去的老板江白云先生已经不做生意了，住在杭州养老。1947年暑假，我决定到杭州去投考浙江大学附属中学。我是和我的同学李卫年一起去的。让我完全没有想到的是，她并没有和她的父母商量好我去杭州借住她家准备考试的事，她的母亲根本不让我进她家的门，使我初到杭州就碰了一个钉子。有幸的是，我父亲以前效力多年的"通益盐号"的老板、他的老朋友江白云先生又一次接待了我，

让我借住在他的家里准备第二次最重要的考试，结果再次让我如愿以偿地考上了浙江大学附属中学。

当我在江白云先生家里借住准备考试时，他的续弦妻子曾劝我说："你们家里那么困难，你为什么还要读高中呢？不如读个职业中学，早点出来工作，给你父亲减轻一点负担。"我当时不以为然。我还是想多读点书，不但想上高中，而且还想上大学，当时也没有想过可以做什么工作。

在浙江大学附属中学读书的时候虽然可以不交学费，但生活费用还是要靠家里负担。这段时间是国民党统治时期经济最糟糕的时候，我在生活中也能感受得到。父亲有时候不能按时给我寄钱。在杭州我没有任何亲人，也没有我家任何亲戚，有问题只能靠我自己解决。最困难的时候我把棉衣都拿出去当了换点钱吃饭，吃饭时经常以萝卜为菜。那时候我身体也不是很好，经常咳嗽。由于是跳级读的高中，学习高中课程感觉更困难和紧张一些。有一次英语小考只得了60多分，我还伤心得哭了起来。在浙大附中比较要好的同学有李承珠，她后来学医，听说毕业后在上海第二军医大学的医院工作。浙大附中没有像中央大学附中（现南京师范大学附属中学）那样的校友会，所以新中国成立后我和浙大附中的同学没有联系。

在浙江大学附中读书的时间只有一年半。学完高中二年级上学期的课程，考试一结束，我就按照父亲来信的要求回到长沙的家中。回到长沙后，我又在长沙明宪女中读完了高中二年级下学期的课程。这时候，长沙正面临和平解放的形势，政治气氛比较宽松。在学习正课之余，同学们传看一些进步书籍，我也看过艾思奇的《大众哲学》和毛主席的《论联合政府》等著作。但是，我关心更多的还是增加自己的文化科学知识，还曾到离家很近的图书馆去借阅生物和化学方面的书籍。因为回到家中以后，看清了家里生活的困境，我又在考虑以同等学力的资格投考大学的问题了。经过高中两年的学习，我认为自己将来学习有关农学方面的专业是比较合适的。这也是在湖南多年农村生活的影响。

第二章　八年大学

一、在华中大学学习的三年时光

长沙和平解放不久，我的父亲和四叔决定到武汉去寻找工作的机会。我的一位姑姑（九姑）在抗战胜利后嫁给汉口的一个李姓商人为妻，我的另一位姑姑（团姑）曾长时间在武汉生活，龚姓姑父也是一个做生意的人，我在前面已经提到过他们。父亲和四叔决定到武汉找工作，大概是认为武汉解放比长沙早，那里既有亲友，机会可能多一些。

父亲和四叔要去武汉，我便将思考已久的以同等学力考大学的想法告诉他们。长沙刚解放不久，还不知道长沙的高等学校什么时候才能招生，我希望他们能带我到武汉去试一试，这得到了他们的赞同。到武汉以后，我住在九姑家里了解学校招生情况和准备考试。我的目标当然是投考公立学校，而且特别想到农业院校学习。但是当时没有一所公立院校接受同等学力的学生报名，只有华中大学接受同等学力的学生报考，而华中大学是一所私立教会学校。考还是不考？我的心情十分矛盾。我知道家里生活困难，但继续学习深造的愿望十分迫切。我当时已快满20岁了，若不继续上学，就要像我的大姐和姑姑们一样，走依靠男人生活的老路，若能以同等学力考上大学，还可以为父亲节省一年生活费用，早一点出来工作。投考华中大学是当时提供给我继续学习深造的唯一机会。华中大学的教育系还有副修制度，主修教育，可以挑选其他学科作为副修的专业。我决定报考该校的教育系副修生物。在我看来，进不了农业院校，如果能副修生物，是退而求其次的不错选择。父亲也支持我继续学习。结果我有幸被华中大学的教育系录取了。所以，我是十分偶然而且是迫不得已地考进华中大学教育系学习的。想不到，这一选择却在很大程度上决定了我一生事业的发展方向；更没有想到，这一选择为我在政治上的迅速进步和人生观、世界观的改变创造了十分有利的条件。

华中大学是现在的华中师范大学的根基，是其多元结合体中的主体，而它的前身则是在1903年由美国圣公会创办于1871年的文华书院发展而成的文华大学校。因此，在2003年，华中师范大学庆祝了自己的百年校庆。如今的华中师范大学是我国的一所规模宏大的、教育部直属的综合性师范大学，而我1949年9月进入的华中大学却是规模很小的私立教会学校。它是1924年以文华大学为主体，先后由武昌博文书院（英国循道会创办于19世纪末）、汉口博学书院（英国伦敦会创办于1899年）、岳阳湖滨书院（美国复初会创办于1917年）和长沙雅礼大学（美国雅礼协会创办于1906年）等五所教会学校联合组建而成的。其校园地处汉江与长江交汇处的昙华林，环境清静，风景宜人。学校虽有藏书丰富的图书馆，不少学有专长的教师（包括一批具有真才实学的教授），全校学生却不过400多人。他们分别就读于文学院的中文系、英语系、经济系和历史系，理学院的物理系、化学系和生物系，教育学院的教育系。教育系的学生可副修其他学院的任何学科，使他们毕业后可以胜任中学教师的工作。男生和女生都有专用的宿舍楼。我们女生住在名为"颜母室"的三层楼宿舍，楼前有一片管理得很好的绿草坪。

华中大学的女生宿舍楼——颜母室。

　　华中大学的学习生活环境虽然不错，但我进入大学后，得知有公办的免费供给食宿的短期培训学校，可以较快地出来工作。我的大哥吴载民就上了这样的学校。当时，我的妹妹和弟弟都还在小学念书，家里除祖母、母亲外，我父亲还有一个未出嫁的妹妹需要供养（她因出嫁前男方就病故而终生未嫁。父亲的另外两个妹妹除了一个嫁给汉口的商人外，另外一个在抗日战争胜利后也结了婚），他的经济负担仍然很重。为了减轻父亲的经济负担，我开始想退学，想转到公办的免费学校去学习。但是在当时，华中大学像全国所有的教会学校一样都面临着接受国家的监督和改造问题。在学校中存在着一个人数不多的共产党地下组织，它在武汉市委学校文化党委领导下开展活动，发展壮大党团组织的力量是它面临的首要任务。这一年华大的新生人数很少，党组织很快就了解到我这个穷学生的情况，指派何益芳同志与我联系，做我的思想工作，让我不要退学。通过多次交流，她使我懂得了作为一个活得有价值的人，不仅要为自己个人和家庭的生存奋斗，还应同时致力于我国社会的进步和全人类的解放。她反复地对我说，留在华中大学学习不仅可以获得专业知识，使自己将来更好地立足于社会，为人民提供优质服务，而且可以和同志们一起追求共同进步的道路，为学校的改造尽一份力，并且让我相信，我所面临的困难是暂时的，也是可以克服的，组织上一定会帮助我克服生活中的困难。后来，她经常带着我参加学校地下党组织的要求进步的同学的聚会。我的脑海里至今留有党支部书记张景龄的第一位恋人张珊珍带领大家扭秧歌和歌唱新中国成立初期的一些歌曲的活泼身影。在全国和武汉人民欢庆新中国诞生的历史大背景中，在华中大学党组织的关怀和帮助下，我快速地获得政治上的进步，不但打消了退学的念头，而且产生了加入新民主主义青年团（中国共产主义青年团的前身）的愿望。这一愿望在1949年12月就实现了。在此前后，组织还送我到武汉市团校学习了一次，听了一些报告，比较系统地学习了中国共产党领导人民奋斗的历史和团的基本知识。此后，党组织更将我列为培养对象之一，组织我们学习毛主席的著作和刘少奇的《论共产党员的修养》。当时已从华中大学毕业的学生梁沛若同志在武汉市委学校文化党委工作。他大概是负责指导华中大学党组织的具体工作，经常到学校来参加我们的活动，在与大家的交谈中有时也提到"少奇同志"说了些什么，使我们感到刘少奇在党内也是具有很高地位和令人崇敬的领导人。

1950年3月，华中大学党组织接纳了第一批新的预备党员，其中包括经济系的刘家穆和盛树人，并在学校公布了党组织的存在。我和我的同班同学范辅光、经济系的车和卿等4人（有一位同志我记不得他的名字了）在1950年6月30日被接纳为华中大学支部的第二批预备党员。从1950年下半年开始，我和车和卿同志还参加了华中大学学生会的工作。他在1951年就从华中大学毕业了，先是分配到东北工作，以后又调到西安，我们联系不多。范辅光是湖南衡阳人，在长沙福湘女中毕业后考入华中大学教育系副修英语。我们都来自湖南，很自然地成了好朋友，以后又同时被接纳入党，有了更多的联系和了解。她在华中大学学习时就和盛树仁确立了恋爱关系。盛树仁比我们高一个年级，毕业后先被分配到江西的一个在建的飞机工厂工作。范辅光毕业后分配到北京中央广播事业局英语组工作。以后盛树仁也被调到北京，在中央计划委员会工作。他们在北京安了家，我后来也在北京工作，我们之间保持了终生的友谊。

当时在华中大学的党员还有物理系的刘连寿，化学系的吴中和、谢纯德、宁远谋，教育系的瞿起撝。由于学生会的工作，我与刘连寿的联系也比较多（他在广播站，我在文化宣传部，负责组稿，拿到他那里广播）。瞿起撝比我高三个年级。她当时已在毕业班，学习忙碌，我们联系不是很多。她毕业后留校工作，先到北京师范大学教育系的进修班学习。1952年我到北京俄语专科学校留苏预备部学习时去看过她，当时的北师大还在和平门。当年和我熟悉的同学还有教育系的贺曼华。她比我高一个年级，毕业后也留校，先到华东师范大学的进修班学习。由于既是华中大学的同学，以后又是同行，

我和范辅光在华中大学学习时合影。

我和瞿起捡、贺曼华彼此都有亲切感，至今保持着联系。

在华中大学学习的前两年，我就是生活在由前面所说的这些同志组成的集体之中。同志们不但帮助我在政治上取得进步，而且还给我提供了一些物质上的支持。华中大学虽是私立学校，我却不记得交过学费。学校当局一定是通过同志们的反映而得知我

2009年6月，我和瞿起捡、贺曼华在武汉华中师范大学合影。坐在我左面的是瞿起捡，右面是贺曼华。

的家庭清贫，免了我的学费。党组织通过同志间的互助，不仅减轻了我个人的生活困难，还惠及我的家人。记得范辅光就曾送给我的弟弟一条棉裤。有时晚上开会有夜宵，从来没有让我出过钱。同志们对我的这些帮助使我感到温暖和感激，并使我得以安心学习。

在华中大学学习的第一年，我在教育系副修生物。第一年没有什么大的运动，课程学习比较正常，我学得也比较扎实。教育课程主要有袁伯樵先生主讲的教育概论，黄溥先生主讲的教育统计与测量。看过庄泽宣的《教育概论》、孟宪承的《教育概论》、廖世承和陈鹤琴的《测验概要》、桑代克的《教育之基本原理》、克伯屈的《教育方法原理》等教育理论著作。副修的生物课是由毕列爵先生主讲。他用英语授课，有时还带我们做实验。实验中解剖过青蛙，好像还解剖过蚯蚓。在华中大学学习的第二年，由于对社会历史发展的规律和方向发生兴趣，我改为副修历史。第二学年上学期学习也还正常，教育课程开始讲授教育史和心理学，我已记不起主讲老师的姓名了。记得当时读过姜琦的《西洋教育史大纲》、雷通群的《西洋教育史》，对苏联的教育情况也知道一些，想不清是教师讲的，还是自己看书了解的。非常清楚地记得，我当时写过一篇文章，比较五分制和百分制的优缺点。在心理学方面，读过廖世承著的《教育心理学》和陆志伟编译桑代克著《教育心理学大纲》。副修的历史课主要

是学中国近代史。读过范文澜著《中国近代史》和胡华的《中国新民主主义革命史》。第二学年的下学期（1951年上半年），在抗美援朝的历史背景下，国家开始了思想改造运动，批判恐美、亲美、崇美思想，动员学生参军，我也报名参军，但没有被批准。在思想改造运动过程中，学校爱国师生（当然是党团员带头）强烈地提出了将华中大学改为公立大学的要求，这正与政府对教会学校的方针政策相符合。学校领导当局在这一年的7月向中南军政委员会教育部提出了将私立华中大学改为公立华中大学的申请。1951年上半年的运动还有"三反"、"五反"，我们这些学生也轮流看管过被揪出来待审查的"老虎"。随后又开展了批判电影《武训传》的运动。

在华中大学学习的前两年，我还看了不少的小说和剧本。记得有茅盾的《子夜》、鲁迅的《狂人日记》和《呐喊》等、夏衍的《上海屋檐下》、曹禺的《日出》、雨果的《悲惨世界》、巴尔扎克的《高老头》，此前我已看过巴金的《家》《春》《秋》（可能是在我考上中央大学附属中学还没有上学的空闲时间）。阅读这些著作，使我对旧中国和西方资本主义社会的认识更为形象和具体。这一时期还读了高尔基的《母亲》、奥斯特洛夫斯基的《钢铁是怎样炼成的》、卓雅和舒拉的母亲所写的《卓雅和舒拉的故事》等苏联小说。其中《钢铁是怎样炼成的》一书给我留下了最深刻的印象。"人最宝贵的东西是生命。生命对人来说只有一次。人的一生应当这样度过：当回忆往事的时候，他不会因为虚度年华而痛悔，也不会因为碌碌无为而羞愧；在临死的时候，他能够说：'我的整个生命和全部精力，都已献给了世界上最壮丽的事业——为人类的解放而斗争。'"保尔的这一段话，也是作家奥斯特洛夫斯基关于人生价值的表述，使我受到很大的感染和启迪。在后来的生活、学习与工作的各种考验中，我头脑里会经常出现"人的一生应当怎样度过"的问题，力图使自己的所作所为不致于让自己在临终前有什么遗憾。

华中大学按照1951年8月中南军政委员会报请中央教育部的决定与中原大学教育学院合并，改为公立华中大学，其任务是为中南地区培养高级中学的教师，后来也就定名为华中师范学院。因此，从1951年秋季开始，华中大学招收师范生，我们这些在校的学生也开始享受师范生的待遇。这一学年我应该上三年级。为了使自己学到系统的历史知识，以便毕业后能当一名好的历史老师，我申请转入历史系学习。新的华中大学增加了许多来自中原大学教育学院的领导人和教师。校领导有王自申、陶军同志，教育系有常春元等同志，历史系有方衡等同志，他们都是新中国成立前参加革命的老党员。可是学校改制不久，也就是在1951年秋季开学后一两个月的时间吧，学校就接到了让一部分院系师生参加土地改革的任务，其中就包括教育系和历史系。所以，我在华中大学第三年的学习主要是在土改中度过的，因为土改至少延续了半年。组织了土改工作队，由常春元、方衡等同志担任工作队的领导人，到武汉市郊的青山区（后来武汉钢铁厂所在地）参加土改。大队部设在青山区的火官乡。我不在大队部，有没有地方干部参与领导，我不知道。我在土改中是担任一个片的副组长，组长是地方上的干部。在土改中经历了访贫问苦、扎根串连、划分阶级、分配浮财、发动群众斗地主和分田地等种种活动。我所在的片还曾发生地主大院起火的事件，我们都参加了救火。听说是地主自己放的火。现在回想起来，土改中阶级斗争那么激烈，农村社会那么复杂，我自己在土改中还真是很勇敢的：既不怕脏，也不怕累，白天在外面活动，晚上很晚才回到住的地方，有时候一个人走夜路，也不知道什么叫害怕。这次土改的经历丰富了我的人生阅历，使我得到了锻炼，对我后来的发展也是很重要的。

土改结束后回到学校，我已是大学三年级下学期的学生了。再过一年多一点，我就要毕业了。同班同学中男生比较多，我们联系很少。这时候，和我交往比较密切的还是原来教育系副修历史的徐兰馨同学，我们感到自己的专业知识太少了。很快就要出去当老师了，拿什么去教学生呢？我心里常常感到很不踏实，有些着急，再三勉励自己：一定要加倍努力，充实自己的历史知识。完全没有想到，没有过多久，学校当局就决定推荐我到苏联学习，同时被推荐的另一人是化学系的吴中和。他即将毕业，被推荐去读研究生；我虽然转入历史系，还是被推荐去学教育，而且是去当本科生。学校推荐后，我们还通过了在武汉市举行的选拔考试。当时，在大家心里，苏联的今天就是我们的明天，能

1987年，我和瞿起捡、贺曼华、徐兰馨在武汉华中大学旧址昙华林合影。

有机会被推荐去苏联学习是极大的光荣，虽然是去读本科，我不但很高兴，而且有如释重负之感。如前所说，我正在因为还没有掌握多少历史知识就很快要出去教学生而发愁呢！我和吴中和是华中师范学院第一批被推荐留苏的学生。学校领导人告诉我们，去苏联前还要到北京学习一年俄语。临行前，校党委书记兼副院长王自申同志还为我们设宴送行，鼓励我们努力克服困难，掌握苏联先进的科学知识，为祖国和人民多作贡献。

新中国成立初期在华中大学的学习生活丰富多彩。在华中大学学习期间，许多富有同情心的善良同志给了我温暖的友谊和无私的帮助，为我的学习和进一步的发展创造了条件。现在，许多同志已经离我远去，仍然健在的同志也都是80岁以上的老年人了。他们都将永远活在我的心中。

二、在留苏预备部学习的日子

1952年八、九月间，我和吴中和同志一起来到北京，进入北京俄语专科学校（北京外国语大学的前身）的留苏预备部学习俄语。我们属于我国首次派遣的一大批留苏学生，一共有四百多人。我们住的地方是现在称为新文化街（当时称为石驸马大街）鲁迅中学（以前的女八中）内的一个规模很大的四合院，它最早曾是北京女子师范大学的校园。现在的中央音乐学院曾是当年俄语专科学校的所在地，我们在这里上俄语课程。我们这批准备留苏的学生分成30几个班，我被分在32班。我们的班长是后来先后在喀山和莫斯科航空学院学习无线

1953年，留苏预备部32班的同学与俄语教师古巴索娃合影。

电专业的吴景云同志。他回国后曾长期在核工业部（二机部）所属的青海厂工作，参与了我国第一颗原子弹的研制工作。2009年6月12日的《北京晚报》和同年7月23日《人民日报》（海外版）曾整版报道了记者对他和其他三位同志的访谈，介绍他们的创造性工作和艰苦生活情况。我是我们班的团支部书记。

如今和我仍有联系的32班同学除吴景云同志外，还有王湛、杨定源夫妇、宋英郁、朱婉娟、王亚瑾等同志。他们在各自的工作中都做出了自己的贡献，其中尤为突出的是杨定源，他如今仍然在为我国水利建设发挥余热。我们这些准备留苏的学生当时的主要任务是努力学好俄语。我们的俄语老师都是从苏联来的专家，我们班的主讲老师是女老师，我们称她古巴索娃老师，还有一位男老师做她的助教。他们教学认真，对我们也很热情。我们从俄文字母开始学习俄语，学习了俄语的基本文法，还通过学习《联共（布）党史简明教程》的某些章节掌握苏联大学公共政治理论课的俄语词汇。大家学习都很刻苦，时间抓得很紧。从我们住的地方到上课的地方，大约有半里路，大家手中往往都拿着写有俄语单词和短语的小条子，一面走路，一面念俄语单词。那真是一条很有意思的风景线，见证了我们的学习热情。不过，从1952年9月到1953年7月，我们学习俄语的时间只有10来个月，从完全没有学习俄语，到去苏联读本科就要随班听课，其中的困难可想而知。我在下面还会谈到我们在苏联学习的第一年面临的窘境。

在留苏预备部期间，我们还开展了一次忠诚老实的活动，也就是对我们进行了一次政治审查。现在回想起来，这只是我们在留苏预备部学习的一个小插曲。我们这些被推荐准备留苏的学生都是通过层层选拔挑选出来的，一般都不会有什么政治问题。不过，华中大学是如何选上我和吴中和同志的，我们并不清楚。选上我们以后，通知我们，我们才知道。在留苏预备部的这次政治审查却是向我们进行动员，让我们想一想，说一说，还有什么问题要向组织说清楚的。我有哪些同学和亲戚在台湾，我在入团入党时都有交待。那是些很具体很清楚的问题，容易交代。经过这次仔细回想，忽然想起自己在重庆沙坪坝念书的时候（在中央大学附属中学沙校初中一年级）曾有人让我参加过"晨星报社"的写稿、组稿活动，像一个通讯员似的。但它究竟是一个什么样的组织，它与社会上的党派有什么关系，我一点也不知道，我写了些什么，也记不得了，好像是一个说不清道不明的问题。当时我为这个问题十分着急，担心说不清楚这个问题就不能通过政审。但是为了对党忠诚老实，我还是说了。从实际的结果来看，着急只是由于我自己多虑了，说了以后，同学们和组织上并没有向我提出什么问题。

在留苏预备部学习结束后，绝大部分学生都获得了出国留学的机会。绝大部分同学是到苏联留学，也有人去了东欧国家。与我同时被华中大学推荐留苏的吴中和同志后来没有去苏联学习，而是被分配到军委后勤部工作，可见未出国的原因并不是政治上有什么问题。我从苏联回国后曾去军委后勤部的宿舍大院他的家玩过。他的夫人谢纯德的身体不好，有比较严重的腿关节炎，行动不便。吴中和对夫人细心照顾，相伴终生。华中大学的同学对他的人品都很敬重。党小组长杨行真同志后来到苏联学习了一年就回国，到上海工作去了，好像是因为对学习俄语感到特别困难。

在留苏预备部学习期间，我们的生活都是由国家供给的。伙食特别好，每天早饭都有鸡蛋，午饭和晚饭也有鱼肉等荤菜，据说是相当于小灶的待遇。出国前国家为我们提供了春夏秋冬的全套衣服、头巾、冬天的棉皮鞋、春秋的平底皮鞋，还发给女同学一双半高跟的皮鞋。这双半高跟的皮鞋我到苏联后只穿过一次，还没有走出宿舍楼就摔了一跤，从此我一生只穿平底鞋。总之，国家对我们的照

1997年秋留苏预备部原32班同学（前排左一：宋英郁；左二：朱婉娟；后排左一：王亚瑾；右一：杨定源；右二：王湛）在我家合影。

顾无微不至，使我们每个人都心怀感激之情。当时的我们，不管在学习上还是生活上都是互相关心，互相帮助，以期取得共同的进步。所以虽然只有一年时间，同学之间的友谊却很深，许多同学至今还保持着联系。

我们是在1953年8月中旬的某一天离开北京，踏上赴苏旅程的。出发前，我们在中南海怀仁堂听了党和国家领导人刘少奇的报告。记忆很深，同时也使我们心感震撼的是：刘少奇同志对我们说，你们去苏联学习，每个人一年的学习生活费用就相当于国内好几百个农民一年辛勤劳动的成果。这使我们深切地懂得了自己肩负责任的重大，下定决心克服一切困难，以优异的成绩完成任务，以回报党和人民的恩情。

三、在苏联的四年学习生涯

我们乘坐的是从北京直达莫斯科的国际列车，四个人一间包厢。火车走了七天七夜才到达莫斯科。我们这次是从满洲里出关的，大部分时间，火车是在西北利亚大平原上奔驰。白天每到一个大站，我们可以下车去散步。对苏联的

第一个印象是地域广大，沿途都是茂密的森林，人烟稀少。有几个小时我们都能看见美丽的贝加尔湖。虽然坐了很久的火车，我们也没有觉得很累，可能是因为第一次去心中向往已久的第一个社会主义国家，心情比较兴奋的缘故吧。到了莫斯科，我国驻苏使馆主管留学生的工作人员给我们做了一个报告，要求我们在学习上争取每门功课都得五分，并给我们打"预防针"。因为考虑到大家对第一个社会主义国家怀有太多美好的憧憬，实际上它仍存在许多问题，最为明显的是在大街上会遇上喝醉了酒的人，就提前给大家做点思想工作，让我们这些初来乍到的年轻留学生有点思想准备。不记得是不是组织大家参观了一下。可能是到红场上去走了一圈，没有让我们参观许多地方，就让大家奔赴各地，到各自的学校报到了。被分配到列宁格勒去的同学有好几十人，学习各种专业。被分配到苏联国立列宁格勒赫尔岑师范学院的留苏学生有于陆琳、张有福、吴英增、周维和我。张有福是学习俄罗斯语言和文学，吴英增学历史，周维学地理。于陆琳和我都到教育系学教育，于陆琳攻读学前教育专业，我是学校教育专业。我们在留苏预备部属于不同的班级，张有福、吴英增、周维和我也不在一个班，都是到赫尔岑师范学院以后才认识的。在我们来到赫尔岑师范学院之前，已经有四位中国留苏学生在这所苏联的高等师范教育机构的俄罗斯语言与文学系学习，他们是张羽和他的同级同学孙念恭、蒋望明、冰斌。他们比我们早来一年。

苏联国立列宁格勒赫尔岑师范学院成立于1918年。它是当时与国立莫斯科列宁师范学院齐名的高等师范教育机构。两校在现在的俄国都已升格为师范大学。当时它设日课部、夜校部和函授部。日课部学制4—5年，夜校部和函授部延长一年。设有数学、物理、化学、地理、历史、俄罗斯语言与文学、外语、教育、造型艺术、体育等系。除教育系以外，其他各系的培养目标都是培养中学教师，除学习相应专业知识外，还要学习教育知识，如教育学、心理学、教育史、学校卫生等，皆为必修课程，要通过考试才算合格。教育系的学校专业是培养中等师范学校教育学科的教师，学前教育专业则培养学前教育工作者。因此，和我们一同到这所学校报到的吴英增和周维，以及后两年来到这所学校的陈铁梅、严武光等同学都转学到其他学校去了。陈铁梅和严武光都是学物理的。

　　从1953年9月至1957年6月，我就是在苏联的这样一所学校攻读学校教育专业。四年的课程包括马克思列宁主义基础、政治经济学、辩证唯物主义与历史唯物主义、逻辑学、苏联历史、俄罗斯文学与苏联文学、儿童文学、人体解剖与生理学、学校卫生、普通心理学、儿童心理学、教育学、俄国教育史、外国教育史、俄语、俄语教学法、算术教学法、历史教学法、自然教学法、教育学专题课、教育经典名著研究专题课、教育心理学专题课、教学论和德育专题课、共青团工作、少先队工作、教学电影教学法、学年论文和体育。有的课程学习一年（两个学期），有的课程只学一个学期。每门课程结束时，要通过考试。所有考试的方式都是口试，试题组合印在一张纸条上，每张纸条上有两三个题，由自己去抽，抽出后准备一下，轮到你回答，你就去回答。考试由主讲的老师主持，回答完毕，有时老师也提出一两个补充问题让你回答，然后给你判分。四年学习结束时要通过国家考试。国家考试由3—5人组成的考试委员会主持。我们学校教育专业的国家考试有四门，即马克思列宁主义基础、心理学、教育学和教育史（内容包括俄国教育史和外国教育史）。

　　由于在国内学习俄语的时间很短，语言准备不充分，又是读本科，要随班听课，开始时什么也听不懂，整个第一学年都很困难。我当时采取的办法就是上课硬听，课后借苏联同学的笔记来抄，借助于字典慢慢学习，并尽量及时阅读教师指定的参考书。慢慢地，可能是在第一学年下学期的后期，我开始能听懂一点课，记一点笔记，但还是要借同学的笔记核对和补充所缺的内容。有三位苏联同学，其中包括莉季娅·瓦西里耶夫娜·坚金娜，昵称莉达，开始和我走得很近。另外两位同学都叫英娜，这三位苏联同学都比较用功。在苏联高等学校是早上9点上课，上三门课，每门课两学时，下午3点钟下课。我们四个人经常在下课以后一同去食堂吃饭。我在吃饭以后就要到图书馆阅览室去自习，她们也都去学习一两个小时，然后回家或者回学校宿舍。两位英娜一位姓贡恰洛娃，一位姓阿佩克舍娃。莉达和英娜·贡恰洛娃住在校外莉达的一位远亲租给她们的一间房屋里，她们经常一起来往学校。英娜·阿佩克舍娃和她们两人很要好。莉达对我很关心，她的字写得非常端正，一笔一画都看得很清楚，我经常借她的笔记来抄或者用她的笔记来核对自己的笔记。后来学习俄罗斯与苏联文学和儿童文学时我来不及看许多小说，她又给我讲许多小说的内容，对我学习这两门课并最后取得高分提供了很大帮助。我们之间的交流也比较多，在四年的交往中结下了终生的纯洁友谊。其中有些故事我在下面还要说一说。

为了以优异的成绩完成学习任务，争取每门课都得五分，我的确付出了很大的努力。我们除了上课、吃饭就是读书。学校图书馆的阅览室每晚十一点半关门，我们中国学生总是在阅览室快熄灯的时候才撤离。回到宿舍以后我们需要自己做饭吃，我们都做得很简单，经常是煮饺子（买现成的冻饺子）、下面条。晚饭后一般还要学习一阵子，夜里两三点钟睡觉是经常的事。即便是在大约一年以后，自己在课堂上基本上能听懂老师讲课、能记笔记、学习相对容易一些的情况下，我也没有懈怠过。为了能学习得更深入一些，获得更多的知识，我自学的时间仍然很长，睡觉的时间仍然很少。四年中我生活异常节俭，为的是省下生活津贴费，购买一些有用的书籍带回祖国。在寒暑假，我也很少休息，平时逛街游玩的时间就更少了。四年下来，我的身体瘦弱了不少。出国前我的体重有一百零几斤，到回国时，我的体重只有80斤了。由于学习得太累，大约是在四年级上学期的时候，有一次下课，走出教室，我在走廊中晕倒了，被送到学校医务室抢救，着实让大家紧张了一下子。但最后我还是坚持下来了。四年学习结束，我获得了教育系学校教育专业优等生的毕业文凭。当

以上是苏联国立列宁格勒赫尔岑师范学院学校教育专业优等生毕业证书及其附页（教育实践和国家考试成绩单）。

年，学校教育专业的同学有20多人，其中多数是苏联人，还有两个人来自朝鲜民主主义人民共和国，一位波兰人，一位捷克人。听说只有4人获得优等生毕业文凭，莉达是其中之一，其他两人是谁，我当时没有注意，记不得是谁了。

赫尔岑师范学院校园不大。门前有一条河，校园内有些树，校舍建筑古朴、美观，都不是很高的楼房。校舍利用非常充分，日课部学生下课以后，晚上有夜校部的学生来上课，寒暑假是函授部的学生来上课。学校的非教学人员很少，以教育系来说，非教学人员只有一个行政秘书，正副系主任都是兼职。当时的教育系主任是一位50来岁的女副教授，给学生讲教育学。教育系有教育学、学前教育学、心理学、自然教学法等教研室，由助教做教研室的具体管理工作。教育系除招收本科生以外，也招研究生。按当时苏联的学位制度，只有副博士和博士学位，本科毕业不授予学士学位文凭，而是授予某学科专家的文凭。苏联的副博士学位相当于西方国家博士学位的水平，攻读博士学位的人一定要有实际工作经验，没有实际经验的副博士不可能直接攻读博士学位。现在看来这是苏联研究生教育（特别是教育专业）的一大优点。

在我就学于赫尔岑师范学院的第二年（1954年），我国派出了更大一批学生到苏联留学，其中有七八个学生（包括陈铁梅和严武光）被分配到赫尔岑师范学院读本科。像陈铁梅和严武光同学一样，分配在非教育系学习的同学后来都转到其他学校学习去了，只有分配在教育系学习的方苹和张蕙两人留在赫尔岑师范学院，她们是从那年中学毕业生里选派留学苏联的，比我小好几岁。1955年，又有汪兆悌、厉以贤和方意英三位同学到

1956年冬，苏联列宁格勒赫尔岑师范学院学校教育专业1953届全体同学合影。

1954年，苏联列宁格勒赫尔岑师范学院的留苏女同学合影（后排右一是于陆琳、右二张蕙、前排左二是方苹）。

赫尔岑师范学院教育系攻读副博士学位。这一年是在赫尔岑师范学院留学的中国留学生人数最多的一年。1956年，孙念恭、蒋望明和冰斌就毕业回国了。张羽毕业后又留下来攻读俄罗斯语言与文学专业的副博士学位，1957年，我和于陆琳也毕业回国，留在这个学校的中国学生就不是很多了。

早在苏联留学期间，我就感觉到自己对教育史这门学科有很大的兴趣。当时给我们讲外国教育史的老师是后来在我国教育史学界知名的《世界教育学史》的作者戈兰特（Е. Я. Голант）教授，讲俄国教育史的是苏俄教育科学院的通讯院士加涅林（Ш. И. Ганелин）教授。经过他们具有丰富内容和感人的讲解，裴斯泰洛齐、乌申斯基、马卡连柯等教育家的教育思想及其为人类教育事业献身的精神给我留下了深刻的印象。我曾就裴斯泰洛齐的生平和教育思想写过一篇学年论文。在我带回的图书中就有许多教育家的著作，其中包括《裴斯泰洛齐教育文集》（3卷本）、《乌申斯基教育文选》（2卷本）、《马卡连柯教育文集》（7卷集，中文译本被称为"全集"）、《克鲁普斯卡雅教育文集》（10卷本），还有别林斯基、车尔尼雪夫斯基等思想家的教育文选。但在苏联学习时我还没有确定自己的专业研究方向，仅仅是喜欢而已。当时我和其他的同学一样，做好了思想准备：一切听从党的指挥与召唤，具体在我们的思想上就是，要为发展新中国的教育事业服务。组织上既没有让我继续读研究生，我自己也没有提出申请，所以，拿到毕业文凭就准备启程回国了。

在苏联度过了4年的学习生活。前三年半我住在学校为住校生统一安排的宿舍楼里。第一、二年我是住在8个人一间的宿舍里，住宿学生是按不同专业不同年级混编的，每年都有变动。印象比较深的是一位年岁较大的犹太人，另一位是毕业后分派到西伯利亚克拉斯诺亚尔斯克市一所中学去任教的俄罗斯人。从第三年开始住4人一间的宿舍。不论是8人一间还是4人一间，都是睡单人床。宿舍楼有统一的管理，提供被褥和毛毯，枕巾、被罩和床单两星期换洗一次，不用我们自己洗。房间由同学自己轮流打扫，房间都是用木地板铺的地。苏联女同学出门都很爱打扮，特别是和男朋友约会或者参加舞会、上戏院，都打扮得漂漂亮亮的。但她们也都很会劳动。轮到某人打扫房间，她就会把房间收拾得干干净净。她能蹲着身子或者一只腿跪在地上将地板擦得光亮光亮的。俄罗斯妇女在生活中的美感和勤劳可能就是从小培养起来的。我从她们身上也学习了许多东西。

张羽，原来姓崔，名锡祯。他在18岁时（1946年）和内蒙古开鲁城开鲁中学的苏星、宁志敏、马迅等一批同学一起参加了中国人民解放军。当时，东北战局未定，为了保护家人，他改名张羽，沿用至今。他最先是由部队选派，送到华北联合大学学习，而后转到俄语专科学校学习俄语，再从俄专派遣苏联留学深造。我和他大约是在我进入三年级下学期确定恋爱关系的，此前已有相互了解和接近，同时还有于陆琳、吴英增等同学热心为我们创造互相接近了解的条件与机会。1956年夏，他结束了本科学习，组织上也批准了他攻读俄罗斯语言与文学专业副博士学位的申请。为了办理转业手续，他回了一次国，顺便给我买了一件绿色套头的毛衣，就算是定情之物了。这件毛衣，我穿了很多年。考虑到我快要结束学业了，而他还要在苏联多学习几年，我们向我国驻苏使馆留学生管理处打了一个申请结婚的报告，获得了批准。1957年春天的寒假里，同学们为我们举行了庆祝会，我们就算结婚了。学校为我们在研究生宿舍楼安排了一间住房，所以，我在苏联学习的最后4个多月过的是家庭生活。在完成繁重学习任务的同时，我还要管理好两人的日常生活。家庭生活一开始就包含着幸福和辛劳两个方面，是矛盾的统一。这时我已28岁，张羽近30岁。在我们结婚时，赫尔岑师范学院的中国留苏同学送给我们一套洗照片的仪器，后

1956年末，我和张羽结婚时合影。

来作为奢侈品被张羽上交给了留学生管理处。当年给我们教育系学生讲授苏联历史的女教师的女儿是张羽的同班同学。当她得知我和张羽结婚后，送给了我们一个俄罗斯的精美手工艺品——针线盒。至今它仍是我家的针线盒，是我们在苏联结婚的唯一纪念物。

我在苏联学习的四年是中苏关系平稳发展的好时期。我们未能预见到后来中苏两国和两党之间的矛盾与斗争，对中苏两党过去存在的问题也毫不知情。我想，当时的苏联青年也和我们是一样的。所以，我们当时完全生活在苏联老师和同学对我们的关心和友谊之中。记得有一年暑假的某一天，我们赫尔岑师范学院的留苏学生起了个大清早，到芬兰湾的一条河道去划船，河道两旁都是白桦林，景色十分优美宜人，划船累了，我们就上岸到林边玩耍，休息够了再向前划，划得很远，大家玩得都很开心，回到学校已经很晚了。学校里与我们留学生保持联系的管理者批评了我们一顿。他也主要是为我们的安全着急呀！我们班的苏联同学对我都很好，他们很注意哪一天是我的生日。在校就读的第二年9月24日，同学们以集体的名义送了我一个小闹钟。以后每年的生日，苏联朋友都有所表示。

我在前面已经说过，有两三位苏联同学和我成了朋友，特别是莉达对我特别关心，对我的学习提供了很多帮助。可以说，如果没有她的帮助，即使我加倍努力，也不可能获得优等生毕业文凭。她给予我的友谊和无私帮助，我是永远不会忘记的。我们之

我国驻苏使馆留学生管理处同意我和张羽在1956年寒假结婚的信件。

1955年，我和莉达、英娜·贡恰洛娃合影。

莉达、英娜·贡恰洛娃、英娜·阿佩克舍娃。

间的交流也很多。当我们一起从林边走过时，她常常指着某种花问我中国有没有，如何称呼。当她帮我学习俄罗斯和苏联文学作品时，有时也会问我中国有哪些名著，它们的主题是什么，大致内容等。她的母亲和姨母都在雅罗斯拉夫尔一所"农村儿童之家"工作。她大概是想让我对她的祖国和故乡有更多的了解，想让我看看俄罗斯乡村冬天的美丽风景，见一见她的母亲和亲人。总之，她下了很大的决心，在一次寒假时邀请我到她家去玩。这是非常麻烦的事。首先，她要获得校方的允许；然后，要做出一些安排。她带着我去见校长，提出想邀请我到她家玩的请求，并向校方提交了保证我安全返校的保证书。获得校方允许后，我们先乘火车到雅罗斯拉夫尔城，再从这里乘坐马拉的小篷车沿着森林中的小道走了三个多小时，才到达她的家。她的母亲和姨母热情欢迎我的到来。那时候，俄罗斯乡村还没有暖气，家里只有一个烧着木材的大壁炉，非常暖和。我们睡在她家又高又大的暖炕上。每天喝新鲜的牛奶，吃各种做法的土豆和小黄瓜，喝甜菜汤。主食一般是荞麦面包，莉达从列宁格勒买回一些奶酪和黄油，我给她母亲送了一盒巧克力。当时苏联农村这些东西仍很稀少。她的母亲亲自为我们烙包着果酱的甜饼吃，果酱是她母亲自己做的。白天，莉达多次带我到森林中，教我滑雪。她的母亲和姨母向我讲了一些儿童之家的故事。儿童之家是苏联一种特殊的教育机构，这里收留的都是孤儿，需要教师付出更多的爱和更大的耐心。她们也问我一些关于中国和我家的情况。我在她家玩了十来天，没有过完寒假，莉达就陪我提前回到学校，可能是为了让学校放心吧。同时,她也知道我在假期还想多学习一些知识。

为了提高全国整体教育水平,和我同届毕业的学习学校教育专业的大多数苏联同学都被分配到农村当小学教师。后来,赫尔岑师范学院的教育系改为小学教育系,专门培养小学教师。莉达最初被分配到列宁格勒远郊的农村当小学教师。在我回国后,她还邀请张羽到她任教的农村去玩过一次。她的母亲这时已经退休,和她住在一起。她和她的母亲极为热情地接待了张羽。莉达后来被调到列宁格勒近郊的一个叫加特契纳的小城,在一所学校里当初级班的教师,直至退休。她被评为该校的优秀教师,受到学生的热爱。从莉达和她母亲的身上,我更加深切地体会到了俄罗斯妇女善良和勤劳的品质。我和莉达一直相互关心和挂念。在中苏关系破裂之前以及恢复以后,我们始终都保持着通信联系。她在信中还给我附寄过俄罗斯《教师报》的剪报,是有关乌申斯基和列夫·托尔斯泰教育思想的文章。1989年我到苏联访学时,我俩得以重见。

我和我们北京师范大学的代表团到列宁格勒访问时,就住在赫尔岑师范学院的招待所。在到达的那天早晨,莉达已在招待所的前厅等候着我,32年后的重见,让我们都激动地哭了起来。

我校代表团的同志们见证了我们这次重逢时的情景。由于在加特契纳有一座核电站,在苏联解体前不允许外国人到访,我没有能到她家探望她的母亲,我们只通过电话交谈了一次。1989年,我是作为莫斯科列宁师范学院的访问学者再次来到苏联的。访学结束前我又专程到列宁格勒,与莉达约好在赫尔岑师范学院道别。没有想到的是,在我回国后不到两年,苏联就解体了。在苏联解体最初几年的困难日子里,我曾想过

优秀小学教师莉季娅·瓦西里耶夫娜·坚金娜(昵称莉达)和她写给我的部分书信、贺卡。为了给我寄信,她学会了用中文书写我的地址和姓名。

给她寄点什么东西，她来信说什么都
不缺。其间，她患过直肠癌，动过手
术，术后的治疗很顺利，但每年还要
到医院复查。我的孩子们都知道我和
莉达之间的友谊，曾向我提出过邀请
她到中国旅游或就到我们家来玩些日
子的想法，我把孩子们的建议相告，
她说难以远行，但非常感谢孩子们的

1989年我与莉达在冬宫广场合影。

心意。在她每次给我的信里，都会问及我儿孙们的情况。我和莉达在青年时代
结下的友情是人和人之间最纯真的感情，也将会保持到我们生命的终结。

　　我的八年大学生活是丰富多彩的。经过在苏联四年的艰苦学习，我当时
自认为还是掌握了不少知识，对历史上一些献身于教育事业的教育家充满了敬
意，准备以他们为榜样献身于我国的教育事业，报答国家和人民对我们的培养
之恩。1957年7月，我先到莫斯科玩了几天，然后和张羽在莫斯科大学学习的
几位朋友一起踏上了回国之路。当时我们这些年轻人都是怀抱着无条件报效祖
国和人民的感情归国的，而且还特别自信，完全没有想到之后生活与事业的发
展道路会如此曲折，而且充满各种
考验。正如我常常向同学们所说的那
样：我们是被耽搁的一代人，我一直
到年近50岁时才真正走上研究外国教
育史的学术探究之路。因此，我是真
心羡慕现在的年轻人。所以，年轻人
一定要珍惜时代为你们提供的条件，
为我国社会和教育事业的发展、为人
民的幸福多做贡献。

1957年，我在苏联列宁格勒涅瓦河旁
留影。

第三章　在中央教育科学研究所的前九年

一、初获效力机会

1957年8月，我被分配到中央教育科学研究所筹备处工作。这时候，我的大姐早已在北京安家，姐夫在国务院机关事务管理局工作，大姐在商店做售货员工作。大姐和姐夫工作比较忙，就请我们的母亲来京帮着照顾孩子们的日常生活。因为母亲也在北京，我没有回长沙探亲，就直接到教科所报到了。

当时的中央教育科学研究所是一个刚成立不久的教育部直属机构。根据刘英杰主编的《中国教育大事典》（1949—1990）（上卷）第216页中的记载，1957年1月28日，国务院批示："同意你部筹建教育科学研究所，并于1957年内暂列50人的编制。"研究所的地点设置在景山东街人民教育出版社（简称人教社）的大院内，由教育部党组成员、人教社的第一副社长戴伯韬同志兼教科所的领导工作。其主要科研人员都是从人教社的教育书籍编辑室调任过来的，另有三四位是比我早一年从国内师范院校本科毕业的年轻人。在编人员不足20人，与人教社教育书籍编辑室共同组成一个党支部，支部书记是胡尚理同志，华炎同志负责人事工作。我报到的时候，由华炎同志接待。在谈到工作待遇时，她对我说："你的工资待遇从优，不必试用了。国内的本科生都有一个试用期，他们在试用期期间，每月工资是56元，第二年转正才给62元。你从现在开始就是62元。"她问我是否有意见，我对她说："没有意见"。我就是这样走上正式工作岗位的。

当时教科所和全国一样，还处在"反右派"运动中。我初上班时，没有什么业务工作，每天参加批判会。批判的对象是人教社教育书籍编辑室的一位30来岁的年轻编辑。由于我前四年在国外一直都专心于学习专业知识，初次面对这样的政治斗争场面，还真有些不太习惯。我在会上很少发言，领导和其他同志也没有对我提出什么要求。幸运的是，组织上很快分配给我一项工作任务，

1957年与中央教科所的一些女同事合影。后排左一是李端文，左二是华炎，中间是陶蔚扬，右一是陈远晖，右二是谢隆英，陶蔚扬抱着的是陈远晖的女儿康康；前排自左至右依次是王惜琴、刘先敏、我和陈明西。

让我为难的时间没有持续很长。1957年11月7日是苏联"十月革命"40周年纪念日，为庆祝苏联"十月革命"40周年，我国举办了一个"苏联国民教育展览"，我被派去接待苏联教育部派出的三人代表团，免去了其他的一切活动。

接待"苏联国民教育展览"苏方代表团的工作是我走上工作岗位后所接受与完成的第一项任务。为了接待工作的需要，我还第一次烫了头发（我很少打扮自己，到现在总共也就只烫过两三次头发）。三人代表团是由苏联教育部派来的，其负责人是一位大约50岁的女同志，其他两位都是男同志，比她年轻一些。除完成与展览有关的口头翻译外，我还陪他们游览了长城，到大栅栏的同仁堂买过药。最值得纪念的是陪他们参加了周总理举行的国庆招待会，周总理在招待会中还依次到每一桌给客人敬酒，我也因此第一次有幸见到总理。第二天又陪他们登上了观礼台，观看了我国的国庆大游行。这也是我一生中唯一一次在观礼台观看国庆大典。当时的心情的确是异常兴奋的。

"苏联国民教育展览"举办以后，人教社教育书籍编辑室组织出版了一本以《苏联国民教育介绍》为书名的小册子，我参加了这本小书的撰写。不久，人教社又想翻译凯洛夫主编的《苏联国民教育》一书。该书是为纪念"十月革命"

40周年而撰写的。有一天，一位同志来对我说："伯韬同志让你将这本书的前言翻译出来，以便于决定是否值得将此书翻译出版。"前言大约有一万字，我接到这个任务后，一天一夜就将翻译任务完成了。结果该书于1958年被翻译出版。俄文版是在1957年出版的，我国在1958年就翻译出版了这本书，速度确实惊人。这段时间的工作，特别是接待三人代表团的工作，是检验和巩固我几年刻苦学习成果的唯一一次机会。在此以后，直到1988年我国举行马卡连柯诞辰100周年纪念会（由全国比较教育研究会和全国教育史研究会组织，会议在北师大举行）的30余年我都没有与俄国人用口语交流的机会。在1988年的马卡连柯纪念会中才有机会见到前来开会的两位俄国学者。俄语（主要是口语）忘得都差不多了，交流中的困难可想而知。

二、劳动锻炼

1958年初，教育部及其所属的各个单位都要派一些干部到基层开展劳动锻炼。整个教育部系统那一年下放了100多人，由皇甫束玉同志（他在改革开放后任高等教育出版社的社长，是一位老同志）任团长，佟力同志任副团长（劳动锻炼后，他去支援西藏建设，参与日喀则市的领导），他们都是教育部的干部。下放的地点是山西省稷山县（当时此县是全国的卫生模范县），教科所同行的还有陶蔚扬、王忠祥，我们分派在不同的村。我先在东里村，后来在太阳村。

先后同组的有魏一樵、张可宽、惠兆良、李红枝等同志，

1958年初、劳动锻炼前我和母亲、大姐合影。母亲抱着的是大姐最小的孩子——外甥合群。

后排左一：张可宽；前排左一：李红枝；后排右一：魏一樵；后排右二：惠兆良。

劳动锻炼的时间约一年，这次劳动锻炼给我留下了许多美好的印象和回忆。

首要原因在于，此次下放的农村和土改时的农村有一个对比，土改时看到的农村，农民住房很差，家里的东西也大多是破破烂烂的，农民生活极其困难。这次到稷山县，不管是之前的东里村，还是之后的太阳村，农民住的窑洞都是冬暖夏凉，尽管吃水和用水有些不方便，因为用水几乎全靠20多丈的深井，但农民们的卫生习惯却特别好。家家户户都收拾得干干净净，坛坛罐罐也都擦得亮晶晶的。并且，北方农村道路大多比较宽广，走路比较方便，不像南方农村，只能在田埂上行走。值得一提的是，许多人家都有自行车，我在那里学过骑自行车。我和李红枝一起住在一位大娘家里，每天早饭后出去劳动锻炼，大娘都让我们随身带上一块馍馍以及两三块柿饼，让我们在休息的时候吃。午饭后一般会下地再劳动约三个小时，晚饭大多吃面条。所以，这样算起来，我们一天可以说吃四顿饭。从土改到劳动锻炼，时隔不过6年，农村发生这样大的变化，让人不得不感叹共产党的英明与伟大。第二个原因是，这次下乡主要是接受劳动锻炼，由于童年时期有过艰苦劳动的经历，所以劳动对我来说本来就不是什么难事。我们在地里一边干活，一边说笑，有时还唱唱歌，觉得生活很充实，几个月后我的体重相比归国时的80斤，还增加了不少呢。总之，通过参加这次劳动锻炼，我的身体强壮了一些，思想上也有收获，并和教育部与人民教育出版社的一些同志结下了友谊。

劳动锻炼后期，我们也赶上了农村大办食堂。由于时间不长，我们并没有认识到农村办食堂带来的问题。另外，我们还遇上了大炼钢铁的热潮，我们是到太行山上去炼铁。炼铁时期，我们住在帐篷里，需要自己烧火做饭，有时还要连夜到很远的地方去拉煤，很辛苦。有时由于睡眠不足，在路上一歇脚就睡着了。在太行山上虽有铁矿石，但是由于大家都没有掌握炼铁的技术，我们并没有炼出合格的铁来，所以有些失望。即使如此，当时我们也没有认识到这是一种浪费，反倒认为这是一种锻炼自己的好机会。现在想来，如果那会儿不是因为炼铁的

在太行山上炼铁时在所住的帐篷前合影。

话，我们还没有机会到太行山去呢，所以，从另一方面讲，它也是一件值得让人高兴和怀念的事。

劳动锻炼结束时，并不是所有参与下放劳动的人都能回到原单位。和我们一起下放锻炼的王忠祥，就没有与我和陶蔚扬一起回中央教育科学研究所，而是留在了稷山县工作。另外，惠兆良与李红枝同志被派往新疆工作，退休以后才回到北京。佟力同志最后被派往西藏做支援工作，也是退休后才回到北京的。

2008年，可能是由佟力等老同志发起，组织了一次很有意义的活动。凡是参加了教育部及其附属单位第一次劳动锻炼的在京人员（都已经是退休的老人）都齐聚在教育部逸仙堂前的会议室，共同庆祝皇甫束玉同志的90华诞，同时也是我们纪念参加劳动锻炼50周年的聚会。大家在一起共同回忆当时在稷山劳动锻炼的点点滴滴，说说笑笑，并有许多感慨。

2008年5月18日，教育部及其附属单位1958年下放劳动锻炼的部分干部为纪念劳动锻炼50周年和祝贺皇甫束玉同志90华诞举行座谈会，并合影留念。

三、1959年至1961年的日常生活

1959年初，我和陶蔚扬从劳动锻炼回到中央教育科学研究所工作。当时，我、陶蔚扬以及刘先敏是住在和平门外西河沿179号（后改为东河沿8号）四合院后院的三间北房里。同年7月，张羽回国，他被分配在中国社会科学院工作，考虑到我们的情况，教科所把前院的一间南房分给了我们。于是，我开始了新的生活。此前我一直过着单身生活，每月62元工资，我将其中的15元寄给张羽的母亲，也就是我的婆婆。因为张羽的弟弟当时还在上学，婆婆带着他住在内蒙古林西县的农村，没有生活来源，我需要照顾他们。另外，每月我还会给大姐15元，算是对母亲尽一点孝心。余下的32元，除去每月的生活开支，剩余部分我主要是用来医治自己身体不好的老毛病。因为当时教科所有一个大食堂，大伙都在食堂吃饭，所以自己无需做饭。

　　张羽参加工作之初，工资只有78元，后来调整为89元。由于物价便宜，所以，当时我们的生活情况还是挺不错的。为改善张羽母亲的生活，我们将她接到北京一起生活，因为他弟弟这时已到林西县中学读书，是住校，不太需要母亲照顾了，而且他还有一个已出嫁的姐姐可以常过去看他，所以就没同来北京，但仍由我们负担他的学习费用，之后他考上了内蒙古大学，我们一直支持他到大学毕业。

　　张羽的母亲来北京，教科所又多给了我们一间房，在四合院的南面，虽同在南面，但两间房却是隔开的，分开两个门。因为没有厨房，我们冬天用取暖的炉子烧水做饭，不需取暖的时候，炉子就放在走廊里做饭。婆婆很会做面食，所以她来以后，我们家就自己开火做饭，有时到大食堂买点菜就可以了。食堂的老尹师傅和王安师傅两家后来也住在西河沿179号，是我们的邻居。

　　我和张羽当时都是30多岁的人了，工作的同时也照顾家人，因此算得上是真正成家立业了。一切都已安定，所以我们特别希望有个孩子，婆母更是急切盼着抱孙子。但我一直有妇科病，所以，医治我的妇科病成了全家的大事。那时候全家都很关心这个问题，都为我想办法出主意，我的妹妹也不例外。一次，妹妹在湖南长沙湘雅医院碰巧遇到了我的小学同学钱大咸（之前提起过，小学时候她和我一起在慈保小学读书），说起我的近况，钱大咸也很替我着急，和她的父亲谈起我的问题。钱大咸的父亲是个很有名的老中医，帮我介绍了他的师弟——北京西苑医院的知名专家郑守谦给我诊治。最后，这位老中医针对我的病情开了一个药方，嘱咐我按这个方子可以多服几副药。结果我连续服用了约20副药，就治好了病，怀了孕自己也不知道。

　　1961年7月4日，我生下了自己的第一个孩子——儿子，取名崔健。崔是张羽原来的姓。

1961年冬，我抱着5个月的儿子崔健。

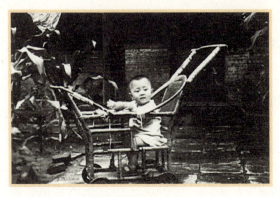
崔健坐在竹椅中。

孩子出生以后，他的奶奶坚持说，这是老崔家的后代，一定要姓崔，不能姓张，我和张羽顺从了老人家的心意。后来，我们的女儿也就取名为崔明。

怀孕期间的营养问题，当时还引起我思想的一点波动。三年困难时，由于粮食不足，不同级别的干部待遇也不同，有所谓"豆干部"、"糖干部"。什么是"豆干部"和"糖干部"呢？就是工作职称要到一定的级别才能得到一斤豆，或者得到一斤糖。我原来对工资级别没什么想法，只讲工作和服务，出现这种不同级别不同待遇的情况后，心里就产生了问题：我什么时候才能享受这样的待遇呢？这算是当时心理上的一个困惑吧。因为我当时的待遇是62元，从工作之初一直没有变化，到1964年或者1965年才提到69元一月，也还是个实习研究员，而与我同时上大学的同学，许多人一个月已经拿到89元的工资了（助理研究员或讲师）。于是就有了留苏反而吃亏的想法。这也成为我以后在组织生活中经常需要检查个人主义思想的源头。

四、中央教育科学研究所建所、建院的艰难历程

在我和陶蔚扬等同志参加劳动锻炼前，中央教育科学研究所已从景山东街的人民教育出版社大院内搬到和平门外的原教育行政学院的大院内办公。原教育行政学院创办于1955年，院址即是北京师范大学的旧址，它的对面就是北师大的第一附属中学。我和陶蔚扬同志回北京上班不久后，1958年被任命为所长的柳湜被撤销了职务，于是仍由戴伯韬同志兼管所里的工作。无论是柳湜还是戴伯韬同志都很忙（柳湜是教育部的副部长兼所长，伯韬同志有人民教育出

版社的工作），所以平日很少到所里来。我回所以后仍跟着教育理论研究组工作。由于我不大喜欢从书本到书本地空谈教育理论，认为脱离教育实践，理论研究不会有什么结果，于是便积极参加到小学教育调查中去了。我们研究所的对面是实验小学，附近还有其他学校，所以很方便做学校调研。我到小学随班听课，重点研究了小学算术教学，并将研究结果写成了《试谈目前小学算术教学中的几个问题》，该文在《北京师范大学学报》（社会科学版）1959年第4期上发表了。我记不清楚这篇文章是怎么送到北师大学报编辑部去的，只记得有一段时间，我们是在北师大的四合院上班，我参加了北师大教育系教材教法教研室的活动。记得当时教研室的主任是胡梦玉同志。或许是她将这篇文章推荐给编辑部的，也或许是我们所的什么人推荐的，反正我自己当时没有主动去投稿。一般来说，我不大愿意主动投稿，即使是后来发表的文章，也大多是编辑约稿之后我再写的，或者是作为工作任务，需要整理出来发表。此外，这篇文章是我参加工作以后在学术刊物上发表的第一篇论文，也是我参加工作后撰写的唯一一篇不属于教育史的论文。

中央教育科学研究所大概是在1957年12月搬到和平门外原教育行政学院的大院里上班的，我记不太清楚了。后来又一度在北师大的一个四合院上班。不过，最迟到1961年上半年的后期，即五、六月间，我们已是在教育部的红星楼上班。在北师大的校园里上班时，是由北师大的校长刘墉如兼管所里的工作，回到教育部红星楼上班，是由戴伯韬兼任所长。那时中央教育科学研究所才算是真正成立。原教育行政学院因为停办，它的一部分教师也调入了中央教育科学研究所，任时调入后任副所长，刘英杰任办公室主任，调入的研究人员有胡克英、伍堂棣、滕钝、周鸿志、张昉、张燕镜等。由刘英杰担任主编的《中国教育大事典》上卷中记载了中央教育科学研究所的如下几件大事：教育部党组于1960年8月曾向中央送过一个报告，提出成立教育科学院的建议，"由于当时中央正指示精简机关，没有批准"；1960年9月，"由北京师范大学校长刘墉如兼任所长"；1960年10月，"教育科学研究所筹备处和《人民教育》杂志社合并，正式成立中央教育科学研究所，由戴伯韬领导，教育科学研究所分为研究

部和编辑部两个部。"(《中国教育大事典》(1949—1990)上卷，杭州，浙江教育出版社，第216、217页)

1961年，中央教育科学研究所里的研究人员总数为12人。1963年，中央教育科学研究所与《人民教育》杂志社分开，但仍合署办公，当时中央教育科学研究所的研究人员增至21人，其中有研究员5人。在《中国教育大事典》上卷中还指出，"1963年11月29日，教育部党组拟报中宣部任命戴伯韬为所长。""1963年，教育部制定了建立教育科学院的方案，并着手调动干部，从人力和物力上积极进行准备，到1965年，科研人员和工作人员增加到70多人。"(同前书，第217页)

有关中央和教育部党组对于中央教育科学研究所建所、建院的这些处置，我们普通的工作人员并不知道，但人员的增减和办公地点的变迁是我们亲眼所见并亲身经历的。1966年"文化大革命"开始前不久，我们已到现在中国教育科学研究院的所在地上班。但在"文化大革命"开始后，建立教育科学院已经

2013年5月原中央教科所部分同事聚会，是由刘英杰和连健生同志（前排中）组织的。前排右一：朱典馨，右二：张昉。

完全没有了可能。在1969年10月，全体人员都已被下放到安徽省凤阳县参加教育部"五七干校"的劳动。1970年6月，教育部及其所属的中央教育科学研究所被认为是执行修正主义路线的单位，都被撤销了。从1972年起，教科所的大部分人员被分配到全国各地，直到1978年7月，教科所才经国务院批准得以恢复与重建。

根据我的记忆，中央教育科学研究所在"文化大革命"以前人员变动的情况大体上是这样的：中央教育科学研究所最早的一批科研人员有陈元晖、王铁、曹孚、陈远辉、朱典馨、陶蔚阳、王忠祥、戚长福、琚鑫圭、陈明西、谢隆英、刘先敏、李月章，行政人员有胡尚理、华炎、李端文、王惜琴，我初到教科所工作时见到的就是这些同志。到教育行政学院上班时，除教育行政学院调过来的人员外，我记得增加的研究人员还有张凌光、郭林、熊字容、张安国、胡寄南、许椿生、胡守棻、高时亮、范祖珠等。这时候所里还来了一位领导图书馆工作的同志，叫做陈友信，他曾到过苏联，他的爱人是一位俄罗斯人，他们还有一个小女儿。戴伯韬同志很重视所里的图书资料建设工作，想把中央教育科学研究所的图书馆办成像苏联乌申斯基图书馆一样的全国教育图书馆。他让陈友信组织购买了各种书籍，其中有些是善本书，英文和俄文教育书籍也不少。图书馆里不仅有许多解放前的教育杂志，还有各种苏联教育杂志，《苏维埃教育学》杂志就很齐全。馆藏图书杂志的这些情况都是之后派我去做留守工作时我才知道的。由于后来几次精简机构，原来的科研人员和行政干部以及不同时期调来的科研与行政人员被调走的很多，其中有陈元晖（据说是他自己请求调到社会科学院哲学研究所去的）、熊子容、许椿生、张凌光、郭林、胡守棻、高时亮、胡寄南、戚长福、陈明西、刘先敏、王忠祥、华炎、李端文等。教育部准备将中央教育科学研究所扩建成教育科学院以后，在1964年和1965年调入的人员有康瑛（常务副所长）、潘懋元、吕型伟、杨嘉屏、连健生、邹光威、胡寅生、山效华等同志，1964、1965年还调来了一批北师大本科和研究生班的毕业生。在此之前，金世柏和毛文颖等同志已先后调来了，加强了由胡尚理同志领导的中外教育资料的搜集整理和编辑内部刊物《国外教育简报》（也可能是称为《外国教育资料》）的工作。后来他们还参加了批判凯洛夫修正主义教育思想资料的翻译工作。这只是我个人的记忆，也可能有不准确之处。

五、好邻居助我解决养育子女的困难

我到中央教育科学研究所工作后，在景山东街人民教育出版社的大院办公时与陶蔚扬同志合住一间房，以后又一起搬到和平门外原北师大的宿舍。宿舍与原教育行政学院我们办公的大院有一个小门相通。这是一个很大的四合院，有前院和后院两个院子，听说北师大的朱智贤教授等人曾经在这里住过。大门口有一对石狮，门牌号原来是西河沿179号，后来改为东河沿8号。我在这个四合院里住了30年，对它有很深的感情。同院的邻居先是有朱典馨一家、谢隆英一家和李端文的儿子一家，我们都住在后院。前院住的是教育部所属的其他单位的干部，和我们来往不多。再后来，前院的那些家陆续搬走了，我搬到前院两间（实际是小三间）北房居住，前院搬来了张复荃、连健生、山效华三家。几家人早出晚归，天天见面，有福同享，有事互相帮助，相处十分和谐。我和张羽的两个孩子都出生在这个院子里。

儿子崔健出生于生活十分困难的1961年，所以怀孕的时候根本谈不上注意营养。我和婆母两人三顿饭都在家里吃，三顿都是玉米面，早晚都是稀的，中午一顿窝窝头。儿子生下来只三斤多，不会吃奶，在医院暖箱里养了10多天。由于我身体的原因，加上着急，没有奶水，母子出院时，家里也还没能及时为孩子订上牛奶，那会儿真是把大家都急坏了。张复荃家的儿子比我们的儿子大5个月，他和他的夫人梁心懿决定将自己儿子的两瓶奶

2002年初夏，老邻居在紫竹院聚会，坐在中间的是连健生同志。

20世纪60年代的张羽和张复荃。　　当时的梁心懿和我。

分一瓶给我们救急；李端文的孙子比我们的儿子大7个月，她的儿媳妇李兰英每天给我的儿子喂一次奶，我们就这样才度过了危机。这些都是让我永生铭记的友谊和恩情。

女儿崔明出生于1964年，情况比1961年好多了，但我当年已35岁，也不懂得怀孩子时应补钙。崔明婴儿时期每天深夜哭闹，经常弄得满院子的人都到我家探望，最常来的有梁心懿，还有连健生的夫人刘敏，以及山效华和她的母亲。孩子后来发展到抽风送医院急救，才查出来是由于缺钙。幸喜两个孩子后来都没有留下什么后遗症。

六、参加曹孚先生领导的外国教育史教材建设，初步确立了专业研究方向

1961年春天，中共中央宣传部和教育部召开了文科教材会议，决定为高等学校文科编写教材，其中包括为高等师范学校教育系编写《教育学》《中国古代教育史》《中国近代教育史》和《中国现代教育史》。据说，按照周扬的意见，外国教育史教材可以借用苏联教育史的课本，不必自己编。这也成为曹孚最初编《外国教育史》借用版教材的由来。

编写任务是从1961年的年中开始的。曹孚先生让我、周德昌和谢隆英参与

选编工作。原来设想编成上、下册两本，上册从原始社会到19世纪末20世纪初西欧和美国的教育（包括制度和思想），下册从十月革命到第二次世界大战后各国的教育（包括制度和思想）。后来，曹孚先生决定借用本只编一册，内容包括从原始社会的教育到1917—1920年苏联的教育改革，他同时向教育部的文科教材办公室写了一个自编《外国教育史》教材的申请报告。《外国教育史》借用教材在1962年5月由人民教育出版社出了第一版。

　　大约在1962年秋天，文科教材办公室批准了曹孚先生自编《外国教育史》的申请。成立了四人编写组，由曹孚先生、滕大春先生、马骥雄和我四人组成。滕大春先生是河北大学的教授，马骥雄是华东师范大学的中年教师，这两位同志是外地来的，所以需要单独安排住处。也正是因为这个原因，文科教材办公室将"外国教育史"编写组安排在教育部的一个招待所里，这个招待所设在前门大街鲜鱼口胡同内的一条胡同里，名字我记不得了。鲜鱼口胡同西口的对面就是大栅栏，走完大栅栏，有一条胡同通到和平门外大街，中央教育科学研究所的图书馆一直在原教育行政学院的大院内，曹孚先生的家也在院子里。我在前面已经说了，院内有一个小门（就在曹孚先生的家所在的宿舍楼后面），可以直接通到我家所在的东河沿8号院。因此，有将近两年的时间，我们四个人经常是在教育部招待所和原教育行政学院的大院之间往返。有时是到图书馆借书或看书，我和曹孚先生不是每天都住在招待所里，许多时候是回家里住，当我们回家时，滕先生和马先生就和我们一起散步，送我们到和平门，有时也到我们家做客。这一年多的时间是我在"文化大革命"前专业工作最紧张的时期，也是生活十分愉快的一段时光。

　　由于曹孚和滕大春先生都具有很高的思想理论水平和渊博的知识，马先生在理论和专业方面的基础也很扎实，编写组很快就统一了思想。一开始我们的指导思想和努力方向就非常明确，即要以辩证唯物主义和历史唯物主义为指导，在尽量占有史料的基础上编出一部具有自己鲜明特点的《外国教育史》教科书。这部教科书要突破以欧洲为中心，或仅仅以欧美教育为范围论述教育史问题的传统，我们力图使新教材能够涵盖东西方主要国家和地区教育思想与实践发展的历史，以此揭示教育发展的客观规律，总结外国教育的历史经验，为我国教育事业的发展提供启示与借鉴。

编写组用了大半年的时间拟订《外国教育史编写提纲（初稿）》。首先，通过共同的议论，确定书稿编写的框架，然后分工提出各章要点，并逐章进行讨论。编写提纲的初稿曾在曹孚先生修改定稿后发往全国的师范院校教育系征求意见。但曹孚先生没有坐等所有意见的收集，而是先让大家根据分工及时开始撰写工作。记得分给我的主要是"拜占廷的教育"、"俄国教育"和"苏联教育"的大部分章节。

由于编写组成员相继需要参加"四清"，编写工作不得不中断（我是在1964年九、十月间参加"四清"，曹孚先生在1965年参加"四清"）。不过，在编写工作中断前，编写组已经完成了以下一些任务：曹孚先生已写成"古代希腊的教育""罗马的教育""文艺复兴与教育""宗教改革与教育"等4章，滕大春先生写成"原始社会的教育""古代东方国家的教育"和"伊斯兰国家的教育"等3章，马骥雄先生撰写了"巴黎公社的教育"和"19世纪末至20世纪初期的俄国教育"等两章，我写出了"拜占廷的教育"一章。

从1961年编写《外国教育史》借用教材开始，中央教育科学研究所总算是将我的专业确定为"教育史"，我也第一次确定自己的研究方向。特别是从参加"外国教育史"编写组开始，我才真正开始从事外国教育史的研究工作。在编教材的这一年多时间里，我向曹孚先生和滕大春先生学习了很多东西，向马骥雄先生也学习了不少。我在编写组是最年轻的，但也已30出头了。曹先生和滕先生两人都知识渊博，英语也娴熟、流利，让我钦敬；马骥雄比我年长12岁，专业知识扎实，在做学问与为人等方面我都将之视为榜样。通过讨论编写提纲，我对外国教育理论与实践的发展有了一个更深入、全面的了解。我自己也在编写组近两年的时间里读了不少书，曾多次为撰写"拜占廷的教育"一章到北京图书馆（当时它还在北海后门附近）查阅俄文资料，做了详细的笔记。总之，从1961年起，特别是在编写组的近两年时间的学习与探究对我的专业成长具有决定性的影响。

七、参加"四清"的感受

1964年9月，教育部组织部机关与直属单位的第一批干部参加"四清"工作队，中央教育科学研究所的领导就决定让我参加。记得同去的有连健生、陈远晖等人，可能他们两人与我同在一个组，参加的还有什么人我记不太清楚了。当时心里是有些矛盾的，那也是我第一次在接受领导安排任务时出现矛盾心理。

这是1964年9月我到闫家沟四清前和张羽带着儿子、女儿合照的一张相，当时女儿崔明刚住过几天医院，查明了抽风的原因是缺钙，并无其他疾病。我们照这张相带有庆贺的意义。

首要原因是，当时我女儿只有5个月大，而且因抽风刚住过院（主要在于排除脑炎的可能性），两三天里我一直守在医院，身心疲惫，情绪很不好；其次，我想到自己研究工作刚上路，有些舍不得离开正在开展工作的《外国教育史》编写组。但作为党员，我必须服从安排，所以我没有提出异议。现在想来，这次领导安排我去参加"四清"的确很不合理，因为又不是战争年代无法考虑干部的困难，为什么一定要让只有5个月大的孩子的母亲离开自己的孩子一年之久呢？当时，我实在没有法子，因为儿子也只有3岁多一点，婆母无法带这么小年纪的两个孩子，只得将5个月大的孩子放在大姐家，因为大姐白天还要上班，最后只好将自己的母亲请到北京来，请母亲住在大姐家帮助照顾我的女儿。这时候我的母亲是住在长沙我妹妹家里的。

这次"四清"是在张家口附近的柴沟堡闫家沟。虽然全国经济情况好转已经两三年了，这一地区人民的劳动生活情况却仍然没有多大的改善。柴沟堡地处山区，种梯田。挑着担子往梯田送肥是十分辛苦的劳动。饭食中午是高粱米饭，早晚喝没有去壳磨成的小米面煮的糊糊。不仅吃不到肉食，蔬菜也没有，每顿饭只有几乎没有盐腌的胡萝卜。查干部的"四不清"，也要扎根串联，但

1964年在张家口柴沟堡闫家沟村参加"四清"的部分同志。

我们听到的大多不是干部有什么问题,而是老百姓诉说三年困难时人如何浮肿,人如何被饿死的情况。这与我们劳动锻炼时看到的稷山县农村的劳动生活形成了鲜明的对比,使我心里感到不是滋味。但那时我们参加"四清"的干部并不能正确分析农村所存在的问题的原因,认识大跃进和大办人民公社时期存在的政策错误,而是按照"四清"工作的要求走了过场。一年时间过去,无论对于农民还是参加"四清"的干部都没有带来什么益处。

"四清"中间我曾回北京探亲一次。我坐的是夜车,到家时是清晨,儿子刚刚睡醒,见到我走进家里,立即下床给我搬过来一个小凳子,让我坐下休息。这使我倍感温暖,他当时大概将近四岁,这情景我至今还时常生动地回忆起来。

八、"文化大革命"的前一年

我们大概是在1965年六、七月间从柴沟堡回到北京的。我们回京时,教育部及所属单位第二批参加"四清"的同志已经下去了,他们是在北京郊区的农村参加"四清"。曹孚先生也下去参加"四清"了,"外国教育史"编写组的工作也就暂停了。我回来以后既没有见到曹孚先生,也没有见到滕先生和马

1965年我回北京后、母亲回长沙前，我与母亲、婆母带着三个孩子（崔健、崔明与合群）合影。

骥雄，再次见到曹孚先生时已是在"文化大革命"之中，再次见到滕先生和马骥雄，已是"文化大革命"以后的事了。

我从"四清"回京，正值中央教育科学研究所规模最大的时候。大家准备所里的搬迁事宜（从红星楼搬到现在的教科院所址）。当时康瑛任常务副所长，她来所时，我还在"四清"工作队，回所后第一次见面时，她给了我一些鼓励的话，因此她给我的第一印象是比较亲切。不久便听说她曾在周总理办公室工作过，使我感到教育部真是要加强对教科所的领导了。搬家以后，我和邱瑾同在一个办公室。我将一些俄文书籍搬到办公室，准备继续从事外国教育史的研究。

但是我回京不久，张羽便要到江西去参加"四清"，家里的困难便接踵而至。首先便是从大姐家接回来的女儿需要安排。附近的实验幼儿园不接受这么小的孩子（我的儿子就在这个幼儿园，离家很近，是日托，每天接送）。我们只得把她送到教育部直属幼儿园全托。张羽去"四清"以后，我又突发肾病，两只眼肿得很大，腿也肿起来了，到邮电医院检查（我们的公费医疗单位），尿样里红血球很多，管型3个加号，以急性肾炎的诊断收住医院治疗。由于张羽在江西参加"四清"，婆母是农村妇女，无法接我的女儿回家过周末。我在医院住院两个多月，其间女儿患肺炎也住在同一个医院的小儿科病房，我去看她，内心非常难受。当时教育部直属幼儿园服务还是非常周到的，幼儿园的老师送我女儿住院，病愈以后又接回幼儿园。在我住院期间，教育部直属幼儿园，特别是一位姓李的老师代替我照顾了我的女儿，星期天将她带回自己家里照看，现在想起来，我的内心仍然充满感激之情，在这里特别要对李老师再说一声"谢谢"。

　　我在邮电医院住院治疗期间的主治医生是一位男大夫，50多岁，他的姓我已记不得了。但负责了解我病情的大夫是一位女医生，姓王，很年轻。她对我非常关心，经常劝慰我，给我许多安慰和帮助，给我留下很深的印象。在我出院之前医生建议：为了避免肾病再次急性发作，最好割去扁桃腺，我同意了。所以，我出院前是割除了扁桃腺的，带来的副作用是容易感冒，而且每次感冒拖的时间都很长。住院期间，张羽单位的负责人叶水夫、他的朋友陈燊到医院看望过我。出院的时候，我的病并没有完全好，腿仍浮肿，医生建议转到北京中医院继续接受治疗。中医院诊断我的肾病为慢性肾盂肾炎，每次开一个方子，拿六副药，管10天。中医院肾病病人很多，每次都有20多人坐在那里排队等候，排队的人都说自己病了很多年，说肾病是很难治的病。但我始终相信可以治愈，并且一直坚持治疗。

　　"文化大革命"开始后的一段时间，我仍在北京中医院接受治疗，主治医生是一位40多岁的女大夫。她说我的治疗效果不错，建议我再住院治疗一个时期，但我没有同意。因为当时两个孩子都太小，如果住院就不能照顾他们，门诊治疗，可以兼顾家庭。我从邮电医院出院不久，儿子就患过一次感冒，发烧40℃出头，住儿童医院多日高烧不退（记得正逢邢台地震，有一天我在医院陪护儿子，都感到楼房摇动）。中央教育科学研究所派周鸿志同志到医院帮助我联系我儿子的治疗问题，当他得知那时北京中医院的儿科名医（人称"小儿王"）到儿童医院巡诊，就请求院方安排让这位中医为我的儿子看病。这位医生给我儿子开了一个药方，儿子服药后很快就退了烧。我儿子只住过这一次医院，老中医的本事留给我的印象是很深的。

　　总之，"文化大革命"前一年，可以说我主要是在和疾病作斗争、和医院打交道中度过的，过得既紧张又辛苦。每天不仅为孩子的健康担惊受怕，还要天天为自己熬煮汤药。张羽是在"文化大革命"开始后才回到家的，所以这一年生活中的焦虑和劳累都由我和婆母二人一起面对和承受。我住医院时，她每天要接送在幼儿园的孙子。好在四合院里邻居可以给她一些帮助。幸运的是，当时社会风气比较好，服务机构的工作者都讲为人民服务，没有送钱送礼之风。当时大伙有困难，组织也会及时帮助，也正因为如此，虽然一年内家中有三人住过医院，也没有出现经济上的困难。总之，生活虽然艰苦，但在大家的帮助下，还是平安顺利地度过了。

九、反修运动中遇到的问题

留苏在我的一生中留下了美好的回忆，对我的专业成长也起了一定的作用。对于政治上的批修，我是认真学习的。我对赫鲁晓夫的瞎指挥并无好感，1957年在回国途中看到莫洛托夫、马林科夫作为反党集团受批判和惩处的消息，感到很突然；对他主导的1958年关于苏联普通教育改革的决定（《关于加强学校同生活的联系和进一步发展全国国民教育制度的建议》和随后颁布的《关于加强学校同生活的联系和进一步发展苏联国民教育制度的法律》）中完全否定20世纪30—50年代苏联教育的成就也不以为然。但是将凯洛夫及其主编的《教育学》作为修正主义进行批判，我思想上有一定的距离。我们在苏联学习时，苏联的教授上教育学课并没有像国内那样将凯洛夫当成唯一的至高无上的权威，凯洛夫主编的《教育学》只是参考书之一。倒是我们自己在解放初期将他当做教育权威来宣传，推广他的教育理论，现在又将他的教育理论上升为修正主义教育理论大张旗鼓地进行批判。我认为他的理论即使有错误也是学术问题。好在中央教育科学研究所在组织全国教育理论界的代表住在民族饭店"批凯"时，由于参加编写外国教育史的工作，我没有参加"批凯"。但由于批修导致的中苏两国关系恶化不但使我中断了与唯一的俄罗斯同学莉达的联系，而且被要求将我们的来往信件交出来。据说这些信件是被送到教育部的有关部门进行审查，做出了没有政治问题的结论。这次审查发生在1962年至1963年间，可能使我得以避免了在"文化大革命"初期遭受群众运动的巨大冲击。

第四章 "文化大革命"的十年

一、"文化大革命"中的逍遥派

十年的"文化大革命"对我国社会发展和许多家庭造成很大的破坏，它在初起时极为凶猛。北京大学聂元梓的大字报受到毛主席支持后，教育部机关和各级各类学校以及我所在的中央教育科学研究所都迅速出现造反派。大字报的矛头都指向了各个单位的主要领导人——所谓走资本主义道路的当权派，指责他们推行的是一条修正主义教育路线。毛主席在天安门城楼第一次接见红卫兵后，全国掀起了红卫兵的破"四旧"（旧思想、旧文化、旧风俗、旧习惯）运动。他们在各机关、街道和学校随意抄家、组织劳改队、私设刑堂迫害无辜，造成大家极度的恐慌。

在这种情势的影响下，为避免遭到不测，我和张羽把我们在苏联学习时与俄罗斯朋友们合照的许多照片都烧掉了（我现在所保留的和俄罗斯同学的照片，是1989年我到苏联访学时俄罗斯朋友送我的）。张羽和他的老师、同学合影的照片一张也没有了。我们两人都出身于贫寒家庭，生活一向朴素，加之成家不久，没有买过首饰和其他多余的东西，家里也没有什么家当可言，烧掉这些照片就不怕抄家了。

在我们四合院居住的几家人都在文教系统工作。邻居们相处很好，谁家有困难，大家都会热心帮助。我在前面已谈到有关情况。在我们这些邻居中没有很大的干部，带"长"的干部只有两人，一人是国务院文教办公室教育改革试点学校——丰盛学校的副校长张复荃，另一人就是张羽，他当时是中国社会科学院外国文学研究所苏联文学研究室的副主任兼支部书记。"文化大革命"初期，张复荃受到比较大的冲击，造反派指责他反毛泽东思想的大字报贴在我们四合院大门口对面的墙上，来往的人每天都能看见。幸好他并不是丰盛学校的一把手，也不是丰盛学校的老领导（他原来是教育行政学院的教师，教育行政学院停办后被国务院文教办公室调到丰盛学校，以加强教改试点学校的领导力量）。造反派对他的处理相对比较宽容，没有对他进行武斗，只是将他隔离审查，进行批判，常写检查，参加劳动。贴在四合院大门口对面墙上的大字报也没有给他带来更大的灾难。

张羽在中国社会科学院这样的大机关实际上算不上什么"长"，研究室像他一样留学苏联的年轻人比较多，张羽与他们相比，只是年长几岁，有参加革命的经历。他在学术上起步也不久，当时还只是个助理研究员，为人也友善，能团结群众。因此，在运动初期，他并没有受到冲击，而是跟着大家一起参加各种活动。中国社会科学院在"文化大革命"中是北京市闹得很混乱的单位，斗争极为复杂，这种在"文化大革命"初期未能靠边站的相对好过的局面给他带来了严重的后果，即在"五·一六"运动时期我们还是受到了冲击。这我在后面还会详细谈到。

从"文化大革命"开始到1969年被派往干校之前，我和另外三个中央教育科学研究所的同志自称是"文化大革命"中的"逍遥派"，我们四个人的人生经历决定了我们不会走造反派的道路，也正因为我们的经历以及观点相似，所以我们很自然地走上同一道路，形成所谓"逍遥派"，即只是到各处看看大字报，参加所里的批判会，在会上很少发言。我们经常在一起讨论、学习，一起去食堂吃饭，有时也会一起到教育部看大字报。

在"逍遥派"的四个人中，我和连健生、山效华住在同一个四合院。我在前面已提及，我们四合院的老邻居互相帮助，相处非常融洽。连健生同志是抗日战争时期参加革命的干部，一直从事文教工作，曾任江苏省教育厅政治秘书、办公室副主任，兼管《江苏教育》的初审工作，为中央教育部主办的《教师报》特约记者，《人民教育》的特约通讯员。1964年调入中央教育科学研究所之前，担任江苏省沛县文教局长、文教系统党总支书记、县政府党组成员。来研究所之后，他就被派去参加"四清"。他参加的第一次"四清"，也就是我参加的河北省柴沟堡闫家沟的"四清"（大约是1964年9月—1965年7月），他负责一个小队的工作，我在他所带领的小队里。他第二次是参加河北磁县二街的

"四清"，派他负责一个大队的"四清"工作（1965年9月至1966年6月）。连健生回北京后又被派去参加教育部驻北京市教育局的工作组。在北京市教育局一个月左右，就被教育局造反派揪回去批斗，持续大约有半年时间。好在他不是工作组的领导，批判相对较轻，没有受太多的罪。如果不被调到中央教育科学研究所，他在"文化大革命"中所受的冲击和灾难有多大就很难说了。

山效华，原来是东北师范学院（现东北师大）的心理学教师，1964年调入中央教育科学研究所。她的丈夫石方同志，原为长春市教育局局长，在反右时期被定为右派。为保护其子女不受影响，她选择了和丈夫离婚，带着3个孩子和自己的父母一起生活。他们二人来中央教育科学研究所工作的时间都不长，属于一般科研人员。

"逍遥派"中的另一成员是张燕镜，他原来是教育行政学院的教师，教育行政学院停办后调入中央教育科学研究所。张燕镜的爱人在北师大工作，他们住在师大，了解师大的"文化大革命"活动。我们四个人经常一起在食堂吃饭，张燕镜传给我们一些北师大"文化大革命"的情况。对教育部两派的斗争以及北师大造反派的活动，我们都感到难以理解。后来，我在"五七干校"由于张羽的事情受到牵连，同志们都远远地躲着我。当我带着女儿回北京安排儿子的生活时，张燕镜是唯一一个送我去车站的人，让我非常感激，听说他回去以后还挨了批评。

我到中央教育科学研究所工作的时间虽然比连健生、山效华要长一点，参加过编写小册子和教材的工作，也发表过文章，但仍是一个实习研究员。"文化大革命"初期在造反派的大字报中我被描述为"走资派的红人""修正主义的苗子""走白专道路"等。从我的思想感情来说，我是倾向"保皇派"的。对"文化大革命"前17年执行的是修正主义教育路线的论断，我没有什么认识。但"文化大革命"又是毛主席发动的，我认为自己应该努力理解，但对两派的激烈斗争和造反派的造反行动我是难以接受的，因为我认为他们的行动违反了毛主席在延安整风运动时一系列讲话的精神。一次我们到教育部看大字报，适逢教育部两派在逸仙堂举行辩论会，气氛非常激烈。我在院子里遇到一位很熟悉的同志，她当时是站在"保皇派"一边的，对造反派的行为非常生气。我就用毛主席关于路线斗争主要是分清是非解决思想问题，而不是追究个人责任，整风主要是为了"惩前毖后，治病救人"的道理去宽慰她，劝她不必和造反派计较。

当时中央教育科学研究所的所长是戴伯韬同志，他是人民教育出版社的第一副社长，也是人教社的实际负责人，所以在"文化大革命"中大概是被人教社定为批判对象，但我不记得他曾被拉到所里批判过。我们所被批斗得最厉害的是当时的常务副所长康瑛同志。我在前面已经说过，她原来曾在周总理办公室工作过，调入中央教育科学研究所的时间并不长。造反派给她扣上的大帽子有三顶："假党员"、"阶级异己分子"和"走资派"。说她是"假党员"的根据，因为她参加新四军是刘少奇给她开的介绍信；说她是"阶级异己分子"，是指她出身于资产阶级，参加革命后还曾回上海的家并拿过家里的几磅毛线；说她是"走资派"更是无需证明了。她当时确实是所里的实际负责人。康瑛当时已50多岁，有心脏病，对她进行批判斗争时虽没有武斗，但大多数时候都让她低头弯腰地受训，对她大喊大叫。我当时认为造反派给她戴的帽子并不合适。刘少奇是当时的负责人，给她开证明信并不能说明她有什么问题。一个出身于资产阶级家庭的知识分子不在家里享受安闲舒适的生活，投身于革命，只能说明她爱国，拿几磅家里的毛线又能说明什么问题呢？我认为造反的年轻人看问题太简单了，不能辩证地看问题，因此很难附和他们的观点。我的办公室和康瑛的办公室邻近。有时走过她的办公室见周围没有别的人，我就进去劝她几句，让她相信群众相信党，放宽心，保护好自己的身体健康。

回想"文化大革命"十年，我犯的最大错误应该是给曹孚先生贴过一张大字报，表示要和他划清界限，不再走资产阶级的治学道路，要走与工农相结合的道路。曹孚先生后来生病住院，我也没有去看过他，这是后来经常令我自责的一件事情。我虽然不是曹孚先生的学生，但是作为后学，参加他所主持的"外国教育史"编写组，我受到的教益是最多的。另外，我当时为了表达自己愿意当一辈子农民的决心，把带到办公室的俄文书，包括成套的《克鲁普斯卡雅教育文集》（10卷）、《马卡连柯教育文集》（7卷）都当废纸卖掉了。现在想来，那时自己的这些言行还是受了极"左"思想的影响，是有些糊涂的。

二、在教育部"五七干校"

教育部的"五七干校"设在安徽省凤阳县的一个乡里。当时，教育部机关及其直属机构组成了一些连队，中央教育科学研究所被称为第九连。我们下乡之初住在大青山林场，最开始的劳动主要是为下放的干部们盖房子。我没有和全所的干部一起到干校（1969年8月），相比他们稍微晚了一个多月，因为去之前所里派我参加北京市教育系统批判凯洛夫《教育学》的活动。1969年10月，我参加了两次由《人民日报》组织的座谈会。第一次参加的成员主要是北师大、河北北京师院、北京师范学院等院校的教师代表；第二次主要是北京四中、景山学校、石景山中学等中学教师代表。这次活动估计是为"复课闹革命"后的教师教学活动做思想准备。1969年10月下旬，我到教育部"五七干校"。我先坐火车到蚌埠，然后换乘汽车到凤阳县。在蚌埠的一家小旅馆碰巧遇到了戴伯韬、张凌光等老同志。戴伯韬是中央教育科学研究所的所长（兼职），张凌光也曾在中央教育科学研究所工作。我们虽然没有多联系和交流，但我是很尊敬他们的。"文化大革命"开始后我还是第一次见到他们。有件小事我还记得很清楚，张凌光先生一次过一个门槛时，不小心向前打了一个踉跄，我赶忙上前扶了他一下，这一行为可能给他们留下了好的印象。两年后（即1971年下半年），我回北京做留守工作，以后又做清点中央教育科学研究所的财产和移交工作，有几次到戴伯韬同志家，向他汇报所里的情况（他从1972年开始已经恢复领导人教社的重建工作），他和家人对我都很亲切，总要热心地留我在他们家里吃了饭以后才让我走。戴伯韬同志病逝于1981年3月6日，连健生同志在1981年第5期《人民教育》上发表了以"鞠躬尽瘁，死而后已"为标题的悼念文章。其中对戴伯韬同志许多优秀高尚的人格品质进行肯定和赞扬：他追求真理、埋头苦干；毕生心血，浇灌教材；好学不倦，平等待人；生活简朴，不谋特殊的人生轨迹等，戴伯韬同志不管是在工作中的贡献和还是做人的美好品格，都值得我们敬佩和学习。这也是我的感受。连健生同志的文章没有谈到戴伯韬同志筹建以及领导中央教育科学研究所的贡献，这是因为连健生来所的时间相对较晚，对此体会还没有那么深。戴伯韬同志，作为新中国著名的教育家，衷心希望把中央教育科学研究所建成一个强有力的教育科学研究机构，为我国教育理论建设做出应有的贡献。他在领导建所和建院的工作中，十分重视科研人员的选拔工作，也十分爱惜人才，尤其重视图书资料建设。对于十年"文化大革命"给整个机构的摧残，他感到十分遗憾、痛心。

我到教育部"五七干校"劳动锻炼时，女儿崔明还只有5岁。干校各连的劳动是从为本连的干部盖住房开始的，住房没有建成以前，崔明只好放在凤阳县城教育部干校办的临时幼儿园里，连里放假时我才有机会去看她。住房建成后，临时幼儿园撤销，孩子都被接回家，由父母自己带。崔明是我们连里年龄最小的女

1969年，女儿在凤阳教育部"五七干校"临时幼儿园。

孩，由于不到入学年龄，所以不能和其他小朋友一起到附近农村学校念书，就经常跟在劳动锻炼的干部的身旁，看大人养猪，放鸭子，或在厨房里自己玩。大家都很喜欢她，常把她称为"小公主"。

在干校的劳动，开始主要是为我们自己盖住房，也就是搞基本建设。基建大约花半年的时间就完成了。我们搬进自己盖好的房子后，就是三夏农忙的季节了。每天晚上干部们还要按要求反复学习毛主席的"五·七"指示，立志向贫下中农学习，走与工农相结合的道路，让大家树立当一辈子农民的思想，还经常批判"劳动镀金说"、"劳动惩罚论"。劳动对我来说不是什么困难的事，我也不是第一次下乡了，收麦子、插秧，什么都能干，也挑过100多

斤的担子。我们还到附近的村子里去访问过农民，了解他们的生活情况，接受贫下中农的再教育。给我留下的突出印象是，凤阳农民的生活太苦了，住的房子还没有我们自己盖的房子好。房子没有窗户，只开了一个很小的洞，屋子里也没有像样的家具。

干校盖建住房的劳动，我们女同志多半都是当小工，如和泥，递砖头等。但和泥还是很累的活。我当时肾病并没有完全好，腿还有点肿。连里成立了以刘英杰为主的革命领导小组，还有3名军代表，领导大家抓革命，促生产，"斗私批修"，改造世界观。

我下干校不太久还出过一次差。记得可能是在12月中旬，回来以后就学元旦社论，主要作批评和自我批评。我在自我批评时谈到自己去看女儿时在自由市场上买了花生米，劳动时担心自己的肾病复发等。连里派我出差的主要任务是到厦门大学联系并接潘懋元同志回干校劳动，另一任务是到湖南岳阳农村调查李保初的家庭情况。

潘懋元同志来所前是厦门大学的教务长，"文化大革命"初期被厦大的学生揪回去批斗，这时已被靠边站了。李保初是年轻的大学毕业生，到所里工作时间不长，"文化大革命"中是起来造反的人物，后来被列为我们所里主要的"五·一六"嫌疑分子，当时成了主要的清查对象。他父母是湖南岳阳的农民。所里让我去了解他的家庭出身问题。

完成此次任务大约用了20天的时间。我先完成后一个任务，顺便到武汉看望了父亲。从1952年他到汉口火车站送我到北京学俄语之后，我们就没有见过面了。这次在武汉还见到了我那没有出嫁的四姑。她住在武昌，靠卖冰棍生活。九姑这时候已经去世了。我母亲这时住在长沙我妹妹家，帮她照顾孩子。所以父亲的生活主要由四姑照顾。之后我再从武汉乘车到岳阳，到李保初的家乡了解他的家庭情况。他家是贫农，没有什么问题，村里开了证明信，这一任务我就算是完成了。从岳阳乘车到长沙，顺便探望了母亲，母亲告诉了我一些妹妹挨批斗的情况。我妹妹在"文化大革命"前担任几所小学联合支部的书记，所以"文化大革命"初期成为几所小学造反派的批斗对象。当时还是冬天，造反派打她，往她身上泼凉水，受了不少罪。我去的时候，她已经不再被批斗了，是一个靠边站的干部。

这一路了解的情况更是让我对"文化大革命"感到难以理解，充满许多复杂的情绪。记得在武汉时，看到许多人跳"忠"字舞（一面站着扭动身体，一面背诵语录，以示忠诚），在湖南农村看到农民将毛主席的像当作神像供拜，心里感到不是滋味。结束湖南之行后，我从长沙乘车到江西鹰潭，再换车至厦门。在厦门的工作也不太复杂。厦门大学的革委会同意让潘懋元同志回中央教科所，到凤阳教育部的干校进行劳动锻炼。潘懋元同志还请我去他家做客吃了饭。我现在已记不清楚潘懋元同志是和我一起回干校还是之后单独回干校的。但他的确是经教育部干校劳动锻炼后再回厦门大学工作的。

1970年初，我还和山效华两人一起出过一次差。她当时是九连"文化大革命"领导小组成员之一。这次出差主要是到南京调查康瑛同志的历史情况，此行还途经了苏州。记得在南京市公安局的档案中，我们看到一份汪伪时期的报纸，刊登有康瑛穿着新四军军装的照片，指责她在浙西某地的革命活动。看到这份材料，在我们心中更增强了对康瑛的敬意。康瑛在干校时已经50多岁了，有心脏病，却得不到照顾，还经常被安排和教科所的另一位副所长一起拉车，很辛苦。没有人关心她的健康。那年冬天，她因脑溢血倒在厕所病逝了。当时只简单地通知了她的丈夫来干校处理后事，连里没有组织任何告别活动。一个生命就这样结束了，还是对国家和民族做了许多贡献的革命同志。康瑛被拉走的那天，我心里其实很难受，想起她一路走来的艰辛，忍不住流泪，但还不敢让其他人看见，更不敢发表什么议论。

除了康瑛同志的事让我心里难受，毛文颖同志的遭遇也让我很难受。来干校参加批斗会大概不到两个月的时间，她就做出了轻生的决定。当时她也就40来岁，孩子还很小，内心的矛盾该有多大啊。她死后，军代表和连里的领导人说她是对抗运动，自绝于人民，是背叛党，背叛人民，不配党员的称号，如此等等，要求大家鼓舞斗志，增强信心，把运动搞深搞透、搞彻底。清查"五·一六分子"的运动在干校搞了相当长的时间。据说"文化大革命"中存在一个反对毛主席和周总理的"五·一六反革命阴谋集团",在各单位都有他们的组织与活动。中央教育科学研究所九连在清查"五·一六分子"时期涉及的人不少,结果一个真正的"五·一六分子"也没有。毛文颖只不过是"文化大革命"这场灾难的一个牺牲品而已。

让我万万没有想到的是,1970年,张羽也被卷到中国社会科学院外文所的批判"五·一六分子"的运动中去了,被揭发为社科院外国文学研究所的"五·一六分子"!同年夏天,我所在的九连"文化大革命"领导小组得到有关张羽问题的通知,和我单独谈话,让我"正确对待"。我当时非常惊讶,我无论如何不相信张羽是反对毛主席和周总理的人。我根本不相信这是真的,更无法"正确对待"。

在我要求请一个星期的假回北京之后连里的干部对我的态度发生极大的转变。那时候张羽要被下放到河南干校去劳动锻炼,我要求请一个星期假回北京安排婆母和我9岁的孩子的生活。连里就认为我是个不能正确对待家庭问题的人。假是被批准了,但是等我从北京回来之后,我的班长职务被免了,经常在会上能听到军代表的不点名批评。有一次军代表和"文化大革命"领导小组的负责人还找我正式谈话。大意是说,张羽的问题出来后你就迷失了方向,对党和群众的信任问题不解决会犯很大的错误;不能正确对待家庭问题是世界观问题,因为家庭问题犯错误的人很多,因为家庭问题犯错误被开除出党的人也不少,如此等等。连里的同志们似乎也都知道我家里出了问题,与我保持一定的距离。我回北京的时候,主动去送我的张燕镜同志也因此挨了批评。

张羽的问题给我带来了很大的精神压力,政治生活的变化和自己与家人前途的渺茫让我内心异常压抑和郁闷。在巨大的精神压力下,我得了严重的胃病,后来发展到难以进食的程度。1971年秋,大概是八九月间,领导看我病情严重(听说群众也有反映,担心出问题了),不得不让我回北京治病,同时兼做所里的留守工作(所里一般是轮流派人回北京做三个月的留守工作)。我的干校生活从此结束。

三、一年多的留守和治病

1971年八九月间，我再次回到了北京，重新回到我们的四合院。我的儿子崔健已经10岁了，在南新华街小学读书。我回到北京，他又回到了我们四合院的家。我能回北京，崔健可能是家里最高兴的人了。当父亲、母亲都去了干校，祖母也回内蒙林西县的时候，他开始不愿意离开他儿时一直生活的大院。其中有几天他是住在朱典馨家，他与朱典馨的小儿子朱小卫很友好，朱小卫比他大几岁，可能是因为朱小卫带他一起游泳，形成了他对这位小兄长的依恋之情。后来我的母亲带着妹妹的女儿小惠一起来到北京照顾他。在院子里住了两三个月以后就带他住到我的大姐家了。他自己每天带着午饭从灵境胡同我大姐家到南新华街小学上学，中午经常到四合院中张复荃的家里和他的儿子张耕一起吃饭。他们是同年生的，又是同学。连健生的爱人刘敏告诉我，家里没有亲人的时候，崔健就跑到以前我们家的窗户前，向里张望，嘴里念叨着："这里是我的家。"可见他是多么想念和亲人在一起的日子，强烈希望回到自己的家。

女儿崔明回到北京时已够入小学的年龄了，我将她联系到北师大附小上学。家里孩子们的学习问题解决后，我到积水潭医院做了检查，确诊是患了十二指肠溃疡。开始只是服西药，后来李保初的爱人对我说，西苑医院有一位医生善于医治胃病，让我到他那里试一试。这位医生当时有50多岁，我在他那里看了一两年，服了100多副中药，不但胃病见好，腿肿也消除了，我的健康状况逐渐好转。这位医生的名字我记得很清楚，叫步玉如，我非常感谢他。

留守工作的内容开始是些日常工作，每天都是到现在中国教育科学研究院的大楼上班。工作中的一项重要任务是要经常看看和平门外图书馆的门窗是否完好，保证图书的安全。下放干部家里如果有什么问题，都需要帮助处理。记得在这段时间里，曹孚先生的爱人因患子宫瘤住院做手术，我去看过她。我回北京没有多久，肖忠焕也从干校回到北京医治鼻咽癌，他到积水潭医院（当时与我们研究所建立医疗关系的是这家医院）看病，被确诊为癌症晚期。后来他的爱人也从江西来到北京。肖忠焕是在我做留守工作时期去世的。他去世的时候，我和他的爱人一起陪在他身旁，我也是第一次看到癌症病人的痛苦，体验了与身边朋友生离死别的悲伤。

当我三个月的留守时期将要结束时，干校已经开始分配工作了，因为教科所属于撤销单位，我们这些人都需要再次分配。九连"文化大革命领导小组"本来是要我回干校参加统一分配的，原教育部留守处没有同意，这里的领导人要求将我留下来清点中央教育科学研究所的财产，为移交工作做好准备。教育部各直属单位的留守工作是受原教育部留守处统一领导的，九连的"文化大革命领导小组"只得认同。这使我避免了再次安顿子女的麻烦，而且也为我留在北京工作创造了契机。留在干校九连的原中央教育科学研究所的干部只要是没有什么问题的或有问题已作结论的干部分回北京的也有，但许多人都被分配到外地，分到宁夏、青海、广西等天南海北许多省市的都有，也有分配到安徽的。中央教育科学研究所的张昉同志就被分配到安徽，由于他的爱人已因病去世，留下几个年龄不大的孩子，为了能够回北京照顾孩子们，他请求回北京工作，没有被批准，他只能请求退休返回北京。他是和马骧雄、瞿葆奎教授同辈的骨干教师，是被选拔到教育行政学院工作的，学院撤销后转到中央教育科学研究所工作。他这时还只有48岁。这是"文化大革命"摧残和浪费人才的一个很典型的事例。

1972年我的主要工作是清点中央教育科学研究所的财产。一间房一间房地清点家具、办公用品，登记造册。在清点图书馆外文资料室的桌椅板凳、书架和书柜时，发现靠书柜墙角的地上有一包东西，打开一看，原来是我们"外国教育史"编写组已经写成的几章书稿和编写提纲。当时也没有想到自己还会继续做外国教育史的研究工作，但它是我们几个人的工作成果，我还是把这包东西收拾起来，放到图书馆的一个书柜里，和图书馆的图书、杂志清册放到一起，可见书稿被我发现并加以保护，完全是巧合。如果我不生胃病回京留守或者原教育部留守处没有让我留下来而是让我回干校参加分配，这部书稿的命运也就很难说了。

在1972年，我还出差去了一次成都，是原教育部留守处派我护送人民教育出版社的一位犯有精神病的女同志回成都，将她交给她的家人。一路上我都很紧张。幸好她的精神病没有发作，一路上都很安静，只是不说话。在成都时，我参观了纪念诸葛孔明的武侯祠，还参观了杜甫草堂。在回程中，我开始阅读《三国演义》，后来将这部古典名著读完了。

中央教育科学研究所的财产清点工作结束，并将登记册上交原教育部留守处以后，在1972年末我被借调到科教组的大学组工作了几个月。1973年5月至8月，我负责编了几期《教育参考资料》，《教育参考资料》的内容是反映外国中高等教育情况，它是内部参考读物，印数不多，注明发送范围是"本组领导同志及办公室、外事组、中小学组、科技组、人民教育出版社和《教育革命通讯》编辑部等单位"。后来，科教组人事处又想把我转调到外事组，仍然属借调性质。我不太愿意做外事工作，又特别想得到一份正式工作，恰巧有一次遇到汪兆悌同志到科教组办事。我请她帮助我联系调到北京师范大学工作，同时也向科教组大学组的领导人提出了调我到北京师范大学工作的请求。1973年11月，我的这一愿望得以实现。我被调入北京师范大学教育系教育史教研室。经过多年的动荡，我总算又有了正式的工作岗位。但是没有过多久，可能是在1974年的春夏之交，我又被借调回科教组，负责整理中央教育科学研究所图书馆的图书。中央教育科学研究所图书馆的图书非常丰富，但多年弃置不用，十分脏乱。不知是哪位领导想起要利用这里的图书，就又把我借调回去整理。

本时期还有一件让我和我的家人高兴的事，那就是张羽所在单位人员的干校劳动大约在1972年7月间结束了，所有干部都回到北京学习和自发地进行一些专业工作，因此，张羽又回到家中，并把他的母亲也接回北京，我们一家又团圆了。他的所谓"五·一六分子"问题实际上是运动中逼、供、信造成的。他在干校并没有列为批判对象，而是被安排在食堂的副食供应组劳动。"文化大革命"结束后，他成了中国社会科学院外国文学研究所的双肩挑干部，先后担任过苏联文学研究室的主任，外国文学研究所的副所长和所长。

四、"文化大革命"的最后两年

大约是在1974年春夏之交，我又被借调到科教组，归属科教组后勤部门领导，负责整理中央教育科学研究所图书馆的图书。我在前面已经说过，图书馆就在我住的四合院后面原教育行政学院大院中，最初是北师大的图书馆。当时还从北京图书馆借调了两位年纪比较大的同志，其中一位是中央教育科学研究所杨春发同志的岳父，他懂得鉴定善本书；另一位是女同志。另外，科教组还派来三位比较年轻的同志，一男两女，两位女同志最后都留在重建的中央教育部工作。图书馆那时实在是太脏了。开始时，从科教组调来20多人帮助打扫灰尘。灰尘从打开的门窗冲出，就像是着火时的烟雾一样。后来我们六人就在这里开始从事图书杂志的清理工作。每本书上都布满了尘土，书脊上许多字都看不清楚了。我们将图书全部搬下来，先把架子腾空、擦干净，再把每本书一一擦净，之后再按图书的序号清理上架。我们就这样一架书一架书地擦，并与之前的总册记录一一核对、清点。这份工作大概做了一年多，之后，馆里的图书基本上也可以借用了。我们老、中、青三代人工作得很认真，大家相处也很融洽。休息时我们还一起打乒乓球。

我的儿子小学毕业后上了一八零中学。当时学习秩序不太好，有时还会有年轻人在街上打群架。我很不放心，就让儿子下课后直接到图书馆来学习，之后和我一起回家。我们休息时打乒乓球，儿子有时候也会加入，给我们的生活带来许多童趣，大家都

1974年在教科所图书馆清理图书时与几位女同事合影。右二为刘淑媛。

很喜欢他。从科教组派来的女同志中有一位叫刘淑媛，她后来还给我的儿子介绍了对象，也就是我的儿媳妇屈翔。儿子和媳妇从结婚到现在生活一直很幸福美满。可见许多事情都是机缘巧合。

当我在教科所图书馆工作时，邓小平同志复出，协助周恩来总理恢复"文化大革命"中遭到严重破坏的国民经济和文化教育。1975年1月，恢复了教育部的建制。曾经担任过教育部副部长（1961年7月—1963年3月）和国务院秘书长的周荣鑫同志被任命为重建教育部第一任部长（1975年1月上任，后受"四人帮"诬陷、迫害，于1976年4月逝世）。面对"读书无用论"泛滥、师道尊严尽丧、考试制度完全废止的混乱教育局面，以及千头万绪的恢复重建工作，周部长向教育部的干部提出要大家"学习一点教育史"。他的这一要求是在多大的范围和对什么人提出来的，我并不是很清楚。但正是因为周荣鑫部长提出了要求，我才被当时教育部机关刊物《教育革命通讯》编辑部的同志请去讲了几次外国教育发展史。当时我住的四合院邻居，原教科所的连健生，以及原教科所的陶蔚扬都已经分配在《教育革命通讯》编辑部工作，可能是他们推荐我去讲的。稍后，受该编辑部之约，由我和潘懋元执笔，写了两篇外国教育史方面的文章，文章是在讨论的基础上完成的，编辑部的一些同志也参加了讨论。潘先生当时已重新分配回厦门大学了，刚巧他来北京办事，所以就应约一起写了。两篇文章，一篇文章论述以赫尔巴特为代表的传统派教育思想，另一篇论述以杜威为代表的现代派教育思想。两文的主旨都是批判"文化大革命"时期流行的"读书无用论"，强调系统学习文化科学知识的必要性。现在看来，两篇文章的一些观点以及文风还是有些问题的，但在后来批判所谓的"右倾翻案风"的时候，被认为是"右倾翻案风"的表现，听说还有大字报对它们进行批判。

1976年1月，我们得知周总理病逝，大家都陷入悲伤的心情之中。教育部总务处领导还安排我和教育部的同志一起去北京医院参加了向周总理遗体告别的活动。1976年清明节，群众在天安门广场组织了悼念周总理的纪念活动，我和陶蔚扬等人也一起去参加了。

在批判所谓的"右倾翻案风"以前，教育部总务处的领导曾告诉我，部里还想将我从北师大重新调回教育部。"四五天安门事件"后，反右倾运动更加激化，总务处的领导告诉我说暂时不调了，让我回北师大工作。时间大约是在1976年5月。

回到北师大以后，我便立即参加教育系教育史教研室的活动，从事外国教育史研究。当时在教育史教研室的外教史研究组里，还有王天一、夏之莲、朱美玉、曹筱宁等同志。我和曹筱宁同志不谋而合，想一起合作编写一份苏联教育史大事记。于是我们每天都到图书馆查阅苏联的《真理报》。1976年秋，我和曹筱宁同志还一起去上海出了一趟差，主要是到华东师范大学教育系和比较教育研究所查阅苏联教育资料。毛主席逝世时，我们正在华东师大。在这次访问华东师大期间，我去看望了马骥雄同志。他跟我说了在"文化大革命"中受到冲击的种种情况。从他那里我还知道了滕大春先生在天津的住址。我们共同回忆了在"外国教育史"编写组工作时的情景，同时也对曹孚先生在"文化大革命"中所受的磨难和不幸病逝感叹不已。

我和曹筱宁同志从上海回校不久，"四人帮"即被粉碎。灾难性的十年"文化大革命"终于结束了。

第五章

为弥补失去的宝贵年华而奋力工作的十余年

"文化大革命"结束后，特别是改革开放以后，良好的政治环境使我得以专心从事自己所喜欢的外国教育史研究与教学。在外国教育史的研究方面，我既撰写了一些论文，组织和撰写了几部学术著作，也参与编写了几部教材和教学参考书、工具书，尽我所能地在发挥外国教育史学科双重功能方面做了点事。以下，我大体上按照三个时期（20世纪70年代末至90年代初、90年代和进入21世纪以后）向大家说一说我所从事的外国教育史研究与教学，现在先说说我在第一个时期做了一些什么事情。

一、编写"苏联教育大事记"（1976年9月至1978年6月）

我和曹筱宁约于1976年9月中旬返回学校。我们在华东师范大学教育系和比较教育研究所搜集了不少苏联教育资料，设想如果作一些努力先编出一份"苏联教育大事记"，再确定一些专题，便可以按专题对苏联教育发展史进行比较深入的研究。不久，曹筱宁同志被调回学前教育教研室，我自己开始按照这一思路进行了时间不太长的研究工作。为了编写"大事记"，在两三个月时间里，我几乎每天在北师大的图书馆里查阅苏联的《真理报》。记得当时《真理报》还装在一些大木箱子里，图书馆里的同志们也不嫌麻烦，热情地帮我找出来。我从1917年十月革命的第一天的《真理报》看起，查找有关教育的消息。这份《苏联教育大事记》从1917年11月7日做起，至1924年2月2日（1924年1月26日至2月2日举行的全苏维埃第二次代表大会是列宁逝世后苏联最重要的一项政治活动。在这次会议上通过了永久纪念列宁的一系列决定和第一部苏联宪法）。这份大事记约9万字，内容相当丰富。例如，对苏联的第一位教育人民委员阿·瓦·卢那察尔斯基（1917年—1929年在任）在1917年

11月11日发表的《告人民书》和同年11月12日发表的《告学生书》、11月15日发表的《告教师书》等文件都根据《真理报》发表的报导和《卢那察尔斯基论国民教育》1958年俄文版一书的原文作了详细的介绍；对苏维埃政权建立初期颁布的一系列教育法令、举行的有关教育工作的会议和列宁、卢那察尔斯基、克鲁普斯卡雅等人在这一时期发表的有关教育的言论也都根据《真理报》的报导和相应的著作写了内容提要；关于以波格丹诺夫、列别杰夫-波良斯基为代表的无产阶级文化派的活动与观点和列宁对无产阶级文化派观点的批判，以及制定《统一劳动学校规程》（1918年）过程中彼得格勒派与莫斯科派之间的争论都有详细记载。这是比较扎实的资料积累工作，为研究苏联初期的教育改革奠定了基础。由于是一份资料性质的材料，我这里只留下了一份手写稿的复印件。

二、参加王天一先生主持的《外国教育史》初稿的编写工作（1976年末至1978年6月）

这一时期我在北师大教育系所做的另一项工作是参加王天一先生主持的《外国教育史》初稿，也就是为本校自用所写的四个小本外教史教材（简称"四小本"）的编写。后来由北师大出版社出版，王天一、夏之莲、朱美玉署名的《外国教育史》教材就是在这个"四小本"自用教材的基础上写成的。由于我没有参加后期的改编工作，该书出版时在封面上没有署我的名，我并没有什么意见。但是应该说明，该书苏联部分的某些章节是由我写的。为了参加书稿编写框架安排的讨论，我在1977年秋天还去了一趟天津，向滕大春先生请教。这是"文化大革命"以后我第一次和滕先生见面。滕先生任教的河北大学原来设在天津，后来搬迁到保定，学校虽然为一些老先生在保定分配有住房，但这些老先生仍然住在天津，滕先生又经常住在北京他的女儿家里。"文化大革命"后我们首次见面，滕先生非常高兴，没有让我当天返回北京，第二天他还陪我到天津的水上公园游玩。我们回顾20世纪60年代前期《外国教育史》编写组卓有成效的工作，谈到"文化大革命"时的一些情况，对曹孚先生在"文化大革命"中的遭遇和不幸病故感叹不已。我告诉滕先生，我们已写成的章节手稿和编写提纲都还存在，他也感到庆幸。但我们在当时都没有预见到中央教育科学研究所在1978年得以重建，也没有想到我们能够要回书稿并恢复中断了十多年的编写工作。

三、修订曹孚编《外国教育史》（1978年下半年）

1978年北师大筹建教育科学研究所（现今教育学部课程与教学研究院的前身），学校把我从教育系调到教育科学研究所工作。同年6月，我到教育科学研究所报到。当时所里的领导人是浦安修同志和汪兆悌同志。他们当时有一个想法是，搞教育科学研究不能脱离实际，所以从北京市调来了一批有教育实践经验的中学校长以及教育局的干部，其中包括原二中的校长方道霖、原八中校长汪宝熙、女二中校长李意如，还有纪国荣、姚幼华、何定、黄宗宪等人。北师大的教师有陈友松、程舜英、蔡振生、张举、杨之岭、林冰、方苹和我。我是第一个到教育科学研究所报到的科研人员。当时，除了浦安修和汪兆悌同志以外，已在所里工作的还只有一位做一般行政工作的阎玉芬同志。

到北师大教育科学研究所以后，我接受的第一项工作任务是修订曹孚先生所编的《外国教育史》，也就是20世纪60年代初期选自康斯坦丁诺夫等著《教育史》和麦丁斯基著《世界教育史》中某些章节改编而成的借用教材。"文化大革命"结束后，我国高校恢复招生，而我国还没有一本自编的外国教育史教材，1978年教育部在武汉召开的文科教材工作座谈会上决定重印此书以应急需。曹孚先生不在了，而我又参与了当年的改编工作，人民教育出版社就将修订再版的任务交给我来完成。为了完成这一任务，我又去了华东师范大学，找马骥雄先生征求修订意见。在上海时见到了原来在中央教育科学研究所工作的同事琚鑫圭，他建议我到杭州找杭州大学的陈学恂先生安排，请那里教外国教育史的教师提些意见。因此我又到了杭州，这是我在新中国成立后第一次到杭州。陈学恂先生是琚鑫圭在大学学习时的老师。他热情地接待了我，不但安排了方克明等外国教育史任课教师和我一起讨论了修订教材的问题，还找了一位年轻的女教师陪我游了西湖。

回校以后，我根据自己和搜集到的看法对1962年5月人民教育出版社出版的曹孚编《外国教育史》略作改动，并写了一个"重印说明"，交给了人民教育出版社教育书籍编辑室。"重印说明"的大意是说：本书是根据1961年文科教材会议精神编印的借用教材，基本上采用麦丁斯基所著的《世界教育史》和康斯坦丁诺夫等人合著的《教育史》中有关章节汇编而成，因此本书代表20世纪前期苏联教育史学科的发展水平，很少反映现代外国教育思潮、教育实践发展演变的情况，其中还有不少缺点和错误；由于"四人帮"的破坏，十多年来我国高等学校文科教材编写陷于停顿，高等师范院校教育专业缺乏教学用书，1978年教育部在武汉召开的文科教材工作座谈会决定重印此书，以应急需；本书原编者曹孚先生病逝，这次重印时由北京师范大学教育科学研究所研究人员在征询有关方面意见的基础上作了一点改动。再版书于1979年2月出版，在当年就印了两次，共24400册。出版时没有刊登"重印说明"。我估计是因为我在其中写了这本书只反映20世纪前期苏联教育史学科的发展水平，有不少缺点和错误，人民教育出版社的编辑认为不妥。现在想来，我这样写的确是让人教社的同志们为难了：既然有不少的缺点和错误，只反映二三十年以前的水平，为什么还要重印它呢？但是出于当时的需要又不得不重印。所以还是不登"重印说明"而是照登原来的"编者说明"为好。原来曹孚先生所写的"编者说明"只是写了"本书是应高等师范院校教学的需要，采用苏联的几种教育史材料汇编而成的"和编者具体是怎样做的，未作任何评价。其实，曹孚先生对苏联当时教育史教材的问题已有深刻的认识，否则就不会终止借用教材的编写（我在前面已经说过，按原计划《外国教育史》借用教材是应编成上、下两册的），而申请组织班子自编我们自己的外国教育史教材了。可见无论是这本书的初版还是再版都不过是当时不得不采取的应急措施。正如该书在扉页上所载明的那样，它只是一本"暂供……使用"的教材。这也说明了努力编写出我们自己的外国教育史教材在当时是多么紧迫的任务。

四、撰写和发表一系列研究苏联教育史的论文（20世纪80年代前期）

为高等师范院校教育专业编写出我们自己的外国教育史教材虽然是急待解决的任务，但是自从"文化大革命"后期有了应该注意总结外国教育理论与实践发展的历史经验，为整顿"文化大革命"时期遭到破坏的我国教育提供借鉴的认识以后，我也十分重视对苏联发展教育的历史经验的探讨。

1978年下半年，从本校和北京市所调的科研人员陆续到教育科学研究所报到。

北师大教科所部分工作人员合影：第一排右一为姚幼华，右二为汪兆悌；第二排右一为李意如，右二为季国荣，右三为方道霖；左一为赵忠心，左二为闫玉芬。

父亲和母亲在1979年9月摄于北海公园。

同年12月举行的党的十一届三中全会开创了改革开放的新时代，解放了各行各业专业人员的思想。这一年我已经49岁，对于过去10多年中遭受的挫折和浪费的时光深感痛惜，决心以百倍的努力为我国教育改革与发展和外国教育史学科建设做点力所能及的工作。儿女都已长大成人，先后于1979年和1981年考入大学学习，不用我操心；家中先有婆母帮助操持家务，婆母病逝（1977年）后，我自己的父母在20世纪70年代末至80年代初又来我这里帮了两三年忙，为我全心全意投入工作创造了条件。

1979年，北师大教育科学研究所创办了一个内部交流的刊物《教育研究通讯》。在此刊物的第一期我就发表了以《试论20世纪20—30年代苏联普教建设和普教改革》为篇名的论文。在这篇论文中，我以这一时期苏联教育发展的历史经验说明，普通教育即中小学教育的普及，是提高人民政治觉悟和文化科学水平的中心环节，也是办好各种教育事业的基础，普通教育的普及速度与质量既关系到扫盲的成效，也关系到职业技术教育和高等教育的发展与提高。该文还以同一时期苏联普通教育改革中在对待本国文化教育遗产与外国教育经验、学制改革、培养目标与教育内容的改革、教学理论和教学工作的组织等诸多

北京 香山公园摄影留念
一九八二

以上两张父母亲的相片是他们帮我料理家务时留下的。他们当时都是80岁以上高龄的老人了。

方面所走的弯路说明，指导普通教育改革必须提高运用唯物辩证法的自觉性，克服形而上学。这篇论文后来被收入北京师范大学建校80周年出版的《学术论文集》，该文的后半部还曾以《试论苏联二、三十年代的普教改革》的篇名载于由《教育研究》编辑部出版的《教育研究丛刊》（1979年12月），可见这篇论文引起了校内外有关部门的关注。

1980年8月，教育部在哈尔滨召开了全国重点中学工作会议，学校派我前去参加会议，我准备了一份以"关于苏联当代教育实践和教育理论"为题的发言稿，打印了几份。这份发言稿分为三个部分：（1）20年来苏联教育实践和教育理论的发展；（2）瓦·阿·苏霍姆林斯基的教育思想及其科研道路；（3）赞科夫的教育实验和他的教育思想。会议的组织者让我做了大会发言。《教育研究》编辑部的编辑张剑梅同志参加了这次会议，要去了一份打印出来的发言稿。会后，他将我的这份打印稿分成两篇文章，其中一篇包含打印稿的第一、二部分，以《从20世纪60—70年代苏联教育发展谈到瓦·阿·苏霍姆林斯基》的篇名发表在《教育研究》1980年第6期，篇名是《教育研究》编辑部的同志加的；另一篇是打印稿的第三部分，即《赞科夫的教育实验和他的教育思想》，篇名沿用了原稿的标题，发表在《教育研究》1981年第3期。

在《从20世纪60—70年代苏联教育发展谈到瓦·阿·苏霍姆林斯基》一文中，我在介绍了20世纪60—70年代苏联普通教育和高等教育发展状况及其成就与苏联教育理论发展以后着重指出："从苏联教育家成长的历史来看，我们可以清楚地区分出发展教育理论的三种途径：第一，通过长期教育实践，使理论与实际紧密结合起来，创造与发展教育理论；第二，教育调查；第三，教育实验。在当代的苏联，通过第一种途径发展教育理论的著名教育家有苏霍姆林斯基，通过第三种途径发展教育理论的教育家有赞科夫等人，而教育科学院的许多教育家，包括赞科夫，他在进行'关于教育与发展的关系'的教育实验之前，采用的都是教育调查的方法。"由于我参加的是重点中学工作会议，与会的多为重点中学的校长，我的发言稿的中心部分便是向大家介绍苏霍姆林斯基的教育实践和教育思想，期望我国重点中学的校长们从中获得有益的启示。因此，"瓦·阿·苏霍姆林斯基的教育思想及其科研道路"构成《从20世纪60—70年代苏联教育发展谈到瓦·阿·苏霍姆林斯基》一文的重要组成部分。其中详细地评述了苏霍姆林斯基的教育思想及其科研道路。

文中写道，苏霍姆林斯基从农村的七年制学校毕业、经过一年短期师训班的培训后就开始当小学教师，当时他只有十六七岁。他一面工作，一面接受师范学院的函授教育。他曾参加苏联卫国战争，因受重伤而复员。重返教育工作岗位后做过一个区的教育局局长，从1948年至1970年一直担任家乡的巴夫雷什中学——一所普通的农村十年制中学的校长。"他一面领导学校，一面继续教书，还做一个班的班主任，把一班学生从一年级预备班带到十年级毕业（一共是11年）。经过他个别研究过的学生多达3700人，所记录的教育、教学资料有2000多本。他广泛涉猎了国内外的教育著作，对理论的兴趣非常浓厚。……在他身上，我们不但可以看到克鲁普斯卡雅、马卡连柯、乌申斯基的强烈影响，还可以看到卢梭的强烈影响。不过，他对别人的思想和经验都不是生搬硬套的"，他认为"形式主义地移植别人的经验，即便是非常好的经验也不能带来好的结果。必须深入思考，仔细体验别人和自己教育集体的特点，采用适合自己教育对象的措施与方法"。

文中还指出，苏霍姆林斯基研究了思想政治教育、公民教育、智育、德育、劳动教育、美育、体育及各方面教育之间的有机联系问题，探索了加强学校与家庭、社会联系的途径。苏霍姆林斯基的突出特点是热爱儿童，关心每个学生的成长，"把全体学生培养成全面、和谐发展的人，这是苏霍姆林斯基为自己规定的明确的奋斗目标"。文章在介绍苏霍姆林斯基在教育、教学理论上的建树后特别着重地介绍了他在学校管理方面的理论贡献，指出苏霍姆林斯基强调，"对学校的领导首先就是教育思想的领导。……校长的主要工作就应当是深入课堂，到教师中去，到学生中去研究教育、教学工作的规律，依靠教育科学领导学校。他指出，教育过程是师生双方在精神上不断地丰富和更新的多方面过程，教育过程具有深刻的独创性和辩证性。因此，教育工作中最需要辩证思维，教育措施一定要因时因地因人而异"。该文最后指出，"我们认为，应该特别重视苏霍姆林斯基的科研道路和他热爱儿童、细心地研究儿童的精神。从教育学的发展历史来看，世界的教育名著无一不是出自具有实践经验的教育家。中国的孔子、孟子、朱熹，外国的夸美纽斯、裴斯泰洛齐都是具有长期教育实践经验的教育家。他们根据自己对儿童和青少年掌握知识、形成道德品质过程的长期观察，总结自己的教育经验，参考别人的教育理论，作出了自己的理论概括。在他们的理论中虽然有阶级和历史的局限性，但也留下了经得起时间考验的宝贵思想，推动了教育理论的发展。苏联的马卡连柯和苏霍姆林斯基走的也是这条发展教育理论的道路。我国需要有自己的教育理论家。重点中学的校长和教师们战斗在教育改革的第一线，有自己丰富的实践经验，具备成为教育理论家的条件。我们要勇于实践，善于创造自己的经验，做出自己的理论概括"。这些论述反映了我希望我国的教育工作者和教师能够借鉴外国发展教育理论的经验，尽力创造出自己的教育理论，使我国教育事业得以顺利发展的迫切心情。

　　1980年前后，列·符·赞科夫和他的教育实验以及他的新教学论体系在我国介绍得比较多，而且是一片赞扬之声。我在以《赞科夫的教育实验和他的教育思想》为篇名的文章中详细地介绍了赞科夫进行教育实验的时代背景和实验过程，实事求是地评价了他的教育实验及其理论概括取得的成就，对他的教育实验方法也给予了肯定的评价，认为他的教育科学研究方法具有革新意义。但是我同时还介绍了20世纪60年代苏联教育理论界为改进苏联普通教育教学，特别是小学教育的内容和教学方法进行的其他教育实验和心理学家为此作出的贡献，用以说明决不能把苏联小学教学改革看成是赞科夫的唯一实验的成果，更不能说就是他建立了小学教改的"科学教育学的理论基础"，因为赞科夫的教育理论探索有其时代背景，有前人工作的基础。

　　该文还指出，赞科夫把自己提出的新教学论体系与所谓的"传统教学论和教学法"截然对立起来的态度是不对的，他对他自己合理思想的理论概括是否完全科学也是值得研究的问题，"以高难度进行教学的原则"和"以高速度进行教学的原则"就不能说是非常科学的概括。"什么叫高难度？什么叫高速度？是不是越高越好？教学进度是不是总能比大纲规定的速度快？凡此种种，人们可以提出许多问题。我们认为，把这种含糊的概念作为原则，人们是很难掌握的"。

该文还以20世纪70年代苏联教育理论与实践的发展情况说明，我们还没有看到一本新的教育学是把赞科夫的教学原则作为教学原则条目的，教育学的编者们只是肯定了赞科夫教育思想中的某些合理的思想，将他的某些著作列为学生的参考书；与此同时，被赞科夫指责为保守派的教育家，如叶西波夫、达尼洛夫、斯卡特金等在20世纪60年代至70年代中也写了一些新的著作，这些著作也被列为学生的参考书；1964—1974年苏联普通学校教学内容改革后又出现了新的矛盾，问题之一就是某些学科的教学负担过重，因此教学的内容、方法、速度必须是学生所能接受的，不能使学生的学习负担过重。基于以上事实，该文得出的结论是："对赞科夫提出的高难度和高速度的原则是应该有分析的，对于20世纪60年代赞科夫和其他苏联教育家争论的性质，以及赞科夫教育思想在苏联教育理论中的地位也应该进行深入研究。"这篇文章后来被收入瞿葆奎教授主编的《教育学文集》之《教育研究方法》卷（人民教育出版社1988年版）。我之所以能够这样地论述和评价赞科夫的教育实验和他提出的新教学论体系是由于占有的资料比较丰富，对20世纪60—70年代苏联的教育改革与教育理论发展情况的了解比较全面。

　　此后，《外国教育》《浙江教育》《北京教育》《华东师范大学学报》编辑部都约我为他们撰写有关苏联教育理论发展的文章。我认为值得重视的一篇是《简介苏联德育过程理论的发展》，另一篇是《20世纪70年代苏联教学理论中的教学过程问题》。

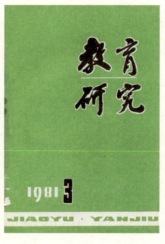

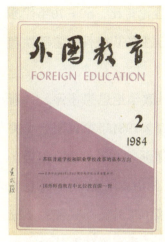

　　《简介苏联德育过程理论的发展》一文发表在《外国教育》1981年第6期。在这篇文章中，我通过对比20世纪40年代末50年代初与60—70年代苏联教育学教科书及有关著作中关于德育过程的论述，把这方面的进展概括为：从把道德说成是思想与知识的直接结果到强调德育的实践性；从过去强调教学对德育的作用到反对把教育过程等同于教学过程，并认识到德育是一项具有特殊性的教育工作，有它自己的规律，需要花时间和采取一些作用于人的意识、性格和行为的特定形式和方法；从强调教师的主导作用，忽视学生的独立性、积极性和创造性，到肯定教师在教育过程中主导地位的同时，强调学生的主观能动性，强调教育措施的效果取决于学生对它们的态度；从只强调学校教育对年轻一代的教育作用，到既肯定学校教育的作用，又把学生多方面的活动与关系作为道德教育的基础，强调学校、家庭与社会在年轻一代的教育中要紧密配合。这篇文章后来被收入瞿葆奎教授主编的《教育学文集》之《德育》卷（人民教育出版社1989年版）。

　　《20世纪70年代苏联教学理论中的教学过程问题》一文发表在《外国教育》1983年第2期。该文对20世纪60—70年代苏联教育学者在教学功能、目的、任务、教学组织形式、师生关系等方面进行论述说明，20世纪60—70年代的苏联教育学者已不像以前以凯洛夫为代表的教育家那样只强调知识的传授和技能技巧的培养，而是强调教学的多种形式相互配合，完成智育、德育、体育、美育等多方面的教学任务，和教学的教养、教育与发展等多种功能，克服了过去只重智育和课堂教学的旧模式；与40—50年代的苏联教学理论相比，60—70年代苏联教学理论强调学生在教学过程中的主体地位，发挥学生的积极性、主动性和创造性，但又不忽视教师的主导作用。

这一时期发表的其他文章的篇目是：《赞科夫及其教学论思想述评》（《浙江教育》1981年第3期），《赞科夫论教师》（《北京教育》1981年第11期）、《关于夸美纽斯的贡献及其历史地位问题的探讨》（《教育研究通讯》1981年第10期）、《苏霍姆林斯基及其教育思想简介》（《浙江教育》1982年第3期）、《克鲁普斯卡雅与苏联教育》（《华东师范大学学报》1982年第6期）、《苏联普通学校和职业学校改革的方向》（《外国教育》1984年第2期）、《苏霍姆林斯基论小学阶段的道德教育》（《浙江教育》1984年第2期）、《苏霍姆林斯基论小学智育必须完成的任务》（《浙江教育》1984年第6期）、《苏联当代教育史学家谈师范学院教育史的教学和科研问题》（《外国教育》1984年第3期）等。

同一时期，我在杭州（为杭州大学教育系）、南京（为南京师范大学教育系）、北京（为八中、教育行政学院、北京钢铁学院、市委教育工作委员会的干部）、石家庄（为师范院校和中学教师）、鞍山（为中学教师）做过一系列有关苏联教育的报告。

同一时期，我还参与翻译了苏联教育学者巴拉诺夫等编的《教育学》（人

民教育出版社1979年版）、德廖莫夫等编的《美育原理》（人民教育出版社1984年版）和由巴班斯基主编的《教育学》（人民教育出版社1986年版）。其中最后一本书还是我的老伴张羽在1984年到苏联访问时给我带回来的。当时，尤·康·巴班斯基是苏联教育科学院院士、副院长，他长期从事教学过程最优化理论的研究，对苏联教育理论与实践的发展很有影响。我拿到这本书后就建议人民教育出版社组织翻译出版。记得获人民教育出版社教育书籍编辑室的同意后，我还到翻译界的老同志李子卓家里去请他牵头翻译此书。我们在1985年就完成了这本书的翻译。此书的印数比较大，影响也是比较大的。《美育原理》一书则是我看中以后约请北京大学俄语系的资深专家臧仲伦和我留苏时的同学方苹一起翻译的。选择这本著作是出于我对学生美育的重视，希望我国的儿童和青少年能受到很好的审美教育。

五、参与编写《外国古代教育史》和编写《外国教育史话》（20世纪80年代初期）

（一）参与编写《外国古代教育史》

前面已经说过，我在中央教育科学研究所做留守工作时期，在清点教科所图书馆的财产时，发现了"文化大革命"前在曹孚先生领导下编写的《外国教育史》教材中已撰写完成的几篇书稿。我将这些书稿放在中央教育科学研究所图书馆的书柜中保存着。1978年中央教育科学研究所重建，由董纯才担任所长。我和滕大春先生商量，以北师大教育科学研究所和河北大学教育系的名义给董纯才写了一封信，请求他将书稿交给我们，由我们继续组织力量，恢复原来由曹孚先生领导的编写工作。我和汪兆悌同志在1978年年末到中央教育科学研究所找到董纯才所长，递交由两个单位写的信。当时中央教育科学研究所还没有人从事外国教育史的研究，董所长同意了我们的要求。听说，中央教育科学研究所重建时，就曾经想调我回所，北师大没有同意。这次见到董所长时，他又向汪兆悌同志说了这个意思，汪兆悌同志对他说："让她在哪里都一样工作，在师大也很好的。"后来中央教育科学研究所没有继续调我回去，我也就留在北师大工作了。

由于曹孚先生在"文化大革命"时期已经病故，1979年恢复因"四清"和"文化大革命"而中断的《外国教育史》编写工作时很自然地就由滕大春先生来主持编写组的工作。原编写组留下的几章书稿是由滕大春先生撰写的"原始社会的教育""古代东方国家的教育"和"伊斯兰国家的教育"，由曹孚先生撰写的"古希腊的教育""古罗马的教育""文艺复兴与教育""宗教改革与教育"，由马骥雄先生撰写的"巴黎公社的教育""19世纪末至20世纪初期的俄国教育"，以及由我写的"拜占廷的教育"。按照我们当时的认识，这些书稿多属于古代教育，因此就决定先写一本《外国古代教育史》。

当时，原编写组的马骥雄先生忙于其他工作，滕大春先生建议编写组增加河北大学教育系的姜文闵，由他撰写"西欧中世纪的教育"一章，让我再写"夸美纽斯的教育思想"和"日本的古代教育"两章。1979—1980年，在滕先生的领导下，编写《外国古代教育史》成了我的主要工作。该书于1981年6月由人民教育出版社出版，可以说是新中国成立后由我国学者编写的第一本外国教育史教材。但是这本外国教育史属于断代史。它的优点是打破了以西欧为中心的旧传统，"古代东方国家的教育"占有一定的分量，"拜占廷的教育"也有一定的地位，还增设了"日本的古代教育"。在外国教育的历史发展中，两河流域的一些古国（苏美尔人建立的奴隶制城邦国家、古巴比伦、亚述）、古代埃及文化教育的发展都早于古希腊和罗马；古罗马帝国分裂为东罗马和西罗马两个独立的国家后，西罗马帝国迅速衰亡，东罗马帝国（因其首都君士坦丁堡古称拜占廷而称拜占廷帝国）又存在了一千年，且直接传承了古希腊罗马的文化教育传统，对西欧文艺复兴运动的兴起也是起了作用的。由于过去讲外国教育史以西欧为中心，"古代东方国家的教育"讲得非常简略，也不讲"拜占廷的教育"，在曹孚、滕大春等老前辈带领下完成的这本《外国古代教育史》克服了这一缺点。不过，从我们现在的观点来看，将"文艺复兴与教育""宗教改革与教育"和"夸美纽斯的教育思想"三篇划到古代是欠妥的，分期不合理可以说是这本书的一个明显的缺点。

（二）编写《外国教育史话》

在我们家当时居住的四合院中，邻里之间关系友好，互相都很了解。邻居连健生原来在江苏教育厅工作过。在他的推荐下，江苏人民出版社邀请我为小学教师写一本外国教育史方面的通俗读物，这就是后来出版的《外国教育史话》。在编写《外国古代教育史》的时候，我认识了姜文闵，他是滕大春先生的学生。当时我觉他还不错，就约他与我合作编写这本书。其中"前言""古希腊三大教育家""培养演说家的教育家""近代教育理论的探索者——夸美纽斯""洛克论绅士教育""法国资产阶级革命时期的教育法案""美国独立战争和南北战争前后教育的发展""欧文的教育实验""斯宾塞与实科教育""乌申斯基论教育科学与教育艺术""日本明治维新与教育""巴黎公社的教改经验""十月革命初期苏俄的教育改革""克鲁斯普卡雅与苏联教育""马卡连柯论共产主义新人的培养""康南特、国防教育法及其他""苏霍姆林斯基、赞科夫及其他"等章由我执笔，其他各章是姜文闵撰写的。全书共14万字。编者在内容提要中指出，该书可供小学教师及中等师范学校学生学习参考，在书后"出版说明"中指出它是"小学教师文库"的一种。这本书出版于1982年10月，可见它是差不多与编写《外国古代教育史》相近的时间编写的，是我与姜文闵联系比较多的时期。后来由于种种原因，我和他直接合作共事的事情就比较少了。

六、参加《中国大百科全书》（教育卷）的编写（1980年至1984年）

1978年，国务院决定编辑出版《中国大百科全书》。第一版《中国大百科全书》是按学科分卷出版的。1980年开始组织教育卷的编写工作。教育卷的编

20世纪80年代初《中国大百科全书》（教育卷）的部分撰稿人和编辑人员合影。

辑委员会主任是董任才，副主任是刘佛年、张焕庭。比较教育和外国教育史合为"外国教育"一个分支学科编写组，主编为滕大春，副主编有赵祥麟、王承绪、顾明远和朱勃。当时学者无论老少都十分重视是否参加这项工作的问题，认为是学术地位的象征。我参加了外国教育史部分选设条目的讨论会，撰写了"拜占廷教育""卢那察尔斯基""俄国近代教育""拉夏洛泰"等条，并且是"法国教育"条的合作者之一。该卷于1985年由中国大百科全书出版社出版。

七、协助滕大春先生组织《外国近代教育史》的编写工作（1982年至1988年）

1981年《外国古代教育史》出版后没有多久，在滕大春先生的主持下，我开始着手组织《外国近代教育史》的编写。编写组除滕大春先生、马骥雄先生、姜文闵和我以外，增加了杭州大学的金锵、福建师范大学的李明德、辽宁师范大学的王桂和深圳教育学院教育系的张法琨等同志。该书列入国家教委"七·五"教材建设项目，由滕大春先生任主编，我为副主编。我本来不想要副主编的名义，但滕先生需要一个助手而马骥雄先生同时忙于比较教育的研究，我们北师大教育科学研究所的领导人也希望我有副主编的名义。该书的成稿周期比较长，由于以前已经写成的只有马骥雄先生所写的"巴黎公社的教育改革"和"19世纪末至20世纪初期的俄国教育"，其他各章都需要按照原先曹孚先生主持拟定的编写提纲重新编写。我在书中执笔撰写了第一编导言、除"巴黎公社的教育改革"以外所有属于法国教育的各个章节、"俄国17世纪中期至18世纪中期的教育""18世纪后期至19世纪中期的俄国教育""乌申斯基的教育思想"，并与金锵教授合写了"斯宾塞的教育思想"一章。我不懂法文，撰写法国各章主要是借助英文和俄文资料。这是我借助字典阅读英文参考书最多的时期。书稿于1988年夏天在河北承德统稿，滕大春先生由于忙于《外国教育通史》的编写工作和教学工作而且已是高龄，没有去承德参加统稿会，统稿会就由我主持，我事先先到保定向滕大春先生请教了注意事项。统稿是在承德的一所学校的招待所中进行的，这个地点是由姜文闵联系的。统稿会开了10天左右。马骥雄、金锵、李明德等都参加了统稿会，人民教育出版社参加会议的是韩书玉（该书责任编辑），会议经费是人教社提供的。我们大家对书稿进行了认真细致的讨论和修改。每天傍晚出去散步，吃得也很好，过得紧张而又愉快。该书于1989年11月由人民教育出版社出版。它在内容上不仅论述了西方几个大国近代教育制度和教育思想的发展，而且增加了日

《外国近代教育史》部分作者（左一：金锵；中：滕大春；右二：马骥雄；右一：姜文闵）。

本与印度教育制度和教育思想的内容。与此同时，该书不但对杜威和赫尔巴特等过去受到贬抑的教育家的教育思想给予了比较全面而且实事求是的评价，还将18世纪法国大法官拉夏洛泰的教育思想和德国著名哲学家康德的教育思想置于应有的地位，进行较为详细的评述，虽然拉夏洛泰出身贵族家庭、政治上较为保守，而康德的哲学思想是唯心的。这些处理在我国外国教育史教材建设中皆为首创，体现我们在克服"以西欧为中心"、以研究欧美教育为范围的传统和苏联教育史著作在贯彻马克思主义方法论的公式化、简单化倾向方面所作的努力。该书出版后被用作高等师范院校的教学参考书，曾获得河北省第三届社会科学研究成果著作类一等奖。不过，以我们现在的认识来看，合理的历史分期问题在这本书中还是没有得到应有的处理。

八、应约组编《外国教育史简编》（1983年至1987年）

1983年春，原教育部的干部、"文化大革命"后被调到教育科学出版社工作的轩辕轲同志约我组织编写《外国教育史简编》，我和金锵同志商量后，同意接受这一任务。我和金锵同志是在1979年举行的全国教育史研究会成立大会及第一次年会上（在杭州召开）认识的。他在年会上宣读了自己向年会提交的论文（《外国教育史研究中的几个理论问题》），我很赞同他的观点。我们在会议期间多次就苏联教育发展和苏联教育史学的方法论问题进行交谈，大有相见恨晚之感。此后，他应允参加《外国近代教育史》的编写，我们逐渐成了很好的朋友。

1983年9月，全国教育史研究会在黄山组织了一次"外国教育史学科体系讨论会"。我去参加了会议。华东师范大学的赵荣昌、西北师范大学的黄学溥、福建师范大学的李明德等同志也参加了这次会议。此前我去上海时已认识了赵荣昌同志，黄学溥和李明德等同志是在这次会议中才认识的。李明德同志也是湖南

1983年在黄山举行外国教育史学科体系讨论会时留下的两张相片。

人。他和金锵同志早已相识，后来我和他多次愉快地合作，也成了很好的朋友。我和赵荣昌、黄学溥、李明德在这次会议中就编写《外国教育史简编》的问题并就我在会前拟就的编写提纲进行了讨论。他们都同意合作编成此书。赵荣昌同志还向我推荐了单中惠同志。金锵同志由于刚出任杭州大学的副校长未能参加黄山会议。会后，我到杭州就编写大纲征求了他的意见，他说，由于行政工作忙就不参加编写了。回北京后，北京教育行政学院的徐汝玲得知我们要编写此书，也要求参加。于是，这本书就是我和赵荣昌、黄学溥、李明德、单中惠、徐汝玲等6个人编写的。组织这本书的编写，我是本着以文会友的精神，先由其他同行按照自己的兴趣和特长挑选，余下的各章由我承担，我们6人共同署名，不用主编。我在这本书中撰写了"前言""原始社会的教育""中古初期与中期文化教育概况""宗教改革与教育""巴黎公社的教育改革""19世纪末至20世纪初西欧的资产阶级教育思潮""苏联教育发展概况""苏联的教育理论"和"东欧各国的教育"等章。该书于1988年8月出版后，南方和西北各师范院校均以它为教材，1989年获光明日报组织评选的全国首届优秀教育理论著作优秀奖。

　　1991年，教育科学出版社约请我们

1991年11月几位作者在北京举行《外国教育史简编》修订会时的合影。

修订再版。同年11月，朋友们相聚北京，拟定了修订方案。在我承担的章节中，"19世纪末至20世纪初西欧的资产阶级教育思想"被改为"19世纪末至20世纪初的欧美教育思潮"。由于在"19世纪后期至20世纪初期美、英、法、德、俄及日本等国教育的发展"一章的"美国教育"节中已涉及美国进步主义运动，因此我在撰写此章时略去了美国进步主义教育运动的内容。在撰写此章时，我大量地利用了20世纪20—30年代我国学者所写所译的西方教育史著作提供的资料。在《外国教育史简编》第二版中，我们还删除了"东欧各国的教育"一章，并将第一版中的"中古初期与中期文化教育概况"一章改为"西欧中世纪、拜占廷和阿拉伯的文化与教育"。再版书增加了许多新的内容。它于1995年问世，也受到了欢迎。2004年，我给王承绪老先生寄贺卡，王老先生在回赠我贺卡时对我的工作多有鼓励，其中还提到"您主编的外教史简编居销售排行榜前列，可喜可贺！"必须说明的是，我们编写的《简编》未设主编，王先生这么写只是他个人的印象。但是王先生回赠给我的贺卡，书写字迹工整秀丽、内容丰富，使我非常感动，我一直保存着这张贺卡，留作纪念。以下附上2004年1月王承绪老先生给我回赠的贺卡，从中可以看到这位前辈学者对后辈学者无微不至的关心和鼓励之情：

九、应约参与选编《外国教育名著丛书》之《马卡连柯教育文集》和《克鲁普斯卡雅教育文选》

（一）选编《马卡连柯教育文集》

　　20世纪80年代前期，人民教育出版社决定出版一套《外国教育名著丛书》。我应约选编《马卡连柯教育文集》。这一工作是由我和我在留学苏联时的同学方苹一起做的。我们从20世纪50年代人民教育出版社出版的《马卡连柯全集》中收集了除马卡连柯教育文艺作品以外的主要教育论文和报告，编成上、下两卷，译文由我、李子卓和诸惠芳同志根据苏俄教育科学院出版社1959—1960出版的《马卡连柯教育文集》（七卷集）作了校订。《马卡连柯教育文集》的前言——《马卡连柯及其教育思想评介》一文是由我和方苹共同拟定写作提纲后由我执笔完成的。我还为此书编写了《安·谢·马卡连柯的生平及其创作年表》和该文集各篇的题解和注释。该文集于1985年出版，2005年再版。

（二）协助选编《克鲁普斯卡雅教育文选》

人民教育出版社在20世纪50年代曾出版过由卫道治翻译的《克鲁普斯卡雅教育文选》。《外国教育名著丛书》要将《克鲁普斯卡雅教育文选》作为选题之一，当时人民教育出版社教育书籍编辑室的负责人胡寅生同志来到我家，征求选编意见，并约我为这本文选写一篇前言。我告诉他北京图书馆已有一套苏联出版的《克鲁普斯卡雅教育文选》6卷本（1978—1980年版），建议参照6卷本作些增删。胡寅生同志请我选定篇目，仍请卫道治翻译这部文选，分为上、下两卷。我主要根据《克鲁普斯卡雅教育文选》6卷本原文及相关著作写成《克鲁普斯卡雅及其教育思想简论》一文，约3万字。该文全面地分析和论述了克鲁普斯卡雅教育思想的形成与发展以及她为发展苏联国民教育制度和教育理论所作的贡献。例如，在论述其最有影响的教育代表作《国民教育和民主主义》（1915年成书，1917年出版）一书时，我在肯定这本著作在世界教育史上的地位，简要地介绍了此书的内容以后，便在结论中写道："克鲁普斯卡雅关于劳动教育思想和国民教育发展历史的这种总结与概括具有独到之处。她大力肯定劳动的教育意义，坚持教育与生产劳动相结合，坚持综合技术教育，这都是正确的。她的这些思想对苏联教育的发展起了积极作用。但是，把读书学校与劳动学校绝然对立的提法容易造成思想混乱，认定生产劳动应该成为学校教育的中心和基础的思想也是不科学的。"实际上"生产劳动应该成为学校教育的中心和基础"的思想作为指导教育改革的指导思想，在20世纪20年代苏联建立统一劳动学校的教育改革实践中所起的作用也是消极的。后来，在20世纪30年代，克鲁普斯卡雅发表了一系列论文，表示拥护联共（布）中央颁布的调整中、小学教育工作的决定，强调学生系统学习科学文化知识的必要性和重要性，总结了20世纪20年代实施综合教学大纲的经验教训。我的这篇论文被选作"外国教育名著丛书"之一的《克鲁普斯卡雅教育文选》的前言，从中也能看到人民教育出版社教育书籍编辑室同志们对我的研究成果的肯定。可以说它是我对苏联教育研究的代表作之一。关于克鲁普斯卡雅的《国民教育和民主主义》一书的成就与问题，后来我在应金锵、李明德同志之约，为他们主编的《外国教育名著评介》一书中写了一篇论文，作了更细致的分析和讨论。该文选于1987年出版，2006年再版。

十、参与组织"纪念马卡连柯诞辰 100 周年国际研讨会"

1987年6月，全国教育史研究会在武汉市召开过一次代表会议。当时我还是研究会的理事，出席了这次会议，在这次会议中，产生了第三届理事会。我和其他担任理事会理事的外国教育史专业人员一起建议1988年召开一次马卡连柯教育思想研讨会，以纪念马卡连柯诞辰100周年。经理事会研究讨论后决定，第二年，教育史研究会与比较教育研究会一起在北京召开纪念马卡连柯诞辰100周年国际讨论会，并委托我在提交纪念会的论文中选编一本纪念文集。1988年2月，以全国教育史研究会和全国比较教育研究会的名义所编的《马卡连柯教育思想研究论文集》由北京师范大学出版社出版。1988年夏，讨论会在北京师范大学召开，请来了两位苏联学者。他们都是研究马卡连柯教育思想的专家，其中一位是戈尔金（Л.Ю.Гордин），另一位是弗罗洛夫（А.А.Фролов），他们都是1983—1986年出版的《马卡连柯教育文集》（8卷集）的编辑成员与注释的作者。他们还与维诺格拉多娃（М.Д.Виноградова）一起，合写了《论安·谢·马卡连柯的教育遗产》一文，作为《马卡连柯教育文集》8卷集的结束语。我参加了这次研讨会，在会上作了以《马卡连柯在中国》为题的发言，这一发言稿的内容大体上是与被收入《马卡连柯教育思想研究文集》的论文一致的，该文是这本

书的最后一篇文章，它是我为了纪念马卡连柯诞辰100周年而写的。

戈尔金和弗罗洛夫是我在1957年接待苏联三位学者后经过31年才再次见到的苏联学者，三十多年没有机会练习，俄语口语差不多都不会说了。但我还是和方苹一起去会见了他们。1989年9—12月，经过32年，我再次来到莫斯科，在莫斯科列宁师范学院访学。戈尔金在苏联教育科学院教育理论与教育史研究所的办公室里热情地接待了我，还送给我一套《马卡连柯教育文集》8卷集。后来，我还被推选为马卡连柯国际研究会的理事。

十一、参与编写《教育大辞典》

20世纪80年代中后期，组织和参与编写《教育大辞典》之外国教育史分卷是我的一项重要工作任务。1986年4月，在北京召开的第一次编纂会议标志着编纂工作的正式启动。《教育大辞典》的外国教育史分卷主编由滕大春先生担任。滕先生为组建编写工作的队伍，为确定辞目颇费心力。开始只有我和姜文闵任副主编，以后又增加了华中师范大学的任钟印、安徽师范大学的戴本博和福建师范大学的李明德为副主编。滕先生和我们几个副主编一道开会，经过反复讨论，确定下外国教育史分卷的辞目。以后，他将自己的主要精力放在组织编写多卷本的《外国教育通史》的工作上。有一次，他和我商量，想让我担任常务副主编或第一副主编，我没有同意。我在华中师范学院读书的时候，戴本博先生和任钟印先生已经是教师，我那时虽然没有听过他们讲课，也没有见过面，结识以后我一直尊他们为学长，李明德同志已经与我合作编写《外国教育史简编》，他还参与《外国近代教育史》一书的编写，我认为我们还是合作共事为好。后来确定，戴本博与姜文闵负责古代，任钟印、李明德和我负责近现代。滕先生让姜文闵在古代方面多作些工作，我在近现代部分多作些工作。为落实辞目释文的写作，我曾去大连师范学院、安徽芜湖师范学院（现均已改成师范大学），但由我落实的撰稿人主要还是在北京。

　　1989年9月，我到苏联访学前，人民教育出版社教育书籍编辑室已经和我商定并签了一份编写《苏联教育史》的合同。因此，我在苏联访学时，主要致力于收集苏联教育史的资料。但是在回国以后，完成编写《教育大辞典》的工作更为急迫，我只能放下编写《苏联教育史》的工作而致力于修改《教育大辞典》中外国教育史分卷已经收到的稿件。我们分卷的编纂工作在1990年初步完成，经《教育大辞典》主编顾明远先生审定后交给了上海教育出版社出版。1991年夏，上海教育出版社召集《教育大辞典》（外国教育史）分卷的统稿会，指定让我和姜文闵前往上海开会。但不知道为什么，姜文闵却并没有到上海参加统稿会。上海教育出版社的袁彬同志到上海东站将我接到浦东的一个宾馆。第一次开会时，与会的编辑同志有好几位，我目前记得的有曹余章老先生和袁正守等，撰稿者却只有我一人。结果是由我一人解决编辑们在编辑《教育大辞典》（外国教育史）分卷过程中提出的所有问题，包括撰写古代部分所缺的个别条目，让我整整忙碌了一个星期。工作完成后，袁彬同志领我到上海教育出版社交卷，然后送我到上海火车站坐上回京的列车。这次经历让我和袁彬同志结下了友谊，以后的许多年里，我们都互送贺年片。

　　《教育大辞典》之外国教育史分卷于1992年出版，随后，我又参加了《教育大辞典》（增订合编本）的编纂工作。这次外国教育史部分由我一人负责组织修订。这项工作于1996年完成。

　　《教育大辞典》（增订合编本）于1998年8月出版，获得了许多奖项。2004年我到美国探亲时，在哈佛大学燕京图书馆的阅览室见到了书柜中陈列着我们编纂的《教育大辞典》（增订合编本），我看到时心里非常高兴，我的女儿还为我拍了一张站在书柜前的照片。

《教育大辞典》（增订合编本）编纂委员会大部分成员和编辑人员合影。

十二、参与编写《世界百科名著大辞典》

1985年，山东教育出版社的陈远同志约我参加《世界百科名著大辞典》的编撰。教育科学分卷由我任主编，李明德和蔡振生同志任副主编。我们就教育原理、教育哲学、教育经济学、教育社会学、教育管理学、比较教育、中国教育史、外国教育史、特殊教育等各个方面挑选了199部名著组织编写。其中教育哲学方面的辞目，我们是与中央教育科学研究所的崔相录同志商量选定并由他邀请的撰稿人；教育经济学方面的辞目是与王善迈同志商量决定，由他邀请的撰稿人；教育管理学方面的撰稿人是陈孝彬，特殊教育的撰稿人是朴永馨，辞目也是由他们选定的。在比较教育方面，邢克超和苏真写了一些条目。这项任务于1988年完成，这部辞典在1992年由山东教育出版社出版。

十三、为《外国教育家评传》撰写的两篇论文（1988年至1989年）

1988年至1989年间，我受赵祥麟先生的邀请，为《外国教育家评传》第一卷写了"拉夏洛泰"，为该书第三卷写了"克鲁普斯卡雅"。1989年，我将"拉夏洛泰"改写为《拉夏洛泰及其〈论国民教育〉》一文，发表于《北京师范大学学报（社科版）》1989年第4期。该文基本上保持了《外国教育家评传》中"拉夏洛泰"的框架，文字上更为精炼。它以宗教改革以后大约两百年法国政治经济和文化教育发展的线索为背景，详细地评说了拉夏洛泰的社会政治活动与教育思想，并以大量事实说明了他主张国家办学的教育思想对西欧各国教育发展的影响。这是我参与编写《外国近代教育史》时研究法国教育的成果之一，也可以说是我对西方教育思想进行研究的代表作。20世纪90年代中期，香港某杂志希望刊载我的这篇论文。由于要求付费未获得我的同意而作罢。"克鲁普斯卡雅"一文则是在《克鲁普斯卡雅及其教育思想简论》基础上的再创之作。

赵祥麟先生主编的《外国教育家评传》的三卷本于1992年8月由山东教育出版社同时推出，受到教育界人士和读者的欢迎，1995年获得全国第三届优秀教育图书一等奖和全国高等学校人文社会科学研究优秀成果二等奖。赵祥麟先生筹组《外国教育家评传》第四卷的编写时曾约我写"布隆斯基"，由于资料缺乏，未能完成。《外国教育家评传》四卷本由上海教育出版社于2002年出版。

十四、到苏联访学（1989 年 9 月至 12 月）

1989年9月，学校派我到苏联国立列宁师范学院（现已改为师大）访学。原定三个月，后来我申请延长一个月。适逢学校派了一个由当时的副校长郝永祥率领的访苏代表团，我和他们同行，参加了他们请有翻译的一个星期的访问，为我恢复俄语口语创造了条件。

此后，我的访学活动主要由在列宁图书馆与乌申斯基图书馆收集史料和访问苏联教育科学院的一些学者两方面组成。我用了大量时间在列宁图书馆查找和阅读在国内找不到的俄国和苏联教育杂志和书籍，复印了由克鲁普斯卡雅亲自担任编辑的《走向新学校之路》和国内找不到的最早几期《苏维埃教育学》杂志，买了几本新出的教育史著作。访问的学者除前面提到的戈尔金以外，还有苏联老资格的教学论专家、苏联教育科学院的院士米哈伊尔·尼古拉耶奇·斯卡特金（М.Н.Скаткин，1900—1991），教育史专家、苏联教育科学院的院士阿列克谢·伊万诺维奇·皮斯库诺夫（А.И.Пискунов，1921—），教育史专家、苏联教育科学院通讯院士扎哈尔·伊里奇·拉夫金（З.И.Равкин，1918—），苏联著名的比较教育学者、

1989年，我校访苏代表团（后排左二：郝永祥副校长）与苏联朋友合影。

苏联教育科学院院士卓娅·阿列克谢耶夫娜·马尔科娃（З.А.Малькова，1921）等。我就俄国教育、苏联教育改革和苏联教育思想发展中的某些问题向他们请教。此外，我还专门访问过苏联教育科学院教育理论和教育史研究所外国教育史研究室的主任卡特林娅·萨里莫娃（К.И.Салимова）。她很热情地接待了我，并请我到她家里做客，送给了我一套她和其他人合编的《外国学校与教育思想简史》（1988—1989年出版的两卷集，为当时苏联师范院校的试用教材）。回国后我忙于其他工作，没有来得及组织翻译，苏联就解体了。大家对苏联的教育史教材也就没有了兴趣，我也就没有把翻译她送给我的这套书列上议事日程了。在该研究室，我还见到了苏联教育学者、苏联教育科学院通讯院士伊凡·特罗菲诺维奇·奥戈罗德尼科夫（И.Т.Огородников，1900—1978）的女儿，与她进行了友好的交谈。她父亲和巴维尔·尼古拉维奇·申比廖夫（П.Н.Шимбирёв，1883—1960）合著的《教育学》是20世纪50年代前期苏联师范院校教育学课程的教材之一，在我国也有译本。这也是我们交谈的内容之一。她对我说，她曾去过德国，那里人民的生活水平高于苏联。我们谈起当时苏联的物资供应紧缺，购买日常生活用品的排队问题。她说，在勃列日涅夫领导时期食品供应比较好，水果品种更为多样。

在苏联访学期间，我回到曾经就读和生活四年的学校，倍感亲切。我送给了学校随身带来的《马卡连柯教育文集》和《马卡连柯教育思想研究文集》，参加了学校"纪念帕维尔·尼科季莫维奇·格鲁兹杰夫（П.Н.Груздев，1889—1953）诞辰100周年纪念会"。帕·尼·格鲁兹杰夫是苏联著名的教育学者、苏俄教育科学院的院士，著有《马克思、恩格斯论教育与教养》（1957）、《在教学过程中培养思维的问题》（1949）等，曾任教于列宁格勒赫尔岑师范学院。在这次纪念会上，我还见到了苏联教育学者、苏联教育科学院的通讯院士加林娜·伊凡诺夫娜·舒金娜（Г.И.Щукина，1908—1994），并与她交谈。她于1936年毕业于列宁格勒赫尔岑师范学院并在该校任教，她的《学校教育学》有中译本，我在有的论文中曾提到她的有关论述。列宁格勒赫尔岑师范学院教育系的学校教育专业在我从学校毕业以后已经改为小学教育系。在我访学时，该系已不在学校校园内。我也去进行了访问，当时的系主任恰好是我上学时候给

1989年到苏联访学时在我32年前曾经就读4年的学校主楼前留影，北师大访苏代表团的部分同志也和我一起照了相。

我们讲授心理学的教授的女儿。我们进行了友好的交谈。

　　32年后到苏联访学时回到曾经就读与生活了4年的赫尔岑师范学院，并在学校的主楼前留影，学校的图书馆也在这栋楼里。我校访苏代表团的部分同志也在这里照了相。

　　在这次访学期间的一大收获是去了乌克兰，参观波尔塔瓦师范学院。苏联两大教育家马卡连柯和苏霍姆林斯基均毕业于这个学院。我还参观了马卡连柯创办的高尔基工学团的旧址，并在里面的马卡连柯铜像前照了一张照片。可惜的是，未能到苏霍姆林斯基担任校长的帕夫雷什中学参观。这次乌克兰之行在基辅结识了冯晓霞教授，她当时在基辅学习，带领我游览了基辅的著名景点。

　　这次访学主要生活在莫斯科列宁师范学院为我提供的宿舍里。当时，肖甦先于我来苏联进修，我们住在同一个宿舍。她对我非常关心，每次出门都要帮我打扮一番。有些访问，她也陪我同行，给了我许多帮助。她还带我会见了她攻读副博士学位的导师、苏联和俄罗斯著名心理学家、苏联教育科学院和俄罗斯教育科学院的副院长瓦西里·瓦西里耶维奇·达维多夫（В.В.Давыдов，

我和肖甦教授摄于她的
办公室（2013年12月）。

1930—），并陪我应邀到离莫斯科不远的科洛姆纳斯基师范学院参观，在这里我还做了一场关于中国教育的报告。四个月的学习与生活使我们结下了深厚的友谊。

四个月的访学时间虽然短暂，收获还是极为丰富的。可惜的是当时到东欧各国旅游是非常方便的，许多人都去了，但我舍不得时间，没有到东欧各国去走一走。一辈子研究外国教育史，除俄罗斯以外，没有到其他欧洲国家去看一看，具体地体验一下那里的文明，现在想来，甚为遗憾。

十五、本时期的教学工作

（一）培养本校硕士研究生

初到北师大教育系时，给我定的职称为教员。北师大于1978年恢复招收研究生。这一年，我的职称被评定为讲师。1979年9月，师大教育科学研究所以我和黄宗宪为导师的名义招收了两名以教育学原理为研究方向的硕士研究生（毛祖桓、文贵如），并让我担任研究生指导小组的组长，指导小组的成员还有陈友松先生和程舜英先生。由于黄宗宪先生身体欠佳而且住在校外，很少来校上班，实际教学工作主要由我和陈友松、程舜英二位先生承担。我指导研究生学习教育学和外国教育史，给他们开了"马克思主义经典作家论教育"和"教育学专题研究"的课，陈友松先生指导他们学习比较教育和教育哲学，程舜英先生指导他们学习中国古代教育史。

陈友松先生曾在美国留学多年，获哲学博士学位，学识渊博，教学经验丰富，解放后又掌握了俄语，对美国和苏联教育均有研究。当时，陈先生已双目失明，且已高龄，但讲课仍有条理，内容丰富。为了给他提供帮助，给他配备了夏宁做助手，蔡振生来所以后，也做陈先生的助手，并参与了由陈先生主持编译的《当代西方教育哲学》（教育科学出版社1982年版）。这部译著在一定程度上反映了陈先生这一时期教育哲学课的内容和水平。

程舜英先生出身书香门第，家学功底深厚，20世纪40年代毕业于辅仁大学教育系以后留校工作，50年代初院校调整合并时转到北师大任教。她的国学知识渊博，治学严谨，讲课内容丰富，1956年就评为讲师，成为师大教育系教育史教研室的青年骨干教师，不幸在反右运动中被打成右派，被迫离开教学科研岗位，只能在资料室工作。"文化大革命"结束后得以平反，已是年近花甲。但她仍非常高兴地接受返聘，到北师大教育科学研究所工作不久，就开始指导研究生的学习。她对研究生的指导也是在研究的基础上进行的。1983年由北师大出版社出版的由她独自编写的《两汉教育制度史料》就反映了她在这一时期指导研究生学习的部分内容和水平。

陈友松先生在1957年也曾被错划为右派，"文化大革命"后才得到平反。他接受返聘时已是80岁高龄，且已失明，仍然潜心于科研与教学。我对他和程先生的遭遇非常同情，对他们的学识和治学精神极为敬佩。我在招收本届研究生以前主要致力于科研工作，缺乏教学经验。因此，我常到两位先生家里访谈，向他们请教，有时也去听他们讲课。由于同是女性，我与程舜英先生交流得更多一些，得到不少教益，也结下了友谊。这届研究生毕业后，我每年都到她家中探望，她后来出版的著作也都送给了我。

本届以教育学原理为研究方向的两名学生都是以同等学力考进来的，需要补的课比较多，教学和论文指导

1979年，我和毛祖桓（右）、文贵如（左）的合影。

工作都有一定的难度。由于他们本人的努力和研究生指导小组教师们的严格要求，两人不但补上了大学的各种课程，还以优良成绩通过了硕士研究生必读科目的考试。

其中毛祖桓于1983年以其比较优秀的硕士论文《关于普通高中增设选修课问题刍议》获得了教育学硕士学位。他后来还考取了王焕勋和黄济教授的博士研究生，于1988年通过博士论文答辩，获得了博士学位。文贵如也完成了论文的写作，但未获得硕士学位。

1986年，我被提升为研究员（1980年12月评为副教授），并于同年招收了3名以外国教育史为研究方向的硕士研究生（李赤一、郭晓平、邹速聪）。这是我招收的第一届以外国教育史为研究方向的硕士生，我不仅给他们开名著选读、苏联教育制度史和美国教育制度史的课程，而且给李赤一、邹速聪开了专业外语（俄语阅读）课，并和他们一起研读了由李纯武等编著的《简明世界通史》（人民教育出版社1981年上册，1983年下册）。给李、邹开专业俄语课，是因为他们入学考试的外语为俄语，我希望他们通过攻读硕士学位期间的学习提高阅读专业书刊的能力；和他们一起研读世界通史，反映我希望他们不要就教育论教育，而是能将教育问题放到整个世界历史发展的背景中来进行研讨。学习结束时，我请历史系的一位姓黄的教师（非常遗憾的是，我已记不得他的名字了）出题考试并评分。三位学生经过3年学习都以优良的成绩毕业并通过了硕士论文答辩，获得了硕士学位。其中郭晓平在中央教育科学研究所（现中国教育科学研究院）工作几年后又回到学校在职学习并获得了博士学位。

此后，我连续招收了几届以外国教育史为研究方向的硕士研究生。他们的名字如下：宗桂春、李盛宾、孙霞、朱旭东、曲红卫、王嫣、陈静、王保星。在学习期间，"外国教育名著选读"和"外国教育史专题研究"是两门主要的专业课程，都是由我自己主持讨论或主讲。"外国教育名著选读"这门课的内容包括阅读和讨论以下名著：柏拉图的《理想国》和《法律篇》，亚里士多德的《政治学》《形而上学》和《尼科马可伦理学》，昆体良的《演说术原理》，夸美纽斯的《大教学论》，洛克的《教育漫话》，卢梭的《爱弥儿》，裴斯泰洛齐的《林哈德与葛笃德》，赫尔巴特的《普通教育学》，乌申斯基的《人是教育的对象》，斯宾塞的《教育论》，赫胥黎的《科学与教育》，福泽谕吉的《教育论著选》，《杜威教育论著选》（赵祥麟、王承绪编译），蒙台梭利的《童年的秘密》，《皮亚杰教育论著选》，克鲁普斯卡雅的《国民教育和民主主义》，《马卡连柯教育文集》等。我和学生都读著作，每周都有讨论。对有些著作，我在阅读时还做了读书笔记。讨论时学生自己先说说自己的阅读心得和阅读中的问题。我事先也准备了课上要讨论的问题，和大家一起讨论。"外国教育史专题研究"课的内容大致上讲过以下专题：文艺复兴时期的教育思想，18世纪法国启蒙思潮与教育，主智主义教育思潮述评，18世纪至19世纪欧美国民教育运动，19世纪中期俄国的公共教育运动，西欧新教育运动，美国进步主义教育运动，克鲁普斯卡雅教育思想研究，马卡连柯教育思想研究，20世纪二三十年代苏联的教育改革与教育建设，当代苏联教育改革等。1988年我开的"外国教育史专题研究"课，不仅教科所全体研究生都听，比较所的研究生也来听，并指导他们写读书报告和给予评分，算作他们学习外国教育史课业的成绩。

在我所培养的这些硕士毕业生中，除毛祖桓和郭晓平获博士学位以外，李盛宾、朱旭东和王保星后来也都考上了博士生并获得博士学位。宗桂春在人民教育出版社工作时联系到美国留学，现在美国一所大学任教。孙霞、曲红卫和王嫣也到国外发展去了，但后来和我没有联系。李赤一现在北京工作，陈静现在上海工作。唯邹速聪在北京市教育科学院（现在的北京教育科学研究院）工作时联系到乌克兰访学，适逢苏联解体。她在乌克兰混乱时局中在街上误遭枪杀。她在访学快到一年时曾给我来过一封信，详细谈了她在乌克兰访学的学习工作情况，并且告诉我，她不久就将回国工作。因此，当听到有关她的噩耗时，我感到十分意外和痛惜。

（二）参与北师大教科所举办的全国师范学校教师教育学短期进修班的教学工作

1986年至1989年期间，北师大教科所曾举办过一两次全国师范学校教师教育学短期进修班。蔡振生先生和我分别承担中、外教育史专题的教学，每次学生大约50人。多年后，湖南邵阳的一位教师（赵大成）还给我打电话，说"文艺复兴与教育"和"启蒙运动与教育"两个专题报告使他很是受益。

（三）参与河北大学研究生的培养工作

1986年4月，河北大学教育系聘请我任兼职副教授，协助滕大春先生和姜文闵指导硕士研究生。同年，我被评为研究员。河北大学以滕大春先生为导师申报外国教育史博士点，我被列入河北大学该博士点成员。滕先生在1988年招收了第一届外国教育史博士研究生。开始时滕先生仍住天津，

在一次博士论文答辩会上和滕先生的合影。

我记得我还曾到天津去给贺国庆等两名博士生上过课。以后滕先生及其博士点迁到保定，滕先生有时候住在保定，有时候住在北京，我也常去保定或去他在北京的家里，协助他做点研究生的培养工作，曾连续几年参加他的学生论文开题的会议，参加或主持多届河北大学教育系外国教育史硕士研究生和博士研究生的论文答辩，评审这些学生的毕业论文，并曾在保定给河北大学教育系的全体学生做过报告。

（四）开始招收外国教育史博士研究生

1989年，在亲如兄长的好友马骥雄教授来信的鼓励下，我参加了北京师范大学申报外国教育史博士点和博士生导师的活动。1990年10月，国务院学位委员会批准了北师大申报的外国教育史博士点和我的博士生导师资格。在当时，这是我国第二个外国教育史博士点。1991年9月，我招收了张斌贤和褚宏启为第一届博士生。张斌贤本来就是我校教育系的教师，是王天一教授的硕士毕业生，我早就看过他在《教育研究》杂志上发表的文章，并在我与金锵教授合写

的《四十年来的外国教育史》一文中对他发表的多篇文章的观点做过点评。我还邀请他参加了《教育大辞典》和《世界百科名著大辞典》条目释文的撰写。褚宏启是山东人，在山东枣庄师范学校毕业后留校任教并在山东师范大学教育系学习进修，后师从我校夏之莲教授，获得硕士学位。他们两人入学考试成绩优秀，又有从事教学的实际工作经验，是我心目中理想的博士生人选。他们后来在攻读博士学位期间的勤奋、学业成绩和高水平的博士论文不仅令我满意，而且得到了答辩委员会成员兼论文评阅人的一致赞扬。张斌贤本来就是在职学习，获得博士学位后自然留校任职。褚宏启获得学位前已经联系到外单位（国家教育行政学院）工作，而因答辩委员们对其论文的赞赏，特别是由于我校成有信教授的各处奔走和呼吁珍惜人才，方得以改为留校任教。他们现在的工作成就和学术水平在学界已经获得公认，不必我在这里言说。我要强调的是，他们在学习期间的表率作用和后来在工作中的尽心尽力，为我在20世纪90年代承担与完成各种重大的科研课题和提高教学效率提供了更好的条件。这里体现出真正的教学相长。1992年，朱旭东被录取为我的第二届博士生。他在攻读博士学位期间学习也是非常勤奋，学习成绩优异，完成的博士论文具有创新性，答辩以后留校任教。他之所以能够留校任教，完全取决于其高水平的论文和答辩中的良好表现，得到答辩委员会成员们的一致肯定，我校国际与比较教育研究所当时的领导人参加了他的论文答辩，欢迎他加入他们的研究与教学团队。

　　从1992年10月起，我开始享受国务院政府特殊津贴。这是学校和国家对我在本时期科研与教学成绩的肯定。这种肯定也更加增强了我在工作中的责任心和义务感。1993年7月，为了加强教育史学科建设，我又被学校从本校教育科学研究所调回教育系任教。下面这张相片就是我回系以后和教育史教研室的同志们一起在英东楼前照的。

1993年 我与博士生（褚宏启、张斌贤、朱旭东）在一起交谈。

1993年秋与教育系教育史教研室的老师们合影于英东楼前。

第六章　主持与参加的重大课题研究及教学工作

一、主持和完成"外国现代教育史"课题研究（1991年至1996年）

1991年6月，由我牵头申报了全国教育科学"八五规划"重点研究课题"外国现代教育史"。我邀请和我合作编写《外国教育史简编》的福建师大教授李明德、华东师大教授单中惠和后来结识的辽宁师大教授王桂、杭州大学（现浙江大学）的副教授徐小洲（如今早已是教授了）参与本课题研究。当时还在我校任教的史静寰教授也是本课题的合作者。我的博士生张斌贤、褚宏启、杨孔炽、陈如平、王保星（前三人于1993—1995年先后毕业，而且在当时都获得了副教授职称，后二人仍在读）也参加到本课题的研究中来。该课题的主要研究成果《外国现代教育史》一书于1995年12月写成，由人民教育出版社于1997年12月出版。

《外国现代教育史》分上、下两篇。上篇在论述了19世纪末20世纪初勃然兴起的欧美教育革新运动后，依次评述了20世纪前期（至第二次世界大战为止）美、英、法、苏、德、意、日、印度和埃及等国发展各级教育的重要措施，主要成就与问题，主要教育家的活动与思想。下篇在分别评述第二次世界大战结束以后苏、美、英、法、德、意、瑞典、瑞士、日本、印度、埃及、巴西等国的教育改革与发展和有关国家具有代表性的教育家思想以后，又对20世纪外国教育实践与理论发展的进程和取得的成就进行了

1995年12月《外国现代教育史》统稿会时部分作者合影。

综合性的回顾与总结，并以此为基础展望了21世纪世界教育发展的趋势。

《外国现代教育史》的主要成就：

第一，在深入考察、综合分析19世纪末20世纪初世界经济、政治、文化科学和教育自身发展变化的基础上，合理地处理了外国教育史近现代的历史分期问题。过去解决教育发展的历史分期问题往往单从政治上考虑，或以第一次世界大战为起点，或以十月革命为起点。本书以19世纪末20世纪初欧美教育革新运动为起点。在本书第一章的结论中写道："从发展的角度看，欧美教育革新运动的意义在于，它逐步改变了人们的教育价值观念，改变了人们原有的对儿童、知识、教学、课程等（问题）的认识，从而改变了对教育的基本看法，并相应地形成了一系列新的思想观念。在这个意义上，可以说欧美教育革新运动为构造现代教育认识和评价体系做了重要的、建设性的工作。而且，在欧美教育革新运动中所形成的现代教育理论与实践，不仅这样或那样地影响了20世纪前期欧美教育（包括20年代的苏联教育）的发展，而且推动了这一时期整个世界（包括中国、日本、土耳其等）教育的改造。在20世纪中期以后，在欧美又产生了许多新的教育思潮，其中有些（如要素主义、永恒主义、新托马斯主义等教育思潮）就是作为欧美教育革新运动的对立面出现的；有些（如改造主义、存在主义等教育思潮）则是欧美教育革新运动的某一方面的延续和发展。由此可见这场教育革新运动的历史影响之深广。正是从这一视角出发，我们讲19世纪末20世纪初发生的欧美教育革新运动是世界现代教育起始的根本标志。"这是本课题组成员经过研究取得的共识。根据经济、政治、文化科学对教育发展的综合作用和教育自身发展的特点与规律来处理外国教育史近现代的历史分期问题，这可以说是运用历史唯物主义基本原理解决外国教育史研究中的重大问题的突破性进展。

第二，在揭示20世纪各国教育的发展进程时，注意阐述各种教育思想和各国教育经验之间的相互渗透与影响，教育思想与教育实践之间的联系，影响教育发展的各种社会因素（政治、经济、文化科学等）及其相互作用对教育思想、教育目的、内容、组织形式与方法产生影响的机制，更好地总结了20世纪外国教育发展的历史经验。

第三，对杜威等重要教育家的教育思想作出了更加全面和实事求是的评价。此外，本书体现了全球和多元的视野，除日本以外，对印度、埃及和巴西等国教育的改革与发展也有所研究；在欧美教育中也不只限于研究大国的教育，还研究了瑞典和瑞士的教育。

《外国现代教育史》以上成就的取得，除了本课题组的成员对历史唯物主义基本原理和外国教育史研究的方法论问题进行了比较深入的学习，进一步克服了过去人们在从马克思主义的立场、观点和方法出发考察教育发展的进程、评价教育家的活动与思想、分析各种教育现象与经验及问题时的公式化、简单化等不良倾向外，还在挖掘、占有史料方面下了功夫。每一个成员在承担的子课题和执笔撰写的章节中都有多年科学研究的基础，从而使整个成果具有比较高的学术水平。

"外国现代教育史"课题虽然已经在1995年12月完成，但由于这一课题的主要成果被人民教育出版社接受出版，全国教育科学规划领导小组同意我们在《外国现代教育史》一书出版后再做结题工作。因此，结题鉴定工作是在1998年2月才开始进行的。由华东师大的江铭和赵荣昌教授、杭州大学的金锵教授、华中师大的任钟印教授、中央教育科学研究所的宋恩荣研究员、首都师大的周鸿志教授和本校的王炳照教授组成的通讯评议组对《外国现代教育史》进行评议，由江铭教授任组长的专家们对该书给予了较高的评价。1998年12月，该书获得了北京市第五届哲学社会科学优秀成果二等奖。

证　书

《外国现代教育史》荣获北京市第五届哲学社会科学优秀成果　二等奖。

北京市第五届哲学社会科学
优秀成果评奖委员会
1998年12月

二、主持和完成"外国教育现代化的历史研究"课题研究（1992 年至 1998 年）

1992年，我申报了一个国家教委博士点人文社会科学研究基金项目"八五"课题"外国教育现代化的历史研究"，1993年1月被批准立项。1997年10月完成了初稿，1998年5月通过了专家组的项目评审结题。参加这一课题研究的除我以外有褚宏启、张斌贤、朱旭东、杨孔炽、吴国珍、陈如平和王保星。他们都是先后随我攻读外国教育史研究方向博士学位的师兄弟。课题申报和立项时，褚宏启、张斌贤仍在读，对课题的设计、申报和立项都发挥了一定的作用。完成课题时，参加该课题的所有博士生都已经获得博士学位，每个人都在自己的工作岗位上忙碌。为了完成课题研究，从朱旭东入学开始到陈如平、王保星在学期间，我将"外国教育现代化的历史研究"设立为攻读博士学位的专业课之一，每周进行一次座谈，对教育现代化的理论问题、研究框架和研究目的与方法、各子课题所选国家教育现代化历史进程研究进展情况、各国教育现代化的经验对我国教育现代化的启示等问题进行讨论。该课题选择了英、法、德、美、俄、日本、印度和韩国8个国家教育现代化的进程研究作为子课题进行个案研究，体现了多元视野。各子课题承担人依次为：褚宏启（英国）、王保星（法国）、张斌贤（德国）、朱旭东（美国）、吴式颖（俄国）、杨孔炽（日本）、陈如平（印度）、吴国珍（韩国），大家都严肃认真地完成了自己承担的任务，保证了整个研究成果的质量。我在1997年10月提出申请结题的报告中指出：本课题在学术上的创新和突破表现在以下几个方面：

第一，建立了一个新的分析教育现代化问题的框架。本课题从两个维度分析教育现代化问题：一是教育形态的变迁状况；二是教育现代性的增长状况。对于对象国教育形态变迁状况的研究，包括研究该国社会政治、经济、文化、宗教变革对教育现代化的影响，也就是探讨社会现代化进程与教育现代化进程之间的关系，即教育发展的社会背景，教育管理体制的变化，学校教育结构的变更，课程与教学方法的演变，教育条件（师资、经费、教材建设与设备）的改善。教育的现代性主要体现在教育的世俗化、国家化、科层化、理性化、民主化、专业化、科学化和福利化等方面。教育现代化是指与教育形态变迁相伴随的教育现代性不断增长的过程。对各对象国的教育现代化进行研究应该特别注意考察教育形态诸因素的变化如何影响教育现代性的消长，以便揭示教育发展的客观规律，提高对外国教育经验的理性认识。从这些方面对若干重要国家教育现代化历程进行阐述在国内还是首次。

第二，对象国的选择具有典型性。本课题选择了英、法、德、美、俄、日、印、韩作为研究对象国。前五国属西方基督教文化国家，后三国属于东方文化国家，文化背景不同。从教育现代化的发展时序看，英、法、德、美属于先行者，俄、日、印、韩属后来者。在后来者中，俄、日走向成功，而印度则没有成功，俄国还走了很长一段社会主义道路，具有特殊的经验。韩国是20世纪60—70年代亚洲四小龙实现现代化的典型代表，其起步是最晚的。本课题意在比较这些具有典型性的国家教育现代化道路的共性与个性，是具有创新意义的。

第三，研究方法上有突破。教育现代化是一种综合的社会现象，涉及到多个领域，教育现代化是个跨学科的课题，需要用跨学科的方法对其进行研究。本课题在研究中主要采用了历史主义的方法、个案研究法、比较研究法、要素分析等若干种方法，对教育现代化问题作了多角度、多层面的探讨。

第四，为教育制度史的研究开创了一条新路。以往对教育制度史的研究往往只是集中在对学制的研究方面，本课题的分析框架、研究方法对教育制度史的研究有丰富的借鉴意义，可深化教育制度史的研究。

以上几点学术上的创新和突破反映了本课题所具有的学术价值。本课题成果还具有应用价值和社会效益，也就是我们都想着要为我国教育现代化的实践和理论贡献绵薄之力，为决策部门提供切实的建议。因此，作者在研究中对中国教育现代化问题给予了充分的关注，书中的有些结论是有应用价值的。参加本课题成果评议的专家有：首都师范大学的周鸿志教授、人民教育出版社的诸惠芳编审、中央教育科学研究所的方晓东副研究员（如今早已是研究员）、本校的李守福教授和王义高教授，由王义高教授任评议组的组长。专家们对研究成果给予了较高的评价。

我在本课题中对俄国教育现代化进程进行了比较深入的研究，既为完成本课题研究作出了应有的贡献，也为后来撰写《俄国教育史》奠定了一定的基础。我在这里还需要特别强调指出的是，在完成本课题研究的过程中，张斌贤有一年在美国哈佛大学访学，我又同时忙于"外国现代教育史"和"外国教育思想通史"两个课题研究及其组织工作，褚宏启在本课题的研究和研究成果的统稿中都发挥了很大的作用。他不但很好地完成了自己承担的子课题，撰写成"英国教育现代化的历史进程"一章，而且为作为本课题研究主要成果的《外国教育现代化进程研究》一书撰写了"导论"和"结语"，承担了该书主编的很大一部分工作任务，使我心里充满了对他的赞赏和感激之情。正因为如此，在出版这本书的时候我请他和我一起签署了主编之名。在这里我还要对他说一声"谢谢！"

由于《外国教育现代化进程研究》书稿交稿的时间晚于我们和山西教育出版社签订合同的时间，而且书稿原来的责任编辑调离了山西教育出版社，转到上海三联书店工作，这部书于2006年4月才作为"中国当代教育学术文库丛书"之一正式出版。但它毕竟还是探讨外国教育现代化问题的第一部学术专著。该书继任的责任编辑张大同在书前所写的内容提要中指出，本书是一部关于外国教育现代化进程研究的专著，"作者从教育现代化的角度考察了英国、法国、德国、美国、俄国、日本、印度和韩国八个国家的教育发展历程，对这八个国家在教育现代化过程中面临的挑战、出现的问题、解决问题的途径与方法以及各国教育现代化的共性与个性等进行了认真的比较分析，得出了富有启发性的结论"，"本书内容丰富，资料准确、翔实，对我国教育现代化进程有重要的参考价值"。该书出版后于2012年6月获中国教育发展战略学会的"教育发展战略研究优秀科研成果"一等奖，2012年9月获得第四届全国教育科学研究优秀成果三等奖。

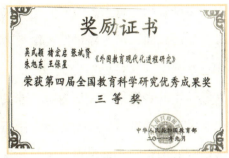

三、主持和完成《外国教育思想通史》的编写工作（1995 年至 2002 年）

　　萌生编写一部多卷集的《外国教育思想通史》的想法是在1993年。我的第一、二届博士研究生的专业课为教育哲学和外国教育名著评介。每周和他们讨论的问题都是外国教育思潮和思想问题。在与王炳照教授的交谈中得知，由他和闫国华教授主编的《中国教育思想通史》（八卷本）即将由湖南教育出版社出版；张斌贤、褚宏启和朱旭东等又合写成《西方教育思想史》一书，我们就一同商量，可以和湖南教育出版社联系，如果获得出版社同意，我们也可以组织全国从事外国教育史教学和研究工作的教师编写一部多卷本的论述外国教育思想史的学术著作。1993年冬，我回湖南长沙探视父母，曾顺访湖南教育出版社教育理论室的龙育群主任，表达了这一愿望。当时他们还忙于王炳照等主编的《中国教育思想通史》的编辑出版工作，没有立即做出决定。1995年12月末，我收到了龙育群于同年12月24日的来信，告知湖南教育出版社已同意将《外国教育思想通史》多卷本纳入他们的出版计划。我和张斌贤、褚宏启、朱旭东以及其他在读博士生立即着手拟订编写计划，并与华中师大的任钟印教授、杭州大学（现浙江大学）的金锵教授、福建师大的李明德教授、华东师大的单中惠教授和我们北师大的史静寰教授联系，商量组织编写团队的问题，研讨编写方案。经过半年的努力，我们决定要编写一部能够揭示自古代东方国家至20世纪末数千年外国教育思想发展历程，各个时期推动不同国家和地区教育思想向前发展与变化的诸多因素及其作用机制，总结外国教育思想家研究与解决教育问题、指导教育实践的经验，预示外国教育发展趋向，可为新世纪我国教育理论建设和教育事业发展提供启示与借鉴的10卷本《外国教育思想史》。由于华中师大的任钟印教授比我年长，我在华中师大做学生的时候他已经是教师，他又大力支持我关于"我们是编写一部外国教育思想史而不是编写一部西方教育思想史"的意见，并自告奋勇愿意承担第一卷《古代东方国家的教育思想》主编的重任，因此我邀请他和我共同担任这部10卷本的《通史》总主编的工作，获得他的同意。为了团结全国老、中、青专业工作人员共同致力于完成这一艰巨任务，我们还邀请金锵、李明德、单中惠、史静寰和张斌贤担任副总主编，以后便顺利地确定了各卷的分卷主编。

1996年7月，以我和任钟印教授的名义向湖南教育出版社提交了《外国教育思想通史》（10卷本）的编写方案。我们在方案中提出了如下编写原则：第一，以历史唯物主义基本原理为指导，广泛借鉴各相关学科的最新研究成果，丰富和更新研究的方法、思路，拓宽研究的角度；第二，充分占有史料，尤其是原始史料，以史料为依据进行研究、分析、评价，切忌以论代史，切忌以既定的框架任意剪裁史料；第三，本书任何章节的写作，必须是精心研究的成果，应努力在广度和深度的开拓、拓展上下功夫，力求旧中见新，有所创造；第四，在章节的安排上，要妥善处理人物研究、著作研究、思潮研究的关系，应努力反映不同时期教育思想发展的特点，力争突破单一教育家列传式的思想史编写方式；第五，努力拓展教育史的研究领域，对教育思想的研究，不应仅限于教育家或哲学家，只要是曾经产生历史影响的教育思想，都应作为研究的对象。这可以说是编写《通史》的指导思

1999年8月总主编、副总主编在北京审稿期间与顾明远教授合影。

想。遵循这些原则，可以保证这部
《通史》内容的科学性、创新性和丰
富性，也是向出版社表示了我们的决
心，为作者和编者之间的合作奠定了
可靠的思想基础。编写方案提出了大
体上的内容设计，包括各卷的要点和
篇幅以及各卷的负责人和完成编写工
作的时间安排，向出版社展示了编成
《通史》的可靠性，争取到出版社的有力支持。

朋友们在审稿休息时愉快地交谈。

　　1996年11月12日至16日，由湖南教育出版社出资，在湖南长沙举行了《外国教育思想通史》的第一次编委会会议。除我以外，任钟印、单中惠，分卷主编贺国庆、杨汉麟、杨孔炽、方晓东、褚宏启、朱旭东、徐小洲以及仍在读的博士生吴国珍、王保星、陈如平等都参加了本次会议。副总主编李明德、金锵、史静寰、张斌贤，分卷主编黄学溥、李淑华等因故未能参加会议。湖南教育出版社对会议非常重视，副社长陈民众、教育理论室主任龙育群，副编审张汉芳和剪开明自始至终参加了会议。会议对编写《通史》的理论和现实意义、奋斗目标、编写原则、编写体例、内容安排、编写人员的选择、时间和速度方面进行了讨论，取得了共识。在编写《通史》的理论和现实意义方面，会议纪要中指出"本书的编写旨在通过梳理人类几千年的教育思想产生、发展的历史过程，寻找人类教育思想演进的内在逻辑和发展脉络，把握人类教育思想发展的客观规律，从而为我国教育改革和发展，逐步建立具有中国特色的社会主义教育体系提供借鉴与参考"。与会者认识到编写《通史》的难度，也看到了编写《通史》的有利条件，下决心把《通史》写成一部迎接新世纪到来的扛鼎之作。会议强调了作者应用精品意识规范自己的行为，使《通史》成为具有学术生命力的著作。湖南教育出版社的陈民众副社长在会上表示："作为国内有影响的教育出版机构，湖南教育出版社有信心、有能力出版好《外国教育思想通史》，使之成为精品。希望作者与编者共同努力，以切实提高《外国教育思想通史》的学术品味，使之成为真正的传世之作。"会议开得相当成功，这一方面表现在会后编写工作比较顺利地进行，另一方面表现在增强了出版社对出好《通史》的信心、决心，出版社以预付三万元稿酬的形式为编写提供了资料费。我和任钟印教授都没有想到可以向教育部教育科学研究规划部门提出申请，将这部书的编写列入规划项目，争取更多的科研经费的支持。可以说，参加《通史》编写的62名作者完全是出于对教育史专业的喜爱，以一种为教育科学研究工作献身和认真负责的精神而不是抱有任何私心来工作的。而湖南教育出版社非常重视这部书的出版，倒是他们将它申报为"十五"重点图书出版项目。

按照1996年11月举行的第一次编委会会议规定的时间进度，各卷在1997年年末应该提交初稿，1998年4月应该举行初稿审定会，1998年年末全部书稿应该提交出版社，1999年年末正式出版。实际上，《外国教育思想通史》的统稿会是于1998年11月16日至18日在北京举行的。总主编、副总主编、各分卷主编以及我和史静寰教授的在读博士生（巨瑛梅、吴明海、王晓华、季平、李立国、向蓓莉、郑崧、姚运标）都参加了这次统稿会，他们后来也都接受了编写《通史》中某些章节的任务，成了《通史》的作者。各分卷主编汇报了书稿进展情况，讨论各卷提出的问题和各分卷之间的衔接问题。次年（1999年）8月下旬，总主编和几位副总主编还在北京开了一个星期的审稿会。此后，各卷陆续交稿。最后一次审稿会是于2002年1月在长沙进行的。这次只有我和任钟印教授、单中惠教授三人去了，主要是看书稿的校样和研究由我执笔撰写的"总

《外国教育思想通史》出版后获得了本专业同行较好的评价，
并于2003年12月获得第六届国家图书奖。

序"。任钟印教授和单中惠教授在长沙工作了一个星期，我工作了两个星期，直到看完"总序"的校样才回北京。全书于2002年10月出版，约480万字。

我为这部书的编写做出了很大的努力，为全书撰写了将近7万字的"总序"，为第九卷撰写了"导言"（1万4千字）并与其他同行合写了多章有关苏联教育的章节，为第六卷撰写了"18世纪俄国的教育思想"。为了撰写"总序"，我重读了马克思和恩格斯的一些著作、斯塔夫里阿诺斯著的《全球通史》、赫·乔·韦尔斯著的《世界史纲》、W. C. 丹皮尔著的《科学史》；阅读了理查德·利基著的《人类的起源》、黑格尔著的《哲学史讲演录》、罗素著的《西方哲学史》、爱德华·迈克诺尔·伯恩斯等著的《世界文明史》、维尔纳·克纳尔著的《圣经：一部历史》、任继愈总主编、杜继文主编的《佛教史》、北京大学哲学系外国哲学史教研室编译的《古希腊罗马哲学》、汝信等主编的《西方著名哲学家评传》中许多哲学家的传记、赵敦华著《基督教哲学1500年》等一系列著作；并审读了我们编写的10卷《外国教育思想通史》。"总序"包括关于原始社会教育思想萌生的探讨、古代东方国家的教育思想、古希腊罗马的教育思想、中古时期的教育思想、近代教育思想和现代教育思想六个部分，力图全面展示外国教育思想发生发展的完整历程和每个时期教育思想的主旋律以及《通史》各分卷的要点及主要创见。在完成"总序"撰写的过程中，我得到了任钟印和单中惠两位教授的鼓励和帮助。当时，我还要完成自己在其他科研项目中承担的任务。因此，20世纪90年代我真是日夜工作，每天都睡得很晚。当然，整个科研项目和编写工作的完成是我们老、中、青三代专业人员共同努力的结果。没有大家的精诚团结和共同努力，这一艰巨的任务是不可能完成的。

四、主持和完成《外国教育史教程》的编写工作（1995年至1998年）

这一任务是任钟印教授首先向我提出的建议。大约是在1994年初夏，任钟印教授到北京探望女儿时来到北师大，他对我说："你们的《外国教育史简编》编得比较好，可以在此基础上新编一部更好的教材。"我请他主持新编教材，他说："你这里力量比较强，由你主编，我一定参加。"我将重新编写一卷本"外国教育史"教材的想法告知人民教育出版社的诸惠芳编审，她即表示赞同。我开始与李明德、单中惠教授联系组编问题。他们都是《简编》的作者。《简编》的作者还有黄学溥、赵荣昌教授。我们自然地成为新编教材的团队成员。我请李明德和单中惠教授出任新编教材的副主编。我们联系东北师大的袁桂林和西南师大的周谊、杭州大学（现浙江大学）的徐小洲等人，请他们都来参与新教材的编写。任钟印教授和华中师大的杨汉麟、周采（他们都曾是任先生的学生），当时还在北师大任教的史静寰教授以及张斌贤、褚宏启、杨孔炽、郭法奇等，都参加了编写新教材的团队。这样一来，也就团结了全国主要高等师范院校担任外国教育史教学的教师参与新教材的编写工作。1995年3月，我们向人民教育出版社提交了编写方案，表示新教材将本着"求新""求实""求精"的精神进行编写，并将书名定为《外国教育史教程》，方案还对编写体例提出了一些具体要求。人民教育出版社对新教材的编写有了信心，于1996年让我们申报为普通高等教育"九五"国家级重点教材。在立项申请书中指出，20世纪80年代以来，我国出版了一些外国教育史方面的教材，为外国教育史专业的教材建设作出了贡献，但仍然存在一些问题，主要是在结构上思想与制度脱节；观点仍显陈旧，对历史人物与事件缺乏全面的、客观的、深刻的分析和评价，反映教育与政治经济制度的联系多，而反映教育与生产的直接联系和教育与科学、文化的联系不够；已出版的教材未能反映近10年来我国在外国教育史史料建设上取得的较大进展，史料上显得有些陈旧；教材篇幅过长，详略不当，与外国教育史教学时数减少形成了矛盾。在立项申请书中还写道：新编教材将力求实现以下目标：第一，坚持辩证唯物主义和历史唯物主义，但避免简单化的论证，要全面、辩证地反映教育与政治、经济和科学、文化的联系，评价实事求是；第二，准确使用史料，尽量使用第一手资料，运用第二手资料应尽量核实，避免以讹传讹，谬种流传；第三，尽量反映新的研究成果，力求在一些老大难的问题（如史与论的关系、制度与思想的关系等）的处理上有所突破，必要时简要反映中国情况，做些对照和对比，克服中外完全隔绝的习惯，在陈述教育制度的发展时以普教为主，同时适当兼顾职业教育、高等教育、师范教育以及幼儿教育等；第四，做到体系严谨、完备，轻重分明、详略得当，文风朴实、用词精炼。每章附2—4个思考题和主要参考书目，以利于学生学习思考。参加本书编写的一共19人，我们正是按照这些要求进行写作的，这也是《教程》体现的新特色。

1997年11月18日至20日，在北师大召开了《外国教育史教程》的统稿会。任钟印、杨汉麟、周采、李明德、徐小洲、周谊、史静寰、张斌贤、褚宏启和当时还在北师大攻读外教史的博士生陈如平、王保星、吴明海、巨瑛梅、王晓华（他们都是以外国教育史为研究方向，其中王保星还参加了《教程》的编写工作）都参加了这次统稿会。人民教育出版社的诸惠芳、邹海燕自始至终参加了本次会议。与会者对《教程》被评为"九五"国家重点教材立项选题表示欣喜，且深感责任重大，并感谢人教社的大力支持。大家对已写成的书稿进行了认真细致的审阅，对书稿中存在的问题进行了讨论，达成了共识，为进一步完善书稿奠定了良好的思想基础。在这次会上商定《教程》的内容分上、中、下三编，近代始于文艺复兴与宗教改革时期的教育，现代始于19世纪末期20世纪前期的欧美教育思潮和教育实验。关于内容提出了以下几点要求：（1）应尽量反映国内外外国教育史方面最新的研究成果；（2）史料力求准确；（3）不宜大量搬用已公开出版著作中的有关内容；（4）教育制度的撰写切忌与过去雷同，应注意角度和挖掘新材料，具体到各章中，各国应该从统一的角度撰写，全书不求统一。力求体现各国教育制度发展的进程与成就（解决了哪些问题，存在什么问题），而不是简单罗列各种教育事实。对前言、结语的写法也提出了统一的要求。在这次会议上，与会者一致表示，在写作中要树立"精品意识"，努力写好、改好《教程》，使之成为21世纪外国教育史教材中的上乘之作。

经过会后半年多的努力，《外国教育史教程》书稿大约在1998年6月交给了人民教育出版社，并于1999年8月推出了第一版。由于编辑加工的细致，该书

可以说没有什么错字。2002年，《教程》获得教育部颁发的全国普通高等学校优秀教材一等奖。

1999年8月出版的《外国教育史教程》的篇幅达到65万字，与高等师范院校本科外国教育史课程的教学时数削减形成的矛盾没有解决好。根据教学需要，我们征得人民教育出版社领导的同意，对该教材进行了压缩和更新，于2002年2月提交了《教程》的缩编本，供高等师范院校本专科使用，原来的全本则供研究生使用。此后，《外国教育史教程》全本书成为全国高等师范院校的研究生普遍使用的教材。至2013年，该书已经是第14次印刷，印数达22万余册，《教程》的缩编本也印刷了10次，印数达到6万册。

《外国教育史教程》之所以成为一本较好的教材，要归功于整个编写团队的共同努力，每位作者都是在多年研究成果的基础上承担自己撰写的章节，发挥了每位作者之所长。

五、主持和初步完成全国教育科学规划"九五"重点课题研究：西方"传统派"与"现代派"教育的冲突、融合及其对现代教育发展的影响（1996年初至2001年）

1996年1月，以我为主，申报全国教育科学规划"九五"重点研究课题"西方'传统派'与'现代派'教育的冲突、融合及其对现代教育发展的影响"。申请时，主要课题组成员包括张斌贤、史静寰、康健、刘传德、郭法奇、褚宏启、杨孔炽、朱旭东、吴国珍、王保星、陈如平等。团队阵容比较强，课题也有重要的理论价值和现实意义。课题立项获得批准。1997年5月举行了开题会议。课题组成员汇报了进展情况，着重论证了本课题的理论价值和现实意义，并在深入研讨本课题的重点和难点，即"传统派"教育、"现代派"教育、"新传统派"教育的明确定义和涵盖范围的基础上，进一步明确了研究的范围和重点。通过讨论，大家认为，在"传统派"的形成、发展和"传统派"教育的基本理论及其影响方面，应以研究赫尔巴特教育思想产生的历史背景、思想渊源、基本理论观点和赫尔巴特学派的活动，赫尔巴特教育思想的流传为重点；在"现代派"的形成、发展和"现代派"教育的基本理论及影响的研究方面，应以杜威教育思想产生的时代背景、思想渊源、基本理论观点、西欧"新教育"运动和美国进步教育运动的发展与演变为研究重点；在"新传统派"教育的兴起和他们对"现代派"教育理论的批判的研究方面，应以研究要素主义和永恒主义教育思潮的发展为重点；在"传统派""现代派"教育思想的融合趋势及其对现代教育的影响的研究方面，应以研究结构主义教育思想、分析教育哲学、终身教育思想、元教育学及"掌握学习"教育思想等第二次世界大战后兴起的教育流派为重点。通过开题会议，使课题组成员对本课题的研究价值、范围及重点、要求等问题有了明确的认识，为进一步研究奠定了思想基础。

1998年10月中旬，本课题又举行了一次讨论会，汇报和讨论了课题进展情况。参加会议的除我以外还有史静寰、刘传德、郭法奇、吴明海、巨瑛梅、王晓华、季平、向蓓莉、郭志敏、李立国等。会上对"传统派"和"现代派"教育的概念和研究视角进行了更为细致的讨论，确定了从以下四个方面进行重点研究，提出以下撰写最终成果的框架：第一，"传统派"教育理论的形成与发展；第二，"现代派"教育理论的形成与发展；第三，"传统派"与"现代派"所关注问题的专题研究；第四，"传统派"与"现代派"冲突与融合的历史思考及其对我国当代教育发展的启示。课题组先后增加了对本课题已有一定研究的季平、王晓华、向蓓莉、李立国、郑崧、郭志明等几位在读博士生为课题组成员。

此后又经过两年的研究，除其他相关阶段性成果外，课题组完成了作为主要研究成果的定名为《二元认识模式的困惑与超越——"传统派"与"现代派"

教育研究》的专著，于2000年12月申请结题。这一成果包含前言、"传统派"教育理论的历史研究、"现代派"教育理论的历史研究、"现代派"教育理论与"传统派"教育理论的比较研究和"传统派"与"现代派"教育的冲突、融合的启示等四章，对19世纪末20世纪初期以来"传统派"与"现代派"教育思想的冲突和融合问题从方法论、发展过程、争论焦点、经验教训等各个角度进行了比较深入的探讨与论述。全书约20万字。全国教育科学规划领导办公室于2001年1月同意进行鉴定，由单中惠担任组长的6人鉴定组对这一成果进行了鉴定。鉴定组的专家对成果给予了肯定性评价，规划办公室于2001年4月2日通过结题，2001年5月20日给予了结题证书。

"西方'传统派'与'现代派'教育的冲突、融合及其对现代教育发展的影响"这一"九五"规划国家教委重点课题虽已结题，但是正如我在这一课题研究工作的总结报告和研究成果公报中所说的那样，课题研究成果虽已达到预期目标，但仍存在不足，其主要缺点是对半个多世纪以来教育实践的发展涉及比较少。因此，关于两派冲突、融合对教育实践的影响显得有些不够，从长远来说，我们的研究可以说还只是起步。这首先是因为作为"传统派"和"现代派"主要理论代表的赫尔巴特与杜威都是世界著名教育家群体中最重要的人物，他们的教育思想体系博大精深，著作较为丰富，影响深广，对他们的教育思想体系有待于做专门研究。其次，20世纪50年代以来，世界各国开展了声势浩大的教育改革，其中面对的教育问题和提出的改革措施既反映了"传统派"与"现代派"教育的冲突，也反映了两派融合的基本趋向，出现了体现两派长处的新思想，如以皮亚杰和布鲁纳为代表的结构主义教育思潮，在20世纪五六十年代美国教育改革中就起了主导作用。对此，也需要加以认真的总结和研究。由于忙于《外国教育思想通史》的统稿工作和其他任务，课题既然已经结题，我也无法继续组织扩大和充实本课题的研究成果。只得将这项研究工作暂时放下，研究成果没有及时联系出版。直到2004年以后，才重新考虑如何扩大这一课题研究的问题。

六、参与张瑞璠先生和王承绪先生主持的"中外教育比较史"课题研究（1988年至1996年）

1988年，华东师范大学的张瑞璠先生和杭州大学（现浙江大学）的王承绪先生将"中外教育比较史"申报为国家教委教育科学"七五"规划研究项目。两位先生约我参加这一课题研究。这一课题具有很大的难度。以前中国教育史专业人员只研究中国教育史，外国教育史专业人员只研究外国教育史。这一课题要求大家将中外教育史的研究联结在一起，进行比较研究，是一种新的尝试。1988年年末和1990年5月先后在山东泰安和浙江杭州举行了两次编委会。

确立了"立足中国、放眼世界""古为今用、洋为中用"的指导思想。关于研究方法，讨论过两种比较模式：一种是以教育交流和影响为纲，以美、苏、英、法、德、日等国为对象国，写出中美、中英、中苏、中法、中德、中日等分卷的教育问题交流史；另一种是按时代顺序，写出分时代的中外教育比较史，内容主要就教育制度、教育思想相互比较，也包括对无直接影响的中外教育制度和教育思想就各自的特点及形成的历史原因进行比较。这也就是当时归纳为"以史为经、问题为纬"的比较模式。后来大家选取了后一种比较模式。在选择问题的标准方面，强调了可比性和可比价值，找出可比点。大家还分析了纵向（不同时代）比较和横向（同时代）比较及其相互关系问题，认识到横向比较一般来说共同因素较多，可以找到更明确的参照点，可比性更大一些，更有可比价值，因此确定了"纵横比较、横向为主"的方法。最初有过写10卷本的《中外教育比较史》的设想。最后决定只写古代、近代、现代

三卷《中外教育比较史纲》。我和河北大学的闫国华教授被推选为《中外教育比较史纲》（近代卷）的主编。我在近代卷的引言中指出，"本卷研究的时间跨度，外国以英国资产阶级革命为起点，以1945年第二次世界大战结束为终点；中国则以1840年鸦片战争的爆发为上限，1949年中华人民共和国成立前为下限。"这是在编委会达成的共识，外国教育史的分期与外国教育史学界逐渐形成的历史分期并不一致，我们只能按当时大家达成的共识选择可比性问题。在《中外教育比较史纲》古代卷第十二章，将明清之际的启蒙教育思潮与文艺复兴时期的人文主义教育思潮进行比较，近代卷第一章为"中外启蒙教育思想的比较"，内容有些交叉，但并不完全重复。在近代卷中，对明清之际的启蒙思想只做简单的论述，着重论述鸦片战争前后中国启蒙思想家和教育家的教育思想，将他们的教育思想与18世纪法国启蒙运动时期的教育思想进行比较。近代卷还选择了"清末教育改革与日本明治维新时期教育改革的比较""西方教会学校与中国近代教育""中日近代留学教育的审视与比较""近代教育思想的传入及其影响""20世纪20—30年代中国和西方教育思潮的比较""杜威与胡适、陶行知、陈鹤琴""马克思主义教育思想在中国的早期传播及其影响""德、日、美对中国近代学制的影响""中外近代高等教育的比较""中外近代普及义务教育的比较""中外近代中等职业技术教育发展的比较""中外近代师范教育的比较""中外女子教育的比较""中外近代教育行政制度的比较"作为研究课题，这些课题研究的成果便构成了近代卷除"中外启蒙教育思想的比较"以外的其他章节。参加近代卷课题研究的主要人员来自北京师范大学、杭州大学（现浙江大学）、华东师范大学、河北大学的中外教育史专业的教师。北师大除我以外，史静寰、何晓夏、张斌贤都参加了本卷的课题研究，黄济先生的博士生毛祖桓毕业后分配在北京科技大学任教，也承担了本卷的课题研究。我在近代卷中撰写了"本卷引言"（约15000字）和"马克思主义教育思想在中国的早期传播及其影响"（将近7万字）。为了完成本卷的研究和编写工作，我除了利用自己在马克思主义经典作家论教育的知识和自己在外教史方面的知识外，还阅读了毛礼锐、沈灌群主编的《中国教育通史》和孙培青、李国钧主编的《中国教育思想史》第3卷、顾明远主编的《中国教育大系·马克思主义与中国教育（上）》、《李大钊选集》、《陈独秀文章选编》、《杨贤江全集》（第3卷）和琚鑫圭主编的《老解放区教育资料》（一），并重新学习了毛主席的《实践论》、《矛盾论》和《新民主主义论》等著作。在"本卷引言"中，我简述了中国从奴隶社会到封建社会变革过程中所走的道路与西欧由奴隶制向封建制转轨的过程的差异、中国古代社会文化教育的繁荣及其影响（特别是对日本的影响）、西欧中世纪文化教育的特点，比较了中外封建社会的共同点和不同点。在此基础上论述了西欧各国近代化的历程（始自文艺复兴，经历了宗教改革、自然科学的研究运动、思想启蒙运动、政治民主化运动和工业革命），特别强调了文艺复兴、宗教改革和启蒙运动对西欧社会与教育发展所起的作用，同时也讲述了法国资产阶级革命和工业革命对西欧社会与文化教育发展的影响。在这里，我还论述了19世纪末20世纪初欧美各国完成第二次工业革命（电气化）所引发的经济与政治变化所带来的各种新的政治思想、哲学思想，在这些经济、政治、文化因素综合影响下兴起的教育革新思潮，西欧"新教育"和美国进步主义教育运动及其主要代表的教育理论。这一切都说明，我在撰写《中外教育比较史纲》近代卷的引言时（1995—1996年）已对外国教育近代化的历程和外国教育史的历史分期问题具有比较清楚的认识。我在引言中又分析了中国古代文化教育思想的特点，其优点和偏颇之处，指出中国文化教育方面的偏颇对中国封建社会发展缓慢所起的作用，加之中国在封建社会内部出现资本主义萌芽之后，一直到"五四"新文化运动之前，又没有对自己长期形成的适应封建政治经济体制的文化教育传统进行认真的清算，这可以说是中国未能较快地实现由封建到近代转轨的主要原因之一。由此谈到"五四"运动的意义和早期马克思主义以及中国共产党成立后进行的文化教育建设对中国社会发展所起的作用。在"引言"中，我还用历史事实说明了各国文化教育交流对文化教育发展所起的积极作用。"马克思主义教育思想在中国的早期传播及其影响"一章主要包括以下三方面的内容：第一，这篇文章对马克思、恩格斯教育思想产生的历史条件、理论基础和思想渊源进行了论述，然后论述了其基本观点；第二，对苏

1996年12月在桂林举行《中外教育比较史纲》近代卷统稿会时留影。

联早期的教育理论（包括列宁的教育思想）和教育实践进行了论述；第三，论述了马克思主义教育思想在中国的早期传播（李大钊、陈独秀、恽代英、杨贤江的贡献）、苏区和抗日根据地、老解放区的教育实践及毛泽东在《新民主主义论》等著作中阐述的教育思想。

《中外教育比较史纲》近代卷各章的初稿在1995—1996年相继完成。1996年12月上旬由山东教育出版社出资组织作者在桂林广西师范大学招待所举行了统稿会，作者互相传看了部分书稿，我和闫国华教授紧张地进行工作，审读了全部书稿，与作者交换意见，解决了存在的问题。山东教育出版社教育理论编辑室的主任温玉川和责任编辑蒋伟自始至终参加了统稿会。

由张瑞璠、王承绪先生主编的三卷《中外教育比较史纲》后来由山东教育出版社申报为国家"九五"规划重点图书。组成该书的古代卷（主编孙培青、任钟印）、现代卷（主编张人杰）与我和闫国华担任主编的近代卷于1997年8月由山东教育出版社同时出版。这部著作可以说是我国中外教育史和比较教育学界专业工作者的勇敢尝试和创作。它出版后获得了第四届国家图书奖和第二届教育科学优秀成果一等奖。

七、参与滕大春先生主持的《外国教育通史》的编写工作（1990年，1993年）

1986年，由于考虑到难处的人事关系，虽然得到了滕先生和山东教育出版社的邀请，但我没有去参加滕大春先生主持的《外国教育通史》第一次编委会议。不过我仍然于1990年为该书的第四卷撰写了第八章"俄国的教育"（约35000字），该卷于1991年7月出版；于1993年为第六卷写了第一章"苏联的教育"、第二章"赞可夫和苏霍姆林斯基的教育思想"（共约6万字），该卷于1994年1月出版。此外，我还应约参加了《外国教育通史》其他各卷有关章节的审稿工作或审稿会议。

八、参与任钟印先生担任主编的《世界教育名著通览》的选编和翻译工作（1991年至1992年）

1990年，我应华中师范大学任钟印先生之约参与《世界教育名著通览》的选编和翻译工作，并担任副主编。其中，我根据皮斯库诺夫主编的《夸美纽斯教育文选》第二卷（俄文版）摘译了夸美纽斯的《人类改进通论》（约36000字）；与王维臣等合作，选编了乌申斯基的有关著作；与苏立增合作，选编了马卡连柯的有关著作。该书于1994年由湖北教育出版社出版。全书选自外国89位著名教育家的120余种著作，共390万字。

九、本时期的教学工作

1991年至1993年是我教学工作最多的几年。当时还有两届共四位硕士生在读，第一届、第二届、第三届博士生入学。1989届和1990届硕士生于1992年和1993年毕业后我不再招收硕士生。由我培养的硕士生除朱旭东和王保星后来又随我攻读博士学位外，毛祖桓、郭晓萍、李盛宾或在工作几年后又考上了其他教授招收的博士生，或者在毕业后就考上了其他教授招收的博士生，没有在获得硕士学位后就留本校工作的。在1993年以后，我专心致力于培养外国教育史专业的博士生。

我为首届博士生开设了两门专业课，一门是外国教育名著评介；另一门是教育哲学。前者致力于主要教育家教育思想的研究，后者致力于教育流派和思潮的研究。这都是培养高素质的外国教育史专业人才和建设外国教育史学科所需要的。此外，无论是从外国教育史学科建设，还是从高素质的外国教育史专业人才培养的角度考虑，我都希望博士生能掌握两门外语，其中一门能达到四会（听、说、读、写），另一门至少能够达到阅读专业书籍的水平。我和张斌贤、褚宏启商量，希望他们能除英语外，再选读另外一门外语。从有利于对德国教育史研究的角度考虑，他们都选修德语为第二外语。实践证明，只有一年的外语学习，第二外语不可能达到能够阅读专业书籍的水平。以后的各届博士生都没有选修第二外语。我一共招收了六届博士研究生，每年只1～2人，一共培养了10名博士生。如前面已经说过的那样，由于"外国教育现代化的历史研究"课题研究的需要，为92级至95级的博士生增设了一门"外国教育现代化专题研究"专业课，朱旭东、杨孔炽、吴国珍、陈如平和王保星都选修了这门专业课并参加了"外国教育现代化历史研究"课题的研究，苏立增选修的专业课仍然是教育哲学和外国教育名著评介。1996年，我招收了最后一届研究生，他们是吴明海和巨瑛梅，他们所选的专业课也是教育哲学和外国教育名著评介。他们两人毕业于1999年，我在1999年10月也就被批准退休了。几位留在学校和北京工作的博士为我庆祝了70岁生日。

褚宏启博士论文答辩会留影（1994年6月10日）。

张斌贤博士论文答辩会留影（1995年6月6日）。

朱旭东博士论文答辩会留影（1995年6月6日）。

　　1999年5月，吴明海和巨瑛梅完成博士论文答辩后，所有的在京博士前来祝贺并合影留念。

第七章 退而未休

　　我在1999年10月虽已正式办了退休手续，但身体尚佳，对专业研究的兴趣不减，可以说是和没有退休一样，一直仍在继续进行外国教育史的研究。并且还可以这样说，由于已经没有教学工作，开展研究的时间更为充裕。除前面提到的《外国教育思想通史》最后统稿和《外国教育史教程》缩编本是在进入21世纪以后完成的以外，我完成和参加的研究工作主要是撰写《俄国教育史——从教育现代化视角所作的考察》、主持《中国大百科全书》（第二版）外国教育史部分的辞条修订工作、主持和参与《中国教育大百科全书》外国教育史部分辞条的编写工作。

一、完成《俄国教育史——从教育现代化视角所作的考察》一书的撰写（2002年至2005年）

　　如前面所说，20世纪80年代，我在各种刊物上发表了一系列论述苏联教育理论与实践发展的文章，参与翻译了几本苏联教育著作，产生了一定的影响。杭州大学的金锵教授和华东师范大学的瞿葆奎教授先后给我写信，希望我写一本关于苏联教育史的书。我与人民教育出版社教育书籍编辑室的同志们说起这件事，他们也表示支持。于是，我在1987年提出了一个自选科研项目"苏联教育史"，预计于1991年完成，并与人教社签订了第一次合同。

1989年我到苏联访学，主要致力于搜集苏联教育史料，其原因就在于此。但是在我回国后，《教育大辞典》之外国教育史卷的统稿和定稿工作更为急迫，只能把撰写《苏联教育史》的工作先放一放，没有想到苏联在1991年就解体了。

我和人教社的同志都认为应该暂时放一放这项工作。后来，由于在"外国教育现代化的历史研究"项目中我主要致力于"俄国教育现代化进程"子课题的研究，感到从现代化视角来撰写一部俄国教育史既有条件，也更有理论价值和现实意义。2000年到美国探亲前，我又与人教社教育书籍编辑室的诸惠芳编审商量将撰写《苏联教育史》的项目改为撰写《俄国教育史》，又得到人教社的支持，并再次签订了约稿合同。从美国探亲回国后，我先完成了《中国百科全书》第二版中外国教育史条目的修订工作，于2002年至2005年集中致力于完成《俄国教育史——从教育现代化视角所作的考察》一书的撰写，2005年5月将书稿交给了人民教育出版社。该书于2006年4月由人民教育出版社出版。编者在该书的内容提要中写道："本书在研究俄国教育的发展史时，详尽地考察了俄国的教育与俄国的社会生产、经济基础、政治、文化之间的相互制约、相互作用和影响，以及不同时期俄国与其他国家的关系和所受到的国际影响。除此之外，由于教育的发展尤其是教育的早期发展与一个国家所处的自然环境也有着密切的关系，因此在这一方面这本书也有所涉及。本书以现代化为经线，从俄国教育形态的变迁状况和教育现代性的增长状况两个维度进行考察，探讨了社会现代化进程与教育现代化进程之间的关系，研究了在这一现代化进程中教育管理体制、学校教育结构、课程与教育教学方法、教学条件等方面的变革，剖析了俄国教育在世俗化、国家化、科层化、理性化、民主化、专业化、科学化和福利化等方面的演进。本书在以现代化视角研究俄国教育史时，特别注意考察教育形态诸因素的变化对教育现代性的消长的影响，从而揭示教育发展的客观规律，提高对教育经验的理性认识，为读者清晰地揭示了俄罗斯教育发展的脉络和俄罗斯国家的来龙去脉。"这一"内容提要"体现了我撰写这部俄国教育史的目的、努力的方向和写作思路，同时也说明了我的这一研究成果实际上是"外国教育现代化的历史研究"课题研究的拓展和延续。如果没有在"外国教育现代化的历史研究"及其子课题"俄国教育现代化的历史进程"研究的基础以及此前长期对苏联教育实践与思想的研究，要在两三年的时间里完成一部将近60万字的《俄国教育史——从教育现代化视角所作的考察》是绝对不可能的。当然，如果没有这三年多集中而紧张的工作，要完成这样一部著作，也是不可能的。在《外国教育现代化进程研究》一书中的"俄国教育现代化的历史进程"一章只有13万多字，而《俄国教育史——从教育现代化视角所作的考察》一书为59万字，也说明了这一时段的研究更为深入和细致，其中的艰辛可想而知。

《俄国教育史——从教育现代化视角所作的考察》一书分为"俄国教育现代化的历史基础""资本主义发展阶段的教育现代化变革""社会主义发展阶段教育现代化的基本实现"三编。在第一编的开篇，我写了两段文字的导语，其中一段写道："不同国家社会与教育的现代化都有它自己的起点和发展道路。这在很大程度上是由各个国家在其古代的社会发展和发展中所形成的文化教育传统决定的。这种社会发展及其文化教育传统和现代化事业起步以后，社会政治、经济和文化教育的发展构成各国教育现代化的历史基础。而各个国家古代的历史发展又是与它们所处的地理位置和自然环境分不开的，正是它所处的地理位置决定它与哪些国家为邻，从而对其发展方向产生影响，自然环境则为它的人民提供生产与生活所必需的物质条件，并对他们不同时期的生产、生活方式产生一定的作用。"这是我在历史唯物主义和辩证唯物主义基本原理指导下研究各国教育现代化进程得到的最基本的认识，也是我研究俄国教育现代化历史基础的思路。由此才会有如下的第二段导语："俄国古代社会是从什么时候、在什么地方和在怎样的自然环境中发展起来的呢？它与哪些国家为邻，它与这些国家的相互关系如何、受到它们什么样的影响呢？俄国古代社会的曲折发展给它留下了一些什么样的文化教育遗产？俄国现代化事业起步以后为其教育现代化创造了怎样的历史基础？我们在论述俄国古代社会与教育发展的情况和随后一个时期的发展时，将对以上的问题进行一些必要的探讨。"作为"外国教育现代化的历史研究"子课题研究成果的"俄国教育现代化的历史进程"一章，我把重点放在探讨俄国教育现代化是如何实现的，总结其经验教训方面。对俄国教育现代化历史基础问题的论述比较简略，只是着重说明了俄国现代化是肇始于重新欧化，而不是像英、法、德等欧洲国家的社会与教育现代化那样主要是它们自身长期发展、演变的结果，以及重新欧化以后教育形态的变化，并以教育现代性为标准对其取得的成就和存在的问题进行了评价。对俄国古代社会的曲折发展（从一个欧洲国家变成了一个具有浓厚东方色彩的中央集权式的封建农奴制国家，这种演变对俄国古代社会与文化教育发展所带来的不利影响）的论述只用了将近4000字，"俄国教育现代化的历史进程"中的第一节"俄国教育现代化历史基础的奠定"也只有2万多字，因此，按照《俄国教育史》第一编导语第二段中提出的问题，详细地论述俄国古代社会与文化教育的发展历程、俄国古代社会曲折发展所形成的文化教育传统，俄国采取重新欧化国策以后为其教育现代化所奠定的历史基础成了我撰写这部著作所要解决的最难和最重要的任务。

　　为了回答上述问题与解决相应的任务，除了阅读一般的世界史和俄国历史著作外，我还阅读了一些有关俄国地理、宗教和文化史的专著，能够找到的俄国著名沙皇的传记（彼得一世，叶卡捷琳娜二世、亚历山大一世），有关拜占廷文明的专著和Б.Д.格列科夫等著的《金帐汗国衰亡史》，通过我的朋友黄学溥教授和他的学生找到的王钺编译的《往年纪事译注》和《罗斯法典译注》对我了解基辅罗斯国家形成的历史，以及它的社会和文化教育发展状况有很大的帮助。美国学者爱伦·F·丘所著的《俄国历史地图解说——一千一百年俄国疆界的变动》一书对我了解俄国历史变迁也提供了具体的帮助。马克思所著的《十八世纪外交内蒙》和《编年史摘要》对基辅罗斯早期的几位王公的活动、鞑靼蒙古对东北罗斯统治的手段和莫斯科公国几位著名王公（伊凡·卡里塔、顿河王德米特里·伊凡诺夫斯基、伊凡三世等）的政治活动均有分析和评价。马克思的分析和评价对我论述基辅罗斯建立时期的社会状况，鞑靼蒙古的征服和统治对俄国古代社会发展的不良影响具有指导作用。普列汉诺夫所著的《俄国社会思想史》第一、二卷和尼·别尔嘉耶夫所著的《俄罗斯思想》对我理解17世纪中期至19世纪中期罗曼诺夫王朝数代沙皇的基本国策和文化教育政策都起了作用。这一时期，我还仔细地阅读了Э.Д.德聂伯罗夫主编的《苏联各族人民的学校与教育思想简史（从远古至17世纪末》（俄文版），使我对俄国古代

教育实践与教育思想（包括民间口头创作、东正教的传入、书面文化的创造与
传播、基辅罗斯教育实践的发展、最早的教育文献、13世纪至17世纪俄国文化
教育状况）都有了深入的了解。苏联科学院历史所列宁格勒分所所编的《俄国
文化史纲（从远古到1917）》、Б·Б·卡芬加乌兹等主编的《彼得一世的改革》上
下册、赫尔岑所著的《往事与随想》上、中、下册等著作的通读使我对俄国重
新欧化后文化和教育的发展有了进一步的了解。П·А·列别杰夫所编的《俄国19
世纪前半期教育文选》（俄文版）我也仔细地阅读过。这一时期，我甚至找到
了俄国最早的史诗《伊戈尔远征记》和拉季舍夫所著的《从彼得堡到莫斯科旅
行记》，并仔细地阅读了它们。

　　总之，在这一时期，我读了大量的著作，使我尽可能地掌握了一些第一手
史料和参考材料，使我能够比较细致地、有根有据地回答了我自己在第一编第
二段导语中提出的那些问题。

　　我的这本《俄罗斯教育史》第一编共四章，大约有26万字，其中第一、二
章写的是俄国古代史第一个发展阶段社会与文化教育发展状况，约8万字。这
两章我从斯拉夫人的起源及其分化，东斯拉夫人（俄罗斯人、乌克兰人、白俄
罗斯人的共同祖先）来到东欧平原发展（6—8世纪）和遇到的挑战写起，详细
地论述了基辅罗斯的兴衰过程及其文化教育发展状况。在这里，我的世界史知
识帮了我很大的忙。历史事实告诉我们，基辅罗斯的兴起和迅速发展与拜占廷
的黄金时期（9世纪中期至11世纪中期）几乎是平行的。从11世纪中期开始，
拜占廷帝国走向衰落，其内部衰落招致外来侵略。12世纪末13世纪初，基辅罗
斯的王公们不仅不再为维护由基辅至拜占廷首都君士坦丁堡的商路做出努力，
而且表现出对基辅这一城市的极度轻视与冷漠，其原因正在于拜占廷帝国及其
首都的繁荣已不复存在。当然，其自身封建制度的发展和基辅罗斯封建割据的
加剧使它不能团结对敌，这是它灭亡的主因。基辅罗斯先后遭受其南部草原的
游牧民族佩切涅格人和波洛夫齐人的侵扰。11世纪中期至12世纪中期，它还
能组织有效的抵抗或胜利的征讨。这些斗争在其编年史中都有记载，也是其民
间文学作品包含的内容。但是到12世纪中期以后，频繁的内战极大地削弱了基

辅罗斯抵御波洛夫齐人入侵的能力。俄国古代著名史诗《伊戈尔远征论》就是取材于12世纪后期一次失败的征讨波洛夫齐人的战争。诗人在史诗里沉痛地责备王公们的自私与内讧，描述了罗斯所受的灾难，并将失败的原因归于内争。他呼吁王公们停止内战、团结御侮。罗斯正面临更大的敌人，鞑靼蒙古大举入侵的威胁。因此，我在第二章第一节最后一段指出，俄国古代的基辅罗斯发展阶段在12世纪后期已经结束了。而作为俄罗斯、乌克兰、白俄罗斯共同历史基础的古国基辅罗斯最终是被鞑靼蒙古的多次入侵所彻底消灭的。在详细地论述基辅罗斯文化教育发展的第二章第二节，我介绍了东斯拉夫人的宗教信仰，他们使用的图画文字和民间口头创作，东斯拉夫人的教育，基辅罗斯时期的民间口头创作，基里尔字母的采用和书面文化的发展，东派基督教的传入并定为国教，教育的发展和教育文献的内容。在第二章第二节结语中，我写道："综上所述，我们可以看到，从构成人口的主要民族的起源和古代社会的第一个发展阶段（基辅罗斯发展阶段）来说，俄国实实在在是一个欧洲国家，并与其他欧洲国家保持着密切的联系与交往。10世纪末，基辅罗斯确定以东派基督教为国教，它的统治者家族同拜占廷、捷克、波兰、匈牙利、瑞典、挪威、英国、德国、法国等中欧国家和西欧国家的统治者家族是通婚的。10世纪后期，它采用基里尔字母，形成了自己的文字。11世纪中期至12世纪，基辅罗斯知识界在继承民间口头创作传统、掌握和传播拜占廷、保加利亚等国文化成果的基础上创造了多种形式的书面文化，并使学校教育获得了比较快的发展。总之，在10—12世纪，俄国社会与文化教育发展的水平和西欧、中欧的一些国家是十分接近的。它与这些国家发展的差距主要出现在被鞑靼蒙古征服后。"

《俄罗斯教育史》第三章以"13世纪后期至17世纪初期古罗斯各公国的社会政治经济生活及文化教育状况"为标题，写的是俄国古代史第二发展阶段社会政治经济生活的变迁及这一时期俄罗斯的文化教育状况，约10万字。这一章分为两节，其中第一节论述古罗斯各公国社会政治经济生活的变迁。在这里，我以自己掌握的史料从自然条件和国际环境两个方面阐述为什么统一的基辅罗斯逐渐解体，封建割据的罗斯各公国未能通过独立自主的发展实现重新统一，而是使东北罗斯、西北和西部罗斯与西南罗斯最终分立，形成了俄罗斯、白俄罗斯、乌克兰三个独立的民族共同体，并着重地论述了东北罗斯各公国是怎样以莫斯科公国为中心逐渐统一起来，形成了一个具有浓厚东方色彩的俄罗斯中央集权式的封建农奴制国家的。在第二节，我以东北罗斯在三个多世纪中内外形势的变迁为背景，论述了封建割据和俄罗斯统一国家形成与巩固时期（13世纪后期至16世纪）的文化与教育。在这一部分，我应用了纵向和横向的比较研究方法，使读者能够看到处在不同地区的古罗斯各公国所受的国际变迁的影响是不同的。其中有一段话最能表现这一研究成果的概括："如前所述，由东北罗斯各公国的封建割据向建立统一的俄罗斯国家的过渡并不是完全独立自主完成的，其间经历了将近两个半世纪的鞑靼蒙古统治（13世纪三四十年代至15世纪80年代）。同时，在其西北方又出现了在十字军东征时期由日耳曼的一些贵族、神职人员和商人组成的持剑骑士团（又称立沃尼亚骑士团）和条顿骑士团（1237年与持剑骑士团合并为日耳曼骑士团），先后占领由基辅大公于1030年营建的尤里耶夫城（1224年由其新统治者改名为多尔巴特，以后又得名杰尔普特，现名塔尔图）、库克诺伊公国（1208年）和格尔齐克公国（1209年），并威胁到普斯科夫、诺夫哥罗德的安全，诺夫哥罗德贵族共和国还受到强大起来的瑞典的威胁。从13世纪中叶开始，新兴的立陶宛大公国大肆扩张，原基辅罗斯西部及西南部各公国（包括基辅）都被纳入其版图，斯摩棱斯克公国长时间（14世纪后期至16世纪初）被其兼并，普斯科夫和诺夫哥罗德也受其威胁。波兰开始只占有加利奇—沃伦公国的加利奇、弗拉基米尔（沃伦的）和利沃夫等城市，但是在1385年波兰王国与立陶宛大公国实行联合，特别是在1569年签订卢布林条约两国合并为波兰共和国以后，被立陶宛兼并的罗斯西部和西南部地区以及在罗斯西部形成的白俄罗斯民族、在西南部形成的乌克兰民族均被置于波兰封建主的统治之下，波兰成了阻碍形成中的俄罗斯国与西方国家交往并获得顺利发展的外部原因之一，当然，阻碍和延缓东北罗斯诸公国政治经济发展和建立统一的俄罗斯国家进程的主要外部因素还是鞑靼蒙古的入侵和统治。"（见《俄罗斯教育史》第91页）与此同时，这种纵横比较也使读者可以看到，由于所处的地理位置不同，俄国古代第二阶段的发展与其以西的欧洲各国文化教育的差距是怎样发生的。我用了一定的篇幅论述了鞑靼蒙古入侵及其统治对俄罗斯文化形成与发展的不利影响。与此相对照，也用了一定的篇幅说明早期伊斯兰国家在吸取拜占廷和波斯、印度文明发展起来的文明与教育对西欧中世纪文化教育发展所起的促进作用。当然，我同时注意古罗斯历史发展的连续性，因为我写的是俄罗斯教育史。因此，在论述本时期俄罗斯文化的形成与发展时，我一开始便指出，尽管俄罗斯文化在上述较长的时期内处于不利于文化成长的社会历史背景下，然而它还是形成与发展起来了，其基础与源泉，一是基辅罗斯的历史遗产和文化传统；一是现实的政治经济生活，特别是反对鞑靼蒙古统治的斗争。基辅罗斯光荣的历史始终保存在人们的记忆中。在未经鞑靼占领和破坏的诺夫哥罗德，一直保存有基辅罗斯时代的文化典籍。对祖国光荣过去的回顾，对独立时期的文化传统和文化杰作的回顾，对本民族"古典时期"的回顾，唤起了爱国主义情感，坚定了战胜异族奴役者的信心。这一倾向在民间口头创作、编年史、文学、政治思想和建筑中都有明显的表现。我以后又写道："随着封建经济和农民的农奴化以及俄罗斯统一国家的形成，罗斯社会中统治阶级各阶层之间的矛盾、大公政权与王公、领主之间的矛盾、统治阶级和广大农民与城市平民之间的矛盾不断地发展并逐渐激化。在这样的历史背景下，教会与国家的关系、应该建立什么样的教会和国家等问题都被提了出来。于是，从14世纪末15世纪初开始，在宗教界形成了不同的派别，对这些问题提出了自己的主张，贵族知识分子也对这些问题发表了自己的意见，具有政论性的书信与论著等书面文化便逐渐发展起来。"（见《俄罗斯教育史》，第110～111页）。我以大量的史料，论述了俄罗斯文化的这种发展，在转入论述本时期的教育时，我也是从纵横的比较对照开始的。在论述本时期教育实践的第一段我就写道："如前所述，在基辅罗斯发展的鼎盛时期，即弗拉基米尔大公特别是雅罗斯拉夫统治的时代，其文化教育的性质与发展水平与西欧各国是接近的。但是在十字军东征后，西欧各国大踏步地前进了。在那里兴办了中世纪大学，办起了城市学校，城市学校打破了教会对教育的垄断，在市民中传播知识，提高了市民的文化水平，中世纪大学为文艺复兴运动和宗教改革培养了人才。14世纪至16世纪，由南（意大利）向北（尼德兰、法国、英国和德国）掀起文艺复兴运动，使人文主义新文化得以广泛传播，并在人文主义与宗教理想双重思想基础上进行了宗教改革，为西欧各国向近代社会过渡奠定了良好的思想基础。斯塔夫里阿诺斯指出，'地理因素是中世纪欧洲跑到其他地区前面去的重要因素'，这首先是指它地处欧亚大陆西端，免于遭受鞑靼蒙古或奥斯曼土耳其人的入侵和破坏，保证了西欧诸国的和平发展而言。罗斯各公国则没有西欧诸国所拥有的这种地理优势。鞑靼蒙古的入侵使它们的文化教育设施遭受了极大的破坏。数以千计具有天赋和才能的罗斯人被杀死或被俘沦为奴隶，更是无可挽回的损失。这就几乎使它们的教育发展不得不从头开始。此后鞑靼蒙古的长期统治以及立陶宛、波兰、日耳曼骑士团和瑞典对它们的包围与侵袭（其中西部和西南罗斯被立陶宛和波兰兼并）使罗斯各公国的文化教育发展处于与西欧诸国很少直接联系和完全不同的社会背景下，其教育内容与形式与西欧诸国的差异也就日益明显，教育发展的水平也越来越落后于西方国家了。"（见《俄罗斯教育史》第127页）在论述了这一时期的教育实践以后，在谈到本时期的教育思想时又写道："如前所述，本时期包括东北罗斯各公国（含西北部的诺夫哥罗德和普斯科夫贵族共和国）封建割据时期和俄罗斯统一国家的形成与巩固时期这两个难以分割的阶段。而与以莫斯科公国为核心的俄罗斯统一国家的形成过程相伴随，俄罗斯民族也逐渐形成了。俄罗斯民族正是在东北罗斯所处的特定地理环境和不断变化的国际背景中成长起来的。严峻的自然条件和游牧民族的不断入侵、鞑靼蒙古的长期统治、强邻的包围和威胁，使俄罗斯人民面临一个又一个的挑战，迫使他们为自己民族的生死存亡和生活幸福进行了艰苦卓绝的斗争。这一切在形成与发展着的俄罗斯文化中得到了鲜明的反应。教育从来是与人民的生活以及在现实生活、历史传统基础上形成的民族文化密切联系的。这一点我们在前面论述俄罗斯人本时期的教育实践时已注意到了。在我们即将论述的俄罗斯人本时期的教育思想中，这一点也将是突出的。"（《俄罗斯教育史》，第132页）我介绍了俄罗斯民族教育思想中口头的教育经验总结（成语、谚语和民间口头创作）和书面提出的教育要求以及重要教育文献中的教育思想。在结语中又用比较的方法说明了西欧与俄罗斯教育现代化的不同起点："文艺复兴运动和宗教改革运动是东北罗斯以西的欧洲国家在十字军东征以后数百年间政治经济与文化教育发展的结果，反过来又给西方社会与文化教育的发展以极大的推动。由商业与工场手工业发展、世俗权力增强和古希腊罗马文化传播综合影响引发的文艺复兴运动中人文主义者对中世纪神学的批判、宗教改革运动中新教与旧教（天主教）的斗争形成的宗教信仰的宽容，为这些国家社会思想的解放，科学技术的进步和教育现代性的发生与发展起了奠基的作用……而从我们对俄国古代社会与教育发展进程的考察来看，由于13世纪中期鞑靼入侵的破坏与鞑靼蒙古的长期统治，俄国长时间不得不为自身的生存而斗争，经济虽有发展，但与西方国家相比较，工商业的发展仍然缓慢。一直到17世纪初期，也就是罗曼诺夫王朝创建之时，俄国仍是一个封建性的内陆国家。文化虽有发展，但主要服务于形成统一国家和从鞑靼蒙古的统治中获得解放的任务。中央集权国家建立后，其文化又服务于巩固君主专制统治的任务，人文主义思想只是在个别思想家（如费多尔·库里岑）的思想中略有表现，异教运动也很快被扼杀了，在教育方面主要是个别教学，没有建立真正的学校教育。俄国古代的历史不但决定了它的现代化后进者的地位，而且使它的现代化历程具有既不同于西方，又不同于东方国家的特点。这是因为在17世纪初期的俄国并不存在产生文艺复兴和宗教改革运动的社会基础，俄国社会与教育的现代化不可能以文艺复兴或宗教改革为肇端。当时的国际形势也不容许它依据自身的条件慢慢地发展，这样一来，借用西方的先进技术以提高自己的生活质量与国家的实力便成了俄国当权者最初的理想选择，从而使它踏上了重新欧化的道路。俄国近现代的历史证明，欧化在使它由传统社会向现代社会转变的过程中起了非常重要的作用，由于直到本时期结束为止，一切改革活动都是自上而下推行的，所以真正的转变还无法实现。"（《俄国教育史》第137～138页）。这是对俄国古代教育历史发展的总结。

以上三章完全是新的研究所得，我自己在此前对俄国古代教育史没有作过研究。在以前读过的麦丁斯基的《世界教育史》和康斯坦丁诺夫等所著的《教育史》中也了解一些俄国古代教育发展的状况，但都只了解其然，而不知其所以然，我感到经过自己的这几年的研究，是明白了一些。若不知基辅罗斯本是一个欧洲国家，其文化教育与欧洲其他国家的文化教育是接近的，那就没有重新欧化的问题了。若没有两个多世纪的与欧洲国家隔绝和东方化的过程，差距也不会产生，也没有重新欧化的问题了。这三章回答了我在第一编第二节导语中所提出的俄国古代社会是从什么时候、在什么地方和在怎样的自然环境中发展起来的，它与哪些国家为邻，它与这些国家的相互关系如何、接受了它们什么影响，俄国古代社会的曲折发展给它留下了一些什么样的文化教育遗产等问题。自1598年留立克王朝末代传人费多尔沙皇病死至1613年，俄国大贵族、伊凡四世的侄孙米哈伊尔·费多罗维奇·罗曼诺夫被选为沙皇，开创罗曼诺夫王朝为止，俄国政局混乱，波兰和瑞典乘机大举入侵，波兰军队曾进驻莫斯科（1610年9月20日至1612年10月26日），瑞典也曾进入诺夫哥罗德城，控制了俄国西北部的一大片土地，俄国各地掀起了反对外国武装干涉者的民族解放运动，先后组成两支全民性的民兵队伍抗击波兰侵略者，才使莫斯科获得解放。米·费·罗曼诺夫即位以后，先后与瑞典和波兰签订和约，瑞典才退出诺夫哥罗德，但给瑞典和波兰都割让了一些土地。这一时期在俄国历史上被称为"大混乱时期"，谈不上文化教育建设。因此，第一编第四章是以"17世纪中期至19世纪中期俄国社会与教育的发展"为标题，写的是两个世纪中在封建农奴制和沙皇专制体制下的欧化与俄国社会与文化教育政策的演变，本时期俄国教育的发展，回答了我在第一编第二段导语中提出的最后一个问题，即俄国现代化事业起步以后为其教育现代化创造了怎样的历史基础？此章约8万字。这一章的基本结构与《外国教育现代化进程研究》一书中第六章的"俄国教育现代化历史基础的奠定"一节的结构是一致的，但内容却充实得多了。在这一章的第一节，我详细地论述了欧化是从什么时候开始的，是怎样一步一步加强的，其目的何在。特别详细地论述了彼得一世进行的改革、叶卡捷琳娜二世统治前期推行的"开明专制"和亚历山大一世统治初期的改革和他们采取的文教政策。

对18世纪一些先进的俄罗斯知识分子（如波索什科夫、罗蒙诺索夫等）、启蒙思想家（诺维科夫、拉季舍夫）的文化教育活动和思想，19世纪初期十二月党人的革命活动与思想，19世纪30—40年代"西欧派"与"斯拉夫派"的争论也都做了介绍，从中可见在欧化影响下，在俄国知识分子中形成的各种派别和俄国文化的发展。在这一节的结语中，我写道："由上所述，我们可以清楚地看到，自从走上欧化道路以后，俄国在历史上相对短促的二百多年时间里无论是在政治、经济还是在文化领域都发生了相当大的变化。它已经由一个十分野蛮、落后的东方式封建专制的农奴制弱国变成了一个具有一定的军事、经济实力并开始进行工业革命的欧洲大国。俄国已经拥有一批受过良好欧式教育的知识分子。他们在吸收西方自文艺复兴以来长期发展起来的文化成果的基础上初步形成了本民族的政治思想流派，科学技术有所进步，文学艺术开始走向繁荣。这既是俄国社会发展的结果，也是俄国教育发展的结果。"又说："自从俄国与西方国家重新建立各种联系后，其政治经济与文化教育的发展常常不由自主地受到这些国家不断变化的形势的推动与影响。但是，俄国统治者接受这些影响也并不是完全被动，而是有所选择的。他们最初确定推行欧化的路线与政策，主要是为了提高自己的生活质量，并借助于欧洲的先进军事技术增强国力，以确保其传统制度和领土完整。在取得一些成就后，俄国统治者开始利用其发展起来的实力进行领土扩张，将'国家财政的大部分（也许有四分之三）拨给了军队'。其工业和整个经济也由于战争和备战的需要而得到时快时慢的发展。沙皇政府的文教政策显然是和它的基本国策是一致的。两百多年以来，特别是在彼得一世实行旨在加速欧化进程的改革后，沙皇政府在大量引进西方技术人才和派遣学生到中、西欧国家访学的同时，还断然取代教会作为举办文化教育事业主体的角色，采取了积极发展正规世俗教育制度的政策。它首先是侧重于发展职业技术教育、军事教育和高等教育，以满足国家对专业技术人才、军事指挥人员和政府官员的需要。随着城市的增加和工商业的发展，沙皇政府才逐渐地注意到中等和初等教育的发展。另一方面，一直到本时期结束为止，俄国统治者仍然是千方百计地维护农奴制度和沙皇专制制度于不坠，从来没有认真地考虑过采取任何改善广大农民生活境遇的措施，因而农民的教育问题更不可能得到沙皇政府的关注。本时期俄国教育发展的格局，就是在这种历史背景和政策指引下形成的。"（见《俄国教育史》，第161～162页）在第四章第2节，我是从教育管理体制、学校教育结构、课程与教育教学方法、教育条件等四个方面论述本时期俄国的教育形态，并对其教育现代性的水平作了分析和评价。在"小结——成就与问题"一节中，我指出，"在两百余年欧化的过程中，俄国先后学习与借鉴波兰、德国、奥地利、法国等西方国家的教育经验，参照这些国家教育机构的模式，建立和发展了自己的学校教育制度与贵族家庭教育……。但它始终受制于沙皇专制主义和农奴制的政治经济体制，发展非常缓慢，毫无民主性可言"，并将俄国在这一时期各级学校发展和居民受教育的情况与同一时期欧洲一些国家的情况作了比较。但我同时指出："本时期的俄国教育作为推行欧化路线的重要措施，虽然只为组成这个国家人口较少数的贵族提供掌握文化的机会，却对整个社会的发展起了推进的作用，从这个角度来看，其成就又可以说是极其辉煌的。"我用以下的一段话总结了本时期俄国教育发展的成就和本时期为其教育的现代化奠定的历史基础："自从俄国踏上欧化的道路后，在较长的时间里俄国学校侧重于世俗知识的传授。沙皇政府最初的意图是要尽可能多地掌握欧洲先进国家的技术和知识，以实现其强国的目的。而为了掌握各国的技术与知识并与他国交往，则必须掌握这些国家的语言和当时各国通用的学术语言（拉丁语、希腊语）。因此，外语（德语、法语、英语，最早还有波兰语、荷兰语）和拉丁语、希腊语的教学一直受到沙皇政府和显贵家庭的重视。从叶卡捷琳娜二世统治的年代起，在俄国上层社会中更盛行法国式的社交活动，贵族家庭延聘法国或瑞士人为教师成为时尚，青年人自幼学习法语。虽然也有弊病（有些人把法语作为母语，忽视俄语学习，加之生活上挥霍无度，拉大了和下层人民的距离），但年轻人一旦掌握语言工具，世界知识的宝库之门便向他们敞开了，精神需求随之提高。早在18世纪中期，英、法等国的社会政治书籍和经济学著作就开始在俄国流传。到18世纪后期，俄国上层社会对文学翻译著作的需要大大增加，1768年开始建立翻译组织，定名为'外译俄协会'，其会员超过百人。该协会在15年间出版了112种书籍共173卷。出版最多的译著是古希腊、罗马作家的著作和18世纪以法国作家为主的著作。与此同时，俄国自彼得一世起就与德意志各邦国保持着多方面的密切联系，俄国贵族掌握德语是很平常的事情。法国大革命后，俄国与奥地利和普鲁士的关系更为密切。而正是在法国大革命前后，德国文化的发展突飞猛进，迅速走向繁荣昌盛，德国取代法国成为欧洲的精神领袖。在19世纪30—40年代，由赫尔德（J.G.Herder，1774—1803）和费希特倡导的民族主义思想、康德和黑格尔的古典唯心主义哲学、歌德和席勒的浪漫主义文学、赫尔巴特的教育理论等，就都已通过教师的教学、学生留学和学者访学等各种活动传播到俄国，成为俄国新一代贵族青年和部分平民子弟的学习内容。此外，法国和英国空想社会主义者的著作，马克思的《黑格尔法哲学》、《哲学的贫困》和恩格斯的《英国工人阶级状况》，也已为俄国先进的知识分子所研读。俄国就是这样重新掌握了古希腊罗马的文化成就，掌握了欧洲各国人民自文艺复兴以来积累和创造的丰富知识和精神财富，并且在吸取西方科学技术知识和精神营养的基础上创造了自己的近代文明。从学习、掌握到创造是有个过程的，如果说在18世纪后期至19世纪初期一些欧化的先进贵族知识分子还是些被文学创作所表现的'多余的人'，那么，经历1812年卫国战争的洗礼后，他们已开始投入反对农奴制的实际斗争。此后，将西方先进思想运用于解决俄国实际问题的进程加速了，俄罗斯民族的新文化由此而勃兴。可见本时期的俄国教育不仅从贵族青年中培养了一代又一代沙皇政府的官吏，而且培养了许多俄罗斯新文化的创造者，善于思考和积极投入俄国农奴解放斗争的人们。这里既包括我们在前面提到和已经逝去的科学家罗蒙诺索夫、数学家罗巴切夫斯基，启蒙活动家诺维科夫、奥多耶夫斯基、革命民主主义者拉季舍夫、别林斯基和英勇的十二月党人，文学家普希金、莱蒙托夫、果戈里……也包括还将投入即将开始的斗争和继续进行多年创造性活动的皮洛戈夫、赫尔岑、车尔尼雪夫斯基、杜勃罗留波夫、乌申斯基、涅克拉索夫、托尔斯泰，等等。正是他们的创造性活动与斗争奠定了俄国现代化变革的文化教育基础。"（《俄国教育史》，第190～191页）。

　　《俄国教育史》第二编只有一章（第五章），以"19世纪中期至十月革命前俄国社会与教育的演进"为标题，与《外国教育现代化进程研究》的第六章第二节论述的问题相当，谈论的都是19世纪中期至20世纪初期俄国资本主义发展阶段的教育现代化变革状况，但是，《俄国教育史》第五章约有9万多字，而《外国教育现代化进程研究》的第六章第二节只有3万多字。因此，在《俄国教育史》的第五章第一节，我对本时期教育现代化变革的社会背景（1861年废除农奴制，此后俄国资本主义的发展、改革后的政治体制、1861—1905年俄国社会政治思想和革命运动的发展、马克思主义在俄国的传播，俄国最早的马克思主义组织的建立、列宁的革命活动与俄国社会民主工党（布尔什维克）的形成，1905—1907年俄国的第一次资产阶级民主革命和1917年俄国的二月革命）进行了深入地探讨；在第二节对19世纪50年代中期至60年代中期俄国的公共教育运动和本时期俄国教育政策的演变作了详细的介绍；在第三节至第五节分别讨论了本时期俄国的教育管理体制、教育结构、课程与教学方法的演变、教育条件的状况；在第六节用与其他资本主义国家教育对比的方法对俄国本时期教育的成就与问题进行了评价。结论是：本时期的俄国教育离现代化的目标还相当遥远。

　　《俄国教育史》的第三编以"社会主义发展阶段教育现代化的基本实现"为编名。这一编名就体现了我对苏联教育所持的基本肯定态度。此编共六章（第六章至第十一章），22万多字。在这里，我以数十年积累的史料和研究的成果为基础，比较详细地阐述了苏联模式的社会主义政治经济建设，具体地展示了苏联教育现代化的进程；概述了它所取得的成就和存在的问题，提出自己对苏联发展文化教育的经验教训的看法，希望我国教育工作者从中获得启发。

　　由于我的这部专著是自选课题，只是在人民教育出版社的朋友们的热情支持下写成的，没有获得任何科研经费，因此，也没有经过任何有组织的评审。人民教育出版社一贯为推动学术研究而热心支持学术著作的出版。在我交出书稿后，人民教育出版社就很快地出版了这一著作（2006年4月）。我的朋友、人教社当时的教育书籍编辑室主任，同时也是这部著作的责任编辑诸惠芳同志告诉我，这是人教社接受的最后一部手写稿著作，人教社的前任教育书籍编辑室主任胡寅生也审读了这部著作。该书出版后，人民教育出版社与我签订了正式的出版合同。因此，我常说，人教社为出版我的这部书与我订了三次合同。

《俄国教育史》出版后，同行们对它的反应还是不错的。我校的朱旭东、肖甦教授和朱旭东的博士生李莉联名发表了以"客观分析历史，理性探讨得失——《俄国教育史》述评"为题的文章（《比较教育研究》2007年第1期）。该文指出，"该书视野宏大，时间上突破了苏联时期的限阈，对俄国千年教育史进行了系统的研究和分析；空间上跨越了俄罗斯疆域，在世界文明背景下研究俄国教育进程；内容上突破了就教育论教育的单薄，综合政治、经济及文化等社会因素对俄国教育进行全面而立体式的研究。"首都师范大学的王长纯教授又以"深邃、开阔、从容、厚重——读吴式颖著《俄国教育史》"为题发表一文（《北京大学教育评论》2007年第二期），用"深邃的历史场景""开阔的比较视野""从容的辩证分析""厚重的启发意义"四个部分的文字，对它的学术价值进行了肯定。两文使我得到了很大的安慰，也激发了我更进一步地深入研究俄国教育史的愿望。

二、完成《中国大百科全书》第二版外国教育史部分辞条的修订工作（2002年至2007年）

20世纪80年代，中国大百科全书出版社按学科知识门类组织出版了《中国大百科全书》第一版，每个学科出一部分卷。《中国大百科全书（教育）》是1985年出版的，这在前面我已经讲过了。2002年，大百科全书出版社决定出版《中国大百科全书》第二版，即在第一版的基础上进行修订的版本。大百科全书出版社负责组织教育部分修订工作的殷华雷同志找到我，让我负责主持外国教育史部分辞条的修订工作。我对她说，我年纪大了，已退休了，请她去找史静寰教授或者是张斌贤教授。不知她是否找过史静寰、张斌贤，但她后来还是不论怎么说，都是要让我来做这一工作。推辞不掉，于是只得加上这项任务。我于2002年5月正式开始做这项组织修订工作，同年7月10日还参加了教育学科正副主编和各分支学科主编的讨论会。出版社后来还发给我一张教育学科副主编的聘书。这是名不符实的，因为我没有管其他分支学科的工作。

中国大百科全书出版社印发了一份《中国大百科全书》（第二版）选条原则，指出第二版是按汉语拼音顺序统一编排，要求在继承第一版重视科学性和知识性优点的同时，选条应更加注重综合性、基础性和实用性，强调条目的检索率和普遍参考价值，避免过专、过深或过细，并消除学科和门类间内容大量重复的问题。该文件还指出，《全书》第二版的条目应该在第一版已有条目的基础上，通过留（保留）、删（删除）、合（合并）、分（分拆）、移（移动）、改（修改）、增（补增）等途径产生。总的来说，第二版是要保留第一版中必不可少的条目，并根据学科发展增设一些条目，但第二版为压缩版（第一版有74卷，第二版只有32卷），重复交叉的条目要合并，各条目也要压缩字数，对保留的条目也要作一些修改。

在《中国大百科全书（教育）》中，外国教育史和比较教育是放在一起组织编写的，总的标题为"外国教育"，以下分为"外国古代教育""中世纪教育""外国近代、现代教育"三大部分。在外国近、现代部分设国别的条目。日本、俄国与苏联、德国、英国、法国、美国除有综述的长条外，还设一些有关人物、著作、法令、各类学校的条目，中小国家只有一个综述条，还有一条为"联合国教育、科学及文化组织"。《中国大百科全书》第二版也将外国教育史和比较教育纳入"外国教育"的总标题下，按"外国古代教育""中世纪教育""德国教育""英国教育""法国教育""日本教育""俄国、苏联、俄罗斯教育""美国教育""其他各国教育"几个部分分别设立条目，还有一组国际性的条目。组织修订工作由我和王英杰教授负责，这次不设各国教育的综合条。因此，由我负责组织外国教育史部分的修订工作，王英杰教授负责组织各国大学和国际性条目的修订工作。工作量不是很大，但陆陆续续地拖了好几年。在修订工作中，吴明海给我帮了些忙，"中世纪教育""英国教育"和"日本教育"

部分是由他组织修订的。记得我除了负责组织其他国家一些保留辞条的修订外，还新写了"俄国公共教育运动""布鲁姆""布鲁纳""赫钦斯"及"克尔"等几个辞条。

《中国大百科全书》（第二版）是在2009年3月出版的。2009年8月26日还在人民大会堂举行了出版社总结表彰大会。

三、应邀撰写的三篇书评（2003 年，2006 年，2007 年）

2002年12月，浙江教育出版社出版了由华东师范大学比较教育学博士生导师李其龙教授和中国社会科学院资深研究员郭官义等人翻译的6卷本《赫尔巴特文集》。2003年四五月间，我应浙江教育出版社的程晓霞同志（该文集的责任编辑）之约写了一篇以《第一部赫尔巴特著作选中文本》为篇名的书评。在书评中我简要地论述了赫尔巴特在外国教育思想发展史中的地位，其教育思想的形成、发展与影响。在谈论我国对赫尔巴特教育思想的研究状况时，我指出了我们深入研究的主要障碍在于教育史学界很少有人娴熟地掌握德语，难以对赫尔巴特这样一位重要教育家的哲学、心理学和教育学原著进行全面、深入和系统的考察。然后详细地介绍了这部《文集》的组成（哲学两卷、教育学三卷、心理学一卷）及其主译人员情况，从而说明这部《文集》对我们全面、系统和深入研究赫尔巴特教育思想和有关重要课题、对我国教育改革和教育理论建设的意义。这篇书评刊载于《博览群书》杂志2003年第10期。

2004年12月，人民教育出版社出版了由华中师范大学杨汉麟教授主编的《外国教育实验史》。这本书是杨汉麟教授主持的全国教育科学"九五"规划教育部重点课题"外国教育实验史研究"的主要成果，同时它是"十五"国家重点图书出版规划项目。我应邀参与了该课题的结题评审工作，并应约写了一篇以"一部系统研究外国教育实验发展史的力作——《外国教育实验史》评介"

为题的书评，刊载于《教育研究与实验》2006年第2期。在这篇书评中，我强调："西方300多年教育发展的历史证明，教育实验是寻找教育突破口，检验教育新思维，发现未知真理的有效方法。特别是进入现代以后，世界各国的教育实验异彩纷呈、目不暇接、硕果累累，成为各国推进教育改革、发展教育理论的一股强大动力。因此，历史上富有远见的思想家和教育家对于教育实验的进行与发展都表现了极大的关注与支持。"在用赫尔巴特和费希特关注和推广裴斯泰洛齐的教育实验，影响了19世纪德国国民教育的发展，杜威不仅自己进行教育实验而且关注进步主义运动中的各种教育实验，从而促进了其自身教育思想体系的形成等事实说明自己有关教育实验重要性的论断之后，写了下面这样一段话："新中国建立之后，由于种种原因，教育实验没有受到应有的重视。改革开放以来，我国教育有了很大的发展。但是在基础教育方面，应试教育的难题并没有解决，十分不利于学生身心的全面发展。这是当今广大学生的家长十分困恼的问题。2005年8月，94岁高龄的钱老（钱学森先生）向温家宝总理提出了应将培养具有创新能力人才的问题纳入我国长远科学规划的意见。钱老先生强调说：'一个有科学创新能力的人不但要有科学知识，还要有文化艺术修养，没有这些是不行的。小时候，我父亲就是这样对我进行教育和培养的，他让我学理科，同时又送我去学绘画和音乐，就是把科学和文化艺术结合起来。我觉得艺术上的修养对我后来的科学工作很重要，它开拓科学创新思维。现在，我要宣传这个观点。'他还说：'现在中国没有完全发展起来，一个重要原因是没有一所大学能够按照科学技术发明创造人才的模式去办学，没有自己独特的创新的东西。老是'冒'不出杰出人才。这是很大的问题。'钱老先生这里说的是大学的科学技术教育，而且指出了自幼进行全面教育与培养是成才之道。我们认为，钱老的这些指教对于培养社会科学和文学艺术人才也是适用的。我国的中小学教育必须从应试教育的重压下解脱出来，使儿童和青少年获得全面的、生动活泼的发展，以利于具有创造性的人才的成长。为此，就必须大力发展教育实验，以探求教育革新之路。"只是在这以后，我才论述了杨汉麟教授主编的《外国教育实验史》的几个特点，说明了这部著作不失为我国外国教育史及教育实验研究领域的新探索和新成果，它的出版必将推动我国教育实验的发展，并为我国教育理论工作者及一线教师提供有益的启示。

我的这篇书评是我在研究外国教育史的同时关注我国教育现状，希望外国教育史的研究能够为我国教育改革和教育理论建设提供启示与借鉴的一个明显例证。它后来被收入中国社会科学院文献信息中心主持编撰的《坚持科学发展观，构建和谐社会——党政干部理论学习文选》（红旗出版社，2007年），也说明这篇书评是受到学界重视的。

2006年8月，教育科学出版社出版了由朱小蔓、Н.Е.鲍列夫斯卡娅、В.П.鲍利辛柯夫共同主编的《20—21世纪之交中俄教育改革比较》一书。这本书是中俄两国学者合作完成的课题"21世纪初期中俄教育改革比较研究"的成果。应该书助理主编张男星之约，我撰写了以"意义非凡的成就与献礼——对《20—21世纪之交中俄教育改革比较》一书的评论"为标题的书评，刊载于《大学研究与评价》2007年第5期。我之所以这样说，不只是出于自己反复阅读了这部著作，感到了它本身内容的丰富，而且由于推出这部著作的时间正值中国主办"俄罗斯年"（2006年）和俄国举办"中国年"（2007年）之际，它本身就是中俄"国家年"的活动项目之一。该书的出版是对中俄互办"国家年"的献礼。

在书评中，我回顾和分析了我国学者对俄国和苏联教育研究的历史，取得的成就，列举了一些著作，指出"它们都是我国学者单方面进行研究的成果，而且主要是历史研究，而不是比较研究。除《俄罗斯教育十年变迁》一书外，这些著作对世纪之交俄罗斯教育改革历程的论述很少。原因之一是学者们对世纪之交俄罗斯教育改革的历程、改革的指导思想和俄罗斯学者对改革历程的认识缺乏真正的了解。而20—21世纪之交中俄两国的教育改革是在世界经济文化全球化急剧发展和信息技术革命时代中两国开始摆脱僵硬的计划经济体制的束缚，加强社会民主和法制建设的背景下进行的最重要的改革之一。缺乏了解和相互借鉴改革经验对两国教育的顺利健康发展都是不利的，这可能正是两国领导人热情关注和大力支持两国教育家合作开展这一时段中俄教育改革比较研究的原因吧。"这一论述体现了我一贯重视从社会历史背景来研究教育的思想观点。在此基础上，我用下面一段话向读者介绍了这部著作的内容、结构、研究方法与价值："两国教育家就划定的时段中选定一系列重大教育问题进行深入研究，内容包括教育战略、教育管理、教育财政、区域教育、教育交流和服务等11个方面，可以说涵盖了两国社会转型时期教育改革中所有的重要问题。中俄两国学者先是分别就这些问题写出论文，展示改革进程，总结改革的成就，提出出现的问题、经验和教训，探讨教育改革所应遵循的客观规律和国际教育发展趋势；然后，两国学者反复进行面对面的讨论和交流；最后由两国学者就相应的专题进行对比性归纳，发表自己独立的见解，简明地指出两国改革的共性与个性和可以相互学习之处。因此，我们读到的这部专著的每一章都包括4个部分，即中国学者就某一专题撰写的论文、俄国学者就同一专题撰写的论文、中国学者就这一问题所写的比较意见和俄国学者的意见。专著的最后部分是'总结性比较'，包括由世界知名的中国比较教育专家顾明远教授、俄罗斯科学院高级研究员和俄罗斯教育科学院比较教育学会副主席H.E.鲍列夫斯卡娅、世界比较教育学会联合会主席和联合国教科文组织国际教育规划研究所所长马克·贝磊撰写的3篇论文。顾明远教授和鲍列夫斯卡娅研究员在论文中就这一时期中俄教育改革进行了综合性比较，提出了结论性意见。马克·贝磊在论文中从世界比较教育学理论观点的高度，特别是从中俄教育比较工作阙如的情况出发，说明中俄两国学者共同完成的这部比较教育专著的价值。可见这次合作研究的规模及其成果的确具有开创性的意义。正如作为这部专著主编之一和主要作者之一的俄罗斯教育科学院副院长鲍利辛柯夫院士所说：'中俄两个伟大的国家，在教育领域进行如此广泛、深入、全面的比较研究，其涉及范围之大，不仅是两国恢复了曾中断20多年教育交往后的第一次，也是两国关系史上，甚至是中俄两国教育界在世纪之交以来与世界交往史上的第一次。'我国教育部副部长章新胜在他的讲话中引用并赞同上述这一论断与评价。他们的论断与评价与我们在前面有关中俄文化教育交流情况的历史回顾是完全相符的。"

阅读《20—21世纪之交中俄教育改革比较》一书和撰写对该书的书评，对我是一次重要的学习，收益良多。我长期从事俄国和苏联教育史的研究，但对苏联解体后的教育改革没有做过研究。这部专著展示了这一时段中俄两国教育改革的全貌，俄方参与这次合作研究和专著撰写的都是俄国教育界的资深学者，他们就各自熟悉的领域撰写的论文具有较高的理论水平，写作态度严谨，而且十分坦诚，使我们能够看到俄国教育改革历程的曲折，改革面临挑战的严峻；总结的经验教训异常深刻，能够启迪人们的思考，这对我来说是一次很好的补课。可惜限于自己的高龄，很难在掌握他们提供的大量现实情况的基础上对现代俄国教育的改革与发展开展进一步研究，这不能不说是我的很大遗憾。

四、选编我自己的论文集《教育：让历史启示未来》（2008 年至 2009 年）

在张斌贤的创议和人民教育出版社的大力帮助下，2008年开始编选一本我的论文集。这一工作先后由他的博士生陈露茜和林伟负责，组织了不少学生帮助将挑选出来的论文打成电子版。劳累大家了，谢谢大家。该文集于2009年由人民教育出版社出版，责任编辑也是我的朋友诸惠芳同志。在该书正文前载有我新写的一篇自序，是我对自己从事专业工作的第一次总结。这篇自述还在同年10月的《教育学报》上转载了。同年10月，大家还为我举办了80岁生日聚会，因为这一年刚好是我走完80年的人生旅程。

五、参与编写《中国教育大百科全书》（2001年至2012年）

大约是在2000年，听顾明远教授说起他想组织编撰一部中国的教育大百科全书，我很赞同他的这一想法。但我实际上参加这项工作是从2001年5月参加在南京举行的"中国教育大百科全书"编委会开始的。顾明远教授让我和单中惠教授负责组织外国教育史部分辞条的编写工作，我们都参加了这次会议。会后，我和单中惠教授拟出了86个辞条，后来做了一点调整，删去了"内发论和外铄论""班级授课制""法西斯教育"3条，增设了"近代西方高等教育"和"教育世俗化"，变成了85条，但后来又增加了"乌申斯基与教育民族性思想"，仍然是86条。

条目拟定后，由单中惠教授先选择了35条去组稿，余下的条目由我组织人写。我这一部分除我以外，还有23位作者参与编写。其中大部分作者都参加过《外国教育思想通史》的编写，只有3人是当时在读的博士生。我都是拿着条目的目录让他们自己挑选或通过电话邀请有专门研究的同行承担，如请李明德教授承担"教育心理化运动"和"马克思和恩格斯教育思想""列宁教育思想"

2004年7月在北京举行的一次《中国教育大百科全书》编委会会议留影。

条目的撰写，诸惠芳编审承担"马卡连柯与集体教育思想"和"苏霍姆林斯基与帕夫雷什中学"条目的撰写。"早期伊斯兰国家教育"条目我本来是约请李淑华教授承担的，她原来是《外国教育思想通史》第三卷分卷主编之一，撰写了"阿拉伯帝国的教育思想"一章的第一节至第五节。没有人愿意承担的条目当时只有"外国教育史""古代埃及文明与教育""古希伯来文明与教育"三条，由我自己承担。

一般来说，工作的进行还是比较顺利的。2005年春，我收到单中惠教授寄来他已审读过的稿件。此前，我将我收到的稿件寄给他，先请他审读。稿件的大部分都得到了他的认可，但认为"国民教育运动"一条写得不太成功，需要重写。这个条目是由张斌贤当时新招收的博士生蒋衡承担的，她原来好像是朱旭东的硕士生。她写出初稿后就到美国读书去了，不可能让她自己修改。我看了她写出的初稿也觉得过于简略。不过也不全是她的写作能力问题，因为原来这一条被定为中条，只能写五六千字。我想了想，觉得这个条目很重要，应该是个长条，决定给自己增加一项任务：由自己来改写这个条目。差不多同时，李淑华给我寄来"早期伊斯兰国家教育"条目的几页编写提纲，说是女儿在美国生了小孩无人照顾，她要去美国照顾小孩，不能完成此条的撰写任务了，撰写"早期伊斯兰教育"条又成了我的任务。

至2007年，我们已向《全书》总主编顾明远教授交出了绝大部分的稿件，而且基本上得到他的认可。大约是在2007年6月在北京举行了一次编委会，汇报了各卷进展情况。我们外国教育史部分的进展状况是比较好的。2007年10月，我收到上海教育出版社尹亚年同志的来信。她在信中写道："关于《教育大百科全书》，领导分配给我的任务是处理两个分册，即'外国教育史'和'比较教育'。现在，'外国教育史'分册我已看了一半。从稿子的情况来看，此卷共60多万字左右，交稿很早，您与单老师都很认真，亲自看稿、改稿，您甚至帮作者核对引文，注引文出处。看到稿件后，我们都很感动。正是由于以上原因，本卷稿子的质量比其他有些卷要好。"她信中的这段话，反映了我对自己负责组织的稿件是进行过仔细审读的，在完善稿件方面是做了一些工作的。这是我在参加"中国教育大百科全书"编撰工作时所完成的一部分任务。从她的来信看，我当时还没有送出"外国教育史""古代希伯来文明与教育""早期伊斯兰国家教育"和"国民教育运动"条，只送出了"古代埃及文明与教育"条，而且得到认可。后几条仍在撰写过程中。

对于早期伊斯兰国家的教育，我过去不是完全没有研究过。早在编写《外国教育史简编》时，我就执笔撰写了"西欧中世纪、拜占廷和阿拉伯的文化与教育"一章。当时就读过巴基斯坦学者赛义德·菲亚兹·马茂德著《伊斯兰教简史》。这次撰写辞条又读了汝信总主编、秦惠彬主编的《伊斯兰文明》，甚至找来《古兰经》仔细地读了一遍。在撰稿时还参考了李淑华在《外国教育思想通史》第三卷中所写的"阿拉伯帝国的教育思想"一章。用了至少半年时间，完成于2008年，算我和李淑华合写。原文曾征得顾明远教授的同意，收入由人民教育出版社于2009年10月出版的我的文集《教育：让历史启示未来》。在文集中还收入了我在2006年单独写成的"古代埃及文明与教育"和在2007年后半年单独写成的"古代希伯来文明与教育"。这两条也是参阅了有关著作撰写的，每一条也都用了半年时间才完成，因为这两条对我来说都是全新的研究课题，以前没有研究过。三条在收入文集时，在编写体例上都作了一点改动，在文字上只是略有修改，可说是基本上保持了原来的面貌。

国民教育运动是指产生于18世纪中叶至19世纪末西方国家的国民教育思想运动以及国民教育制度建设活动。由于各国历史发展道路和民族文化传统的差异，各国国民教育运动兴起的时代背景和面临的挑战有所不同，各国教育家、甚至同一国家中不同的教育家和思想家论述国民教育问题的侧重点也不同，所以问题相当复杂。为弄清各国国民教育运动的发展，我看了许多书，对法国、德国、英国、美国的国民教育运动的发展有了进一步的了解，特别是对德国国民教育运动的发展作了比较深入的研究，还读了歌德写的两本教育小说：《维廉·麦斯特的学习时代》和《维廉·麦斯特的漫游时代》。这是以前完全不知道的。我写完了法国、德国、英国的国民教育运动，美国还只是开了一个头，就已经有了7万多字，而按照规定，长条也只能写两三万字。虽然自己觉得很有意思，收获也很大，但还是决定把写成的半成品交给王保星教授，请他将前面的三节大大压缩并加写美国和俄国的国民教育运动。王保星教授很快完成了这一任务。结果，这一条算我和王保星、蒋衡三人合写。

写"外国教育史"条，我用了大约一年的时间，先为2007年11月举行的年会的文集写了一篇以"关于拓展外国教育史研究领域和改进研究方法的思考"为篇名的论文。这篇论文包括两个部分：第一，教育史研究的起源与发展和教育史学的社会功能；第二，有关拓展外国教育史研究领域的思考和改进研究方法的建议。实际上在前一部分已包含着对国外教育史学科兴起与发展历程的考察，在第二部分包含着对我国外国教育史百年发展历史的回顾。在此基础上，我写成了一个"外国教育史"条的初稿。它包括"东西方文化教育的交流和教育史研究的起源与发展""教育史学科在欧美各国的形成与发展""外国教育史研究在中国的兴起和外国教育史学在中国的发展""20世纪中、后期国外教育史研究模式的演变及其启示"等四个部分，约5.5万多字，大大地超过了长条的最高字数，没有办法，我又请王保星教授对初稿进行修改，以求更为完善并达到《全书》对长条字数的要求。这一条也算我和王保星合作完成，大约在2008年年末，所缺的"外国教育史""早期伊斯兰国家教育""古代希伯来文明与教育"和"国民教育运动"四个条目也都上交给顾明远教授审阅，都被通过。2009年12月，我收到上海教育出版社寄来的外国教育史部分的初校样。用了大约一个月的时间仔细审读了初校样，然后寄给单中惠教授再次审读。我以为《中国教育大百科全书》的任务到此就算结束了。

没有想到的是，过了两年多，2012年5月又在北京举行了一次《全书》编委会。会上报告了《全书》进展情况和完成《全书》编撰工作的安排，说是还可以增加少量新条目。我和单中惠教授商量，外国教育史部分缺少反映俄国教育思想的条目，认为可以增加"乌申斯基与教育民族性思想"条，就在会上提出了建议。6月，上海教育出版社通知同意增加"乌申斯基与教育民族性思想"条，这个任务自然由我自己承担。我用了两个月写成此条，这一条没有遇到什么周折就通过了。紧接着又得知"早期伊斯兰国家教育"词条中完全删除了"早期伊斯兰国家的兴起及其文化繁荣"内容的情况，我提出仍应恢复一点相应的内容，不能完全就教育论教育。但是，由于这个条目属于必需送审的敏感条目，会耽误出版时间。结果只得放弃自己的这一要求。对此，我是感到有点遗憾的。"古代希伯来文明与教育"条也经过反复修改。最后改得我还比较满意。对"古代埃及文明与教育"条，编辑对文明部分删减得太多，后来恢复了一些。因此，2012年5月以后，差不多忙碌了5个月才结束了最后的增补和修改工作。《全书》终于在2012年12月正式出版。2013年4月21日，在北京师范大学隆重地召开了《中国教育大百科全书》首发式及中国教育学科建设座谈会。

为《中国教育大百科全书》忙碌了十来年。在这项工作中，我自己的学术研究成果颇丰。但如前所述，在这一工作中我也不是没有遗憾。

六、为完成修订《外国教育史教程》而尽力（2013年11月至2014年5月）

2013年9月，人民教育出版社文化教育编辑室的刘捷编审与我联系，希望我们对《外国教育史教程》进行一次修订，以便出第三版（将2002年出版的缩编本视为第二版）。同年11月6日在京举行了修订工作会议，与会的作者除我以外，有在京的张斌贤、褚宏启、史静寰、郭法奇等教授，外地的李明德、单中惠、王保星、杨孔炽、杨汉麟教授。其他作者由于各种原因未能出席或未被邀请参加会议。会议由人民教育出版社出资组织，在人教社会议室举行。人教社文化教育编辑室主任刘立德编审、诸惠芳编审（本书第一、二版责任编辑）和刘捷编审（将担任本书第三版责任编辑）参加了会议。大家就修订工作的必要性，修订的主要原则和要求进行了讨论，还提出了一些修改的具体意见。大家一致认为，当前对该书进行一次修订是适时的，但不宜对原书进行大删大改，可以缩编本为基础进行，框架基本不动，具体内容可根据原书出版以后各国教育发展情况和学科研究取得的进展作出修改与调整。会上提出的具体修改意见有：将原书第一章第一节

"教育的起源与史前的教育"独立设为一章；第九章"夸美纽斯的教育实践与教育思想"内容缩编为5—6节（原来为9节）；第二十一章"马卡连柯的教育实践与教育思想"压缩字数，缩编为一节，并入"第二次世界大战前的苏联教育"章，为该章第四节；原书第二十二章改为"第二次世界大战后美、英、法、德和日本的教育改革"；原书第二十二章第六节"苏联和俄罗斯的教育改革"与第二十四章"第二次世界大战后苏联教育理论的发展"中的第一节"凯洛夫《教育学》的教育思想体系"、第二节"赞可夫的教育实验及其发展性教学理论"合并为一章，章名为"第二次世界大战后苏联和俄罗斯联邦的教育"，本章还应加写"巴班斯基的教学过程最优化理论"，并扩充"俄罗斯联邦的教育改革"的内容；原书第二十四章第三节"苏霍姆林斯基的教育理论与实践"单独设为一章；原书第二十三章"现代欧美教育思潮"压缩为5—6节（原为10节）。为强化《外国教育史教程》第三版的引导性和可读性，要求在每章正文前提供简短的内容提要；各章参考书目改为"阅读书目"，并尽量指明具体的章节或页码；要求引文尽量做到根据新版书籍进行核实，并使注释更为规范。正文中提到的外国人尽可能加上其外文姓名。会上对修订工作进行了分工，并对修订进度做了安排（要求在2014年5月1日前交稿）。根据我在会上的提议，第三版书由李明德教授和我共同担任主编，并增加了张斌贤为副主编。

会后，我为自己承担的第七章"拜占廷与阿拉伯的教育"、第二十一章"第二次世界大战前的苏联教育"、第二十三章"第二次世界大战后苏联和俄罗斯联邦的教育"、第二十四章"苏霍姆林斯基的教育实践和教育思想"等四章开始忙碌。第七章和第二十一章任务比较简单，只需加写内容提要，并在注释、加外国人姓名方面做了点工作，对"马卡连柯"章（原为单独一章

《外国教育史教程》修订工作会议与会作者与人民教育出版社有关领导和编辑人员合影。

改为一节）做了文字上的压缩、归纳，改为一节。第二十三章中的"俄罗斯联邦的教育"节，我是请我的朋友肖甦教授撰写的，她如今是这方面很有研究的专家，其他新增的"战后苏联教育的恢复与发展"和"巴班斯基的教学过程最优化理论"均由我自己撰写。对巴班斯基的教学过程最优化理论，我过去也读过一些东西，但没有写过文章或教材的篇章，这次又仔细阅读有关论著，进行了研究。初稿写成大约有1.2万字，经过删改，余下约一万字，作为一节，字数还是多了些。为将原来作为一节的"苏霍姆林斯基的教育实践和教育思想"改为一章，我重新阅读了由蔡汀等主编的《苏霍姆林斯基选集》（五卷本）中的苏氏主要著作，对他的教育思想又有许多新的心得和体会。在保持原文基本框架的基础上增加了一些新的内容，写成的书稿大约2万字左右（原来约8000字）。四月下旬，我将我承担修改的四章书稿及修改好的"前言"（以前我请李明德教授写的，我做了些修改补充）的电子版（是请郭法奇的博士生王者鹤、张斌贤的博士生李曙光、硕士生范婕录入电脑的，我在"前言"中做了交代）发给李明德教授审读，并请他提出具体的修改意见。

此后，我就开始根据修订工作会议的要求对大家完成的第三版书稿的打印本逐章进行审读，发现问题，便通过电话与作者商量解决。预计在5月1日前根本不可能完成统稿任务，我打电话给刘捷编审，请求延期交稿。他同意延期到6月1日前交稿。我用了将近一个月的时间完成了统稿任务（包括对我新写的章节根据李明德的意见进行删改）。王者鹤和李曙光用了大约三天时间将我的修改稿在电子版的书稿上进行了处理，于5月27日将经过大家共同完善的第三版电子书稿发送给张斌贤，请他审读后发给出版社。我认为自己为第三版书稿的完善尽到了自己应尽的义务。

然而，这次《外国教育史教程》的修订工作也使我深深地感到，在必须应用现代技术手段完成书稿写作的条件下，进行研究和写作对我来说已是力不从心的事了。我必须痛下决心：或者自己学会在电脑上写作，或者放弃研究工作，不能动不动就麻烦年轻的同志。特别是得知范婕同学是带病完成我交给她的录入"再版前言"的工作后即被协和医院收留住院检查的消息后，让我更感到自责和懊恼。好在范婕同学经医院检查并无大病，现已出院，能够继续学业，才使我能够安心一点。

刘捷编审告诉我，《外国教育史教程》（第一版）在去年11月开完修订工作会以后又加印了两次，增加了25000册，《外国教育史教程》（缩编本）（第二版）又加印了一次，增加了8000册。经过大家共同努力修订的第三版书虽然可能还会有些不足之处，但其科学性、学术性、新颖性和适用性又进一步提高了。我相信它会受到读者的欢迎。今后再修订就是下一代专业工作者的任务了，但愿我还能看到《外国教育史教程》第四版的出现。

七、一项尚待完成的科研任务

前面我在讲述完成"西方'传统派'与'现代派'教育的冲突、融合及其对现代教育发展的影响"课题研究时已经说过，虽然该课题研究已经结题，但成果较为单薄，我想发展这一课题研究的成果，增加几个个案研究，使之更有现实意义。大约是在2005年春，我找到向蓓莉谈了我的想法。她在该课题研究中已经做过大量工作，而且原来的研究成果也保留在她的电脑里。她非常赞同我的想法，愿意和我共同努力。我们商定将原有文稿的前三章即第一章（"传统派"教育理论的历史研究）、第二章（"现代派"教育理论的历史研究）和第三章（"现代派"教育理论与"传统派"教育理论的比较研究）作为上编，以"对西方'传统派'与'现代派'教育理论的历史和比较研究"为篇名；增设下编，以"'传统派'与'现代派'教育理论对美国、俄国和我国教育改革与发展影响的研究"为篇名，下设第四章（"传统派"和"现代派"教育理论对美国教育改革与发展的影响）、第五章（"传统派"与"现代派"教育理论对俄国教育理论建设、教育改革与发展的影响）、第六章（"传统派"与"现代派"教育理论对我国教育改革与发展、教育理论建设的影响）。原来文稿的第四章（"传统派"与"现代派"冲突与融合的启示）改为结语。我们与我校出版社的郭兴举联系，希望此书稿在我校出版社出版，获得出版社的同意，并签订了出版合同。增写的三章分别由王保星、我和向蓓莉承担。如今，王保星已完成第四章的撰稿任务。我和向蓓莉的任务还有待于完成。此外，原来安徽师大的姚运标表示愿意写一个"传统派"与"现代派"教育理论对日本教育改革与发展的影响的个案，后来说工作忙，不能写了。2013年春天我遇见石中英教授，谈起我们正在撰写这部书的问题，他很支持，并且建议要写对日本和英国的影响。现在我们已经和东北师范大学的张德伟教授取得联系，他已经承诺撰写有关日本的个案，但英国这个个案现在还找不到人来写，按照我们和北师大出版社合同的规定，本书应在2015年3月交给出版社。该合同是2010年3月签订的。

八、本时期参加的其他一些学术活动

（一）应邀参加两次教育史学术年会（2002年，2007年）

2002年参加在昆明举行的第八届学术年会（由云南师范大学承办）。我没有为这次年会做什么事情，但是见到许多朋友，非常高兴。

中国教育学会教育史分会2007年学术年会代表合影
2007.11.14 安徽·芜湖

　　2007年11月，我又参加了在安徽芜湖举行的中国教育学会教育史分会的学术年会。我曾在会上作了一个简短的发言，会后为年会的文集写了一篇以"关于拓展外国教育史研究领域和改进研究方法的思考"为题的论文，这我在前面已经提到过。

　　（二）应邀参加"傅任敢教育思想与实践研究"项目的开题会和结题会（2007年，2012年）

　　应首都师范大学王长纯教授邀请，我在2007年10月参加了首都师范大学主办的"傅任敢教育思想与实践研究"项目开题论证会，2012年8月又应邀参加了该课题的结题会。我以前只知道傅先生翻译了夸美纽斯的《大教学论》、裴斯泰洛齐的《贤伉俪》（《林哈德和葛笃德》一书的旧译）、洛克的《教育漫话》等教育名著；参加了这次活动才知道傅先生其实是写过许多文章并在中等教育方面作出了很大贡献的教育家，他的许多学生在学术方面都作出了很大的贡献，如今对他还是非常感激和怀念。2013年1月，首都师范大学出版社出版了《真诚的教育家傅任敢纪念文集》，由王长纯教授写的"序"。我也得到了这本《文集》，从中得到很多教益。

（三）应邀参加"裴斯泰洛齐教育思想国际讨论会"（2009年）

2009年10月，我应邀参加了在杭州举行的"裴斯泰洛齐教育思想国际研讨会"，见到了金锵教授、任钟印教授、李明德教授和原杭州大学（现浙江大学）的许多老朋友，留下了一些照片。我在会上做了简短的发言，会后为文集撰写了《试论裴斯泰洛齐全面和谐发展的初等教育思想》，该文后由《教育史研究》分两期转载（2010年第3、4期）。

会议期间，单中惠教授陪我去医院探望了王承绪先生。当我走进他的病房，他就认出了我。当时，王先生已是九十六七岁高龄的老人。交谈了一会儿，王先生送给了我一本他新近出版的译著：《大学的持续变革——创业型大学新案例和新概念》，并在书上签上了他的名字。对王先生的敬业精神，我是十分敬佩的。由于怕影响先生的健康，我未敢久留，大概半小时就告辞，先生坐着轮椅，将我们送到大厅。当时我完全没想到，这是我最后一次去探望王先生。前不久听到王先生仙逝的消息，我心里还是难以接受的。

（四）应邀参加"苏霍姆林斯基教育思想国际讨论会"（2009年）

2009年11月，我参加我校国际与比较教育研究院举行的"苏霍姆林斯基教

育思想国际研讨会"。会议结束时，我与前来参加会议的苏霍姆林斯基的女儿作了短暂的交谈，告诉她我从20世纪80年代起就研究苏霍姆林斯基的教育实践与思想，并表达了自己对苏霍姆林斯基的敬意。

（五）本时期参加的校内外博士生论文答辩会

史静寰教授在北师大任教时，从1997年开始招收以外国教育史为研究方向的博士生。我参加了她的前四届博士生论文答辩会，如前所述，她的博士生王晓华、季平、李立国、向蓓莉、郑崧、郭志敏、周采、姚运标等都参加了我和任钟印教授主持的《外国教育思想通史》的编写和其他课题研究。张斌贤教授于2001年开始招收以外国教育史为研究方向的博士生，我自然地多次参加他的博士生论文答辩会。在本校，除了参加史静寰、张斌贤教授的博士生论文答辩会以外，我还曾参加过一次朱旭东教授的博士生论文答辩会，多次参加肖甦教授的博士生论文答辩会，多因为这些研究生的研究题目与苏联和俄国教育有关。在北京，我还连续三次参加了中央民族大学吴明海教授的博士生论文答辩会。

本时期曾多次到上海参加华东师范大学单中惠教授的博士生答辩会。2009年6月初我还到武汉参加了华中师范大学教育学院中外教育史博士生的答辩会。华中师范大学是我的母校，这次除参加答辩会以外，还给教育学院的学生

2000年6月13日，史静寰教授的第一届博士生王晓华的论文答辩会留影。

做了一个以"教育史的社会功能"为题的报告，并和我在华中大学学习时的老同学聚了一次。回华中师大参加答辩是我最后一次到外地参加这类活动。年岁大了，到外地参加这类活动还需要学生接送，对大家都是负担。

一般来说，我觉得参加博士生的论文答辩会对自己也是一个学习和充实自己的知识的机会。对每一篇博士论文，我都是认真看过以后才去参加答辩会的。由于需要撰写《中国教育大百科全书》的"外国教育史"辞条，史静寰的博士生周采和延建林的博士论文我曾反复阅读。在他们的论文启发下，我后来读了一些史学理论方面的著作，如柯林武德所著的《历史的观念》、詹姆斯·哈维·鲁滨孙所著的《新史学》、杰弗里·巴勒克拉夫所著的《当代史学主要趋势》、杨豫等著《历史学的思想和方法》等，进一步厘清了20世纪中后期国际教育史研究模式的演变与西方史学观念变化的关系。吴明海的博士生多研究我国少数民族的教育史。其中顾玉军撰写的博士论文《明清时期回族教育思想史研究》给我留下了深刻的印象。该文的主题虽然是论述明清时期回族的教育思想，但对伊斯兰教在我国传播的路径和我国回族形成的过程也进行了比较深入的研讨，增长我在这方

面的知识。该论文进入主题后，对明清时期回族教育思想的渊源、明清两代的回族经学教育思想和回族汉学教育思想进行了详细的论述。读了这篇论文使我得知明代的海瑞和李贽都是回族人而且都有丰富的教育思想，使我更加体会到中华文明是我国各族人民智慧的结晶。参加吴明海教授的博士生论文答辩还使我结识了华中师范大学一位十分出色的校友——中央民族大学原校长哈经雄教授。他每次都来参加博士生答辩会，对学生的论文进行点评。他对人十分和蔼、热情。我想，他的参与对吴明海和他的博士生都是很大的鼓励。张斌贤的许多博士生的论文也使我受到启发，从他们的论文中我也得到了不少知识，在这里就不可能一一讲述了。但是我想指出，林伟的博士论文"彼岸的想象：留美中国学生的国家认同，1901—1919"是一篇给我留下特别深刻印象的论文。

这篇论文从选题到论文结构都极富创新性，文笔简练、流畅。这篇论文还引起我思想上的共鸣，因为我也曾是一个留学生，虽然出国的时代、国别不同，但也都是曾经身在国外，心怀祖国，想着如何为祖国效力的年轻人。在这里我还要指出的是，张斌贤的许多博士生和硕士生与我的直接联系更多一些，我们曾有更多交流的机会。丁永为和刘冬青刚来学校做外国教育史博士生就认领了《中国教育百科全书》辞条的编写任务。张斌贤的博士生和硕士生，从和震、李子江、王晨到2013年毕业的董静对我都有许多帮助。特别需要提到的是陈露茜、林伟、丁永为、李朝阳等从各方面给我提供了关心和帮助，还有许多和我没有直接联系的学生也为我的《文

吴明海的博士生顾玉军的论文答辩会留影（前排左三：中央民族大学前校长哈经雄教授）。

集》的推出做了不少工作。孙益至今还带着李曙光和杨璐仪为我这部口述史而忙碌。我没有参加过王保星教授的博士生的答辩会，但他的首个博士生高迎爽毕业后到清华大学作博士后，来到北京后就和我建立了联系，一直帮助我、关心我。许多电脑上的操作都是她和她的爱人王者鹤替我做的。在这里，我要对你们说："麻烦大家了，谢谢！"

2012年，张斌贤的博士生林伟和涂诗万论文答辩会留影。

结束语

在2014年10月17日（农历9月24日）我就满85岁了。我这一生，在童年和少年时期由于日本军国主义者对我国发动的侵略而遭受了说不尽的苦难和艰辛。这种经历成了我以后生活中的精神财富，养成了我的爱国情怀。青年时期，受到党和人民的培养，我力求报答。在生活上，我没有过多的要求；在工作上，我总是要求自己多做贡献。可以说，这是和我同时期成长并被派遣留学苏联的一代人的共同特点。在我的一生中，曾得到许多老师、同学、同志和朋友的帮助，他们的名字，我已在前面提到过了。这些人中，有的已经去世，有的仍然健在。我时常带着感恩的心情想起和想念他们。父母亲养育了我。母亲在我遇到困难的时候还一而再地帮助我照顾当时幼小的女儿崔明和已读小学的儿子崔健。父母亲在年近古稀之时还曾帮助我处理家务，使我能够在研究工作上有所作为。而对年迈的父母的生活照料则主要是靠我的妹妹吴仪芳一家，我的弟弟吴载阳一家也能就近尽些力。父亲在北京生病时，主要是大姐一家照顾，我是尽力尽孝最少的。这使我常有愧疚之感。我之所以能够走上求学之道多亏大姐吴霭顺的帮助。以后我和大姐两家又在北京相扶相伴40余年。姐夫和大姐在5年前（即2009年）相继去世。

我和张羽与儿子一家人在家中合影（2012年）。

我对大姐的思念也常常带有无限的感恩之情。

我和张羽组建家庭至今已有57年，在生活中并不是没有过矛盾与争吵，但我们的夫妻关系是建立在相互了解和纯洁的爱情基础之上的。总的来说，我们能够互谅互让，而且能够经受住风雨的考验，我们平常各人从事自己的专业工作，家务事我做得更多一些。我们的子女都有自己的专长，儿媳屈翔在医务工作上干得非常出色。孙子崔岳行、外孙女李亦薇也都成长得比较好，都在攻读自己喜欢的专业。我们的家庭是幸福的家庭。如今张羽已经87岁，得了阿尔茨海默症，看着他的样子，我心里也很难受，但这是没有办法的事，我也只能以达观的心态来面对。

在专业工作上，我起步虽然比较早，但由于种种原因，几起几落，真正能够系统地从事外国教育史的研究与教学还是在改革开放以后。在这30多年的时间里我所做的一些事情，是怎样做出来的，我在前面都已经说过了。在多年从事外国教育史的研究与教学的过程中，我得到的一点体会是，要在外国教育史的研究工作中取得一点成绩是很不容易的事。因为教育史既是教育科学的分支学科，又有历史学的属性。教育史教学与研究的质量与从事这一工作的人的人生观、世界观、历史观和教育观都是有关系的，对教育史的研究要和对教育理论与教育实践的研究紧密地联系起来，才能更有效地发挥它在推动教育理论建设和教育改革中的作用。这就要求从事中

我们在美国探亲旅游时与女儿一家人合影（2004年）。

外教育史教学和研究的人员不但对自己所从事的专业要精益求精，而且要关注教育理论界不同意见的争论和教育理论发展的动向，具有符合时代要求的教育理想，了解教育实践中的问题，注意总结教育实际工作者的成功经验。自20世纪60年代跟随曹孚和滕大春等先生编写外国教育史教材，我对外国教育史研究在培养师资方面的社会功能开始有所认识，"文化大革命"后期重建的教育部首任部长周荣鑫针对"文化大革命"造成的教育混乱局面，对教育部的干部提出"要学一点教育史"，又使我懂得了教育史的研究所具有的另一种社会功能，即总结历史的经验教训，为教育理论建设和教育改革提供参考与借鉴。20世纪80年代，我撰写了一系列论文，就带有为我国教育理论建设和教育改革提供参考与借鉴的明确目的。做外国教育现代化的历史研究，并从教育现代化的视角来考察俄国教育史，都是想为我国的教育现代化事业尽点心。无论是对外国教育理论还是教育实践发展的历史问题进行研究，心中也总是想着自己国家教育的现实状况，希望我国一代又一代的儿童和青少年愉快健康地成长，成为对社会和国家能够做些贡献、自己也能过上幸福生活的人。

在这里，我还要强调的一点是，在外国教育史研究工作中，我始终是坚持以历史唯物主义和辩证唯物主义为指导，并从多元文化的视野来考察世界文化教育历史发展进程的。同时，我十分重视史料的积累，以充分的史实为根据立论。求真务实，实事求是，是我分析外国教育发展的历史进程和历史事件、评价历史人物的指南。

现在，我虽然已是高龄老人，但身体还算健康。我的生活态度比较乐观、开朗，兴趣比较广泛。读书、学习已经成为我生活乐趣的重要源泉。我没有混日子的习惯，只要脑子还能思考问题，我还是会不断地在外国教育史的研究方面做一点力所能及的事情的。我感到我这一生唯一的遗憾是没有能够到除俄国以外的一些欧洲国家去看一看，不知道以后还有无可能得到弥补。

附 录

附件一：吴先生父亲亲笔书写的自传

我的家庭

祖籍安徽泾县吴姓为大家族，祖辈多出外有为官，祖父吴廷楠流寓湖北省武昌府及幼即殁，父名之蕃字厚卿，幼孤依如抚养，及长随其翁习刑钱之学，所谓幕府州县官称之为老夫子是也。

父亲学成后，历任湖北黄安麻城应山远安安陆咸宁等县刑钱工作。辛亥革命后，任湖北省财政司科员，其后历第一科员，河南扶沟县第一科员，汝阳道尹公署总务科长，曾代理河南省遂确山县、泌阳方城南阳新野等县知事，以迴在河南信阳宅居终年五十一岁。

母亲金氏，文盲，外祖父为典当主管，经商很老练，皖省徽州人，所以母亲常向经商主管我们学习，享87岁逝世。

母亲生育子女10人，其中一女幺亡，长兄名郁本，曾在衣店学徒，後在信阳药厂工作，终年仅53岁，娶周氏，生子载福，有女名湘荣，现在长沙已退休。

（沁阳）
我行二原名郁彦字颖生，其姊出生远安上学。

三弟出继舅父改名金宝，生在陇海路潼关站，曾話长子女均在陕西各处，与我联系很少。

四弟邦宁现在湖北通城县财政局对地方有贡献目下仍做扶贫工作有一子两孙

三妹八妹均适嫁三妹在陕西有子女多人夫妻均故八妹在安徽合肥出身亡有子无女

四妹定婚后因未婚夫无下落终身寡居受旧礼教之害甚深年近九旬亡于通城县四弟宗中后事安排隆重

九妹现在武汉红钢城为女供养

圆妹全家由台湾迁居美国多年有子女五人

我已亥年¹⁸⁹⁹十月三十日出生於湖北黄安县(公婆现红安县)因为父亲工作地址时常变更所以我的学习受很大影响虽然私塾时间有五年不过是断断续续到了11岁就失学辛亥革命以后在武昌读了几年在汉口百货店学生意停业后又闲了许久北人介绍到汉口闸和钱庄学徒不久失闲时到天成钱庄学徒真是命运不佳店不到3年倒闭了时年18岁即回到信阳家里恰好岳父尹伯陵在信阳公署任第一科员次年和级秋在信阳举行婚礼因为父亲在道尹公署朋友很多喜庆极其热闹从此就在信阳生活

我们的婚姻完全是旧式的由父母作主原来父亲在

湖北安陆县任内她的祖父在德安府作刑幕经友介绍联

姻其时我们都未见面该不上恋爱

婚后不久就书一杨姓知县同到河南镇平县这是第一

次出外工作因不习惯半年后即告辞回家

　　第二次又随族岳尹牧琦到遂平县学习帮理公事该县

知事到任后牧岳出离委我即代为办理文化事宜该知事在

任有十年之久事务顺熟我率学线也对抗清军能胜任结果

完成任务该知事甚为满意

　　此后又随叔岳父到子荣在商邱学习公事时间都不长

我为感影回家在信阳当地社会活动也随父亲到过泌

阳县时遇老洋人士四围城该县团兵战斗力很强坚守待

援击退土匪围即解不久又发生哗变我立即将财物即信理

好逃出县署经卫队奋力击退才恢复秩序一切幸得保全以后

又随父亲到进南阳县卸任后又代为交代事宜

　　上海道路协会宣传品在信阳发行我即在社会上进行

宣传运动创办修筑信阳至潢川的道路现组织汽车公司

集资购汽车两部正式通车运行

　　时信阳孙南大同医院筹备开幕典礼邀事赴主由其事

第 3 页

圆满完成工作即成立董事部我被选为文牍兼会计以此即辞去大同医院职务其他聘务一律辞却后来汽车公司在大革命期间被军阀将汽车查去因此时局频危停业失效

在此军阀混战期间陕军围困信阳达两个月之久这时我父忽病故停棺宗中围城期间地方安危不保秩序混乱解围后上海济生会灵学会两慈善团体来信阳办振施济金钟无人过问我得知后立即前往接待盛邀至医院董事部共商发放救灾办法由济生会办急振由灵学会主办长期振救善及贫民工厂事毕我被推代表赴上海答谢

北伐期间信阳地区成为真空驻军撤走此代军未来革命宣传活动国共两党均展开运动情况很热情我亦参加群众之宣传活动态度积极

后来此军南下至信阳向地方募款绅商等人要动贫民工厂基金我坚决反对为此军队扑速捕我遂连夜逃往上海达四年之久不敢回家事友人知此未连世家人

在沪曾为友人遥望青岛收购鸡蛋业务保付出口生意沿陇海路各站至济南均设有收购处由于日军侵略华军逼近青岛即快速结束业务返回上海住若干时间才回信阳立即受到

瑞沈通建邀请主管业务经销英美公司香烟 我是在营业不佳
之时进店的连一年努力推销业务大报赢到巨万老是的大
经理宝提拔到红允许给我提成 我为了维护众小股东利益坚
决反对因此与经理发生意见辞职出店接着张恒兴钱店了股东
戊整约请我帮忙为其推销裕中公司的烟盘因为是海运来的
不好本运盘质量而不销货不好 我接手后采取赊销办法逐渐
打开销路因为该工宜本人等租银行业务联持海运的款出
让张东戊不敢接办回店与我协商我即与各盘店联系说明与
行张东戊以以无资金无力承办 我把风险大胆向各盘店敢
信一轮整赴新浦这回第一轮整不给各盘店第二次又到新浦
向银行哈谈押汇因为第一轮销货快银行手相谈满即由中国
银行与上海银行各签合同替这第二轮在此期间了张东戊深店鸡公
山将责任推给我一人承担其些风险甚大但结果赚到廿万的之我第
三轮赴新浦时了张采戊下山到店将我与各盘店所订的优惠办作
全面取消并揩言是我的决定 我回店后各盘店对我表示不满另了
晚四信誉不好不再干 友人均替不平劝我开会评理那说
钱是我赚来的我有能力再来一下以免小人类妾私建移时出资
开办商合小学将走时询问极内尚存 800 吨之我对地方是有热心

剑女一些事业的这些都是对长乐战还同情的

接着好友们集资开办了信丰公司 我都经理事延了长乐战在市场上斗乙过很而以他的业务不佳不久死去

其向上海通营监事先开办陕南水运诸战协助因为店事不能子身排荟欧阳批诗代我前进随后成立到陕南

卢沟桥事变中日战争发生我遂回信阳其辩影浦请理一切结束准备回时沿海路开封郑州向乙中转即在汽车至许昌时国军事（后退平汉路）长京汉路混乱之极我从许昌上车一直站到信阳回店后远动皆未宗中所东西全部为北伍女您娘家多不全宗十偕口其17人逃出信阳前进港口在港分售股东友好作交代告股东友好仅收原股幸价陷6000元全交我处理

居武汉乙天战事日趋恶化连续据实逃到长沙此后均值向之前同行这项别诗其代籍青节保存 武汉希福战事接近湘省即疏散到益阳桃花江桥头街等地后来迁至湘潭

向之前好青节越远运险我只好个人迳常到广州办运营物后来又到温州办货将第一次货物运出后其辩女托迳即回湘潭之地之货拟以铁运中转遂委损失

因为我宗乙逃到湘潭其店友谭欣的係湘潭人其多项

要做南货生意见我病状建议不让外出介绍当地富商合资开南货号先由该商之戚主持其孙以致用人不善资本乏尽失败告终

后来幸与通委监等先取得联系迁驻衡阳办货汽车运重庆合宗与迁往衡阳在此期间载福的母亲妻子及女儿先后在衡阳病故载福与病家的谋生活

长沙失守衡阳危急又向桂林转移在桂林与向华奇左皓等三宗又合在一起后来日寇继续朝度西逼迫我们不得已又乘车前往独山火车开出不久至一小站不能前进大此三宗引此会合打算

在此时间特别一提的是我病卧车厢中级秋坐在车上有一日在车下劳作急忙倒车又无信号级秋倒卧车下危险万极车遇路旁好心人士冒险将她拖出双脚一绪车轮即过情状真是惊心动魄群众都赞此人有胆性每思犹有余悸

收来母亲四妹永年三人先乘汽车前往贵阳我和级秋及八九两妹和载民载阳式超仪芳下车沿铁路步行诺途难民北潮涌又无房屋可居每天宿晚都是露宿车无少两途日途有无数情况凄惨真是触目惊心步行半年才到达贵阳在难民营中与母

亲四妹永年会合身外之物完全损失所幸的是人口无损诚不幸中之大幸

四书在长沙已随单位疏散顺女与向三豆结婚即随宗地专业迁到广州

到贵阳后即请求通益支援接到讯极即乘车到重庆到达以12日空袭系连作此信才定定下来

1945年日军战败投降我宗又回到武汉因为租屋国难有人找到一空室暂住诸妹均不愿回信阳钱储又困难远将信阳自宣被炸的房屋残基卖掉欲托欧陆代之再垮花

向宗前在长沙开也因在地我参加经友人资助全宗又迁回长沙以向又将棉花营业之事回纱一台运存在中九年内在生意吃完用尽棉纱已被青车店的工厂挪用也为店有以起倒致前又我已诺到山穷水尽

解放后立即迎武汉谋事未成即有欧陆波理山东择婿装生未远往猪其回汉以后在刘凹各某店组织合营某店劳出的年龄解散各回原店我即失业延径谭钦明介绍在土产店详姆农伯来推荐工会组织调孔到李荣号煤店任会计全行业公私合营成立为中心店我仍当会计最后改为民权煤炭中心店

第 8 页

从1952年工作起在民权煤炭中心店一直任职到1972年12月退休长达20余年这是我一生工作最长的一次

现在我家成长中共有子孙13人陈福云孙小刚小强和儿俩老

根据以上经历从满清民国解放经过三代投入社会活动将近80年其间辛亥革命军阀混战袁世凯称帝国民党执政20余年抗日战争解放战争 中华人民共和国成立现在国家由弱转强政治稳定社会稳定人民生活得到保障市场繁荣国际地位提高

历史证明还是中国共产党领导好 我今年12月20日3周岁晚年幸福生活表心感谢党

人死是自然规律 我死后要求不通知亲友不举行遗体告别不开追悼会不销告不收礼 一切抛弃遗体火化骨灰这农场施肥或置树下留念这样有于国于家都省利

1992年6月立此年暮我写家史財追忆留念

吴颖生自叙

附件二：借调至科教组的大学组时编写的几份"教育参考资料"（"文化大革命"后期）

教 育 参 考 资 料

第 一 期

大学组 　　　　　　　　　　　　　　　1973年5月10日

英国中学理科教材的新动向

六十年代以来，资本主义国家的中学教材有了较大的变化，出现了一些与传统教材不大相同的课本。七三年二月，上海师范大学外国教育研究室出了一本专辑，对英国最近几年出版的一批中学教材作了简要的介绍，涉及两套数学教材，三套物理教材，一套化学教材，两套生物教材和一套地理教材。它使我们看到，虽然这些教材的思想体系仍旧是资产阶级的，贯穿着唯心主义的世界观和形而上学的方法论，但从内容的选择安排，叙述和表现的形式来说，和传统教材有所不同，可供研究参考。

一、 强调内容更新

数学教材是从整数的乘法和角度等概念开始的，但涉及许多近代数学的概念和内容，如集合、数系、非十进制数、二进制数、线性规划、逻辑与布尔系、矢量空间与群；矢量几何、运动几何、映射、网络、拓扑变换与群；概率与统计；计算机程序图；导数、不定积分、定积分、微积分的简单应用等。这样一来，中学数学教学只在初等数

—1—

教 育 参 考 资 料

第 二 期

大学组　　　　　　　　　　　　　1973年5月30日

西德工科院校机械专业教育情况

一、一般情况

在西德，中学生通过了高中毕业考试，就取得了升入大学的资格，原则上不再举行大学入学考试。在高等学校中，有综合性大学二十八所，工业大学九所，医学院、兽医学院、农学院各一所，它们总称高等技术学校。1968年夏季，有二十八万人在这些学校学习，其中五万五千人在工科学习，占19.6%。设有机械专业的工科院校是：阿琛高等技术学校、柏林科技大学、勃朗西雅格科技大学、克洛斯他科技大学、达姆期他特科技大学、汉诺威高等技术学校、卡尔斯鲁大学、门森高等技术学校、斯特嘎德大学等。1968年，在这些学校机械专业学习的有一万余人，约占在校学生总数的18.6%。

工科院校的修业年限最少是四年（八个学期）。机械专业的修业年限按规定也是四年。但学生毕业前要完成毕业设计，才能取得工程师学位。所以实际上修业年限为五至六年（十至十二学期）。

教 育 参 考 资 料

第 三 期

大学组   1973年6月20日

日本酝酿进行"第三次教育改革"

日本近现代史上曾进行过两次教育改革，即明治维新时期的第一次教育改革和二次世界大战后的第二次教育改革。

经过将近四年的准备，日本文部省中央教育审议会于1971年6月提出了一个题为《关于今后学校教育的综合扩充、整顿的基本措施》的咨询报告。近两年来，日本当局正酝酿以此为依据进行第三次教育改革。

日本"第三次教育改革"的基本内容，就是要实现军国主义的教育目标、能力主义的教育政策，和加强资产阶级国家对教育的控制。

咨询报告把日本现在所经历的时代称之为"应当认真进行开拓国家、社会未来的第三次教育改革的时代"。它认为日本学校教育的任务就是"在继承传统与掌握规范这样一个共同的基础上，使个人的可能性尽量发挥"。所謂"传统"，就是日本军国主义的传统，所謂"规范"，就是资本主义社会的规范。

咨询报告强调在教育改革中"国家的作用"，从各方面加强资产

教　育　参　考　资　料

第　四　期

大学组　　　　　　　　　　　　　　　1973年7月3日

法国高等学校的科学技术研究

一、法国科研概况和高等学校在科研工作中的地位。

一九五八年底，法国为了和苏美在科学技术方面竞争，改变了各个部独立组织科研工作的体制，建立"科学技术研究联络委员会"，作为指导和协调全国科研工作的统一机构，决定全国科研总政策，确定具有国家意义的研究课题和分配科研经费。

蓬皮杜执政后，1969年在政府中设立一个"工业科学发展部"，管理以前由总理管辖的科研工作，领导原子能委员会，国立宇宙研究中心，国立海洋开发中心，计算技术及自动化研究所等重要科研机构。

国民教育部领导的国立科学研究中心，大学和高等教育机构，主要从事基本理论研究。其它各部下属的研究中心和高等专科学校主要从事应用科学研究。此外，法国还有一百多个私人科研机构。

据称，现在的倾向是，使大学和工业、基本科学研究工作者和应用科学的实验研究人员增加接触。国立科学研究中心和大学的实验室

教 育 参 考 资 料

第 五 期

大学组   1973 年 7月 5日

法国高等学校理工科专业设置情况

一、工科专业设置：

    1968年法国高等教育改革之后，工科专业设置情况如下表：

专业名称	1969年获得文凭的人数	与1965年比较	备 注
普通培养	2075	+10%	
空气动力	239	+27·4%	
农业—食品	954	+80·8%	
林 木	31		
陶 器	17		
化学—物理—石油	1120	+15·1%	
钟 表	35		
航海建筑	64		
皮 革	20		
国 防	204	+5·1%	
电气—电工—水力	779	+5·8%	
工业冷冻	6		
原子工程	118	+153%	
电子计算技术	73		1968年设立
应用数学	178	+52·8%	

—1—

教 育 参 考 资 料

第 六 期

大学组   1973年7月10日

西 德 高 等 学 校 科 学 研 究 情 况

(一)科学研究工作概况：

西德科学研究工作是由三方面进行的：高等学校的科学研究工作；国家或团体设立的科学研究机构（最大的如马克斯·普朗克协会），以及工厂企业进行的科学研究工作。

科学研究经费在1965年占社会总产值的1·9％，1970年占社会总产值的3％。西德在1965年有十万种科学杂志。工厂研究所的资料费，占全部研究经费的2—3％。

目前国家的科研重点是原子能，宇宙航空，海洋开发，信息技术等尖端科学。

他们认为目前西德科研工作，要注意解决以下三个问题：

第一，关于专门化与各科协作化的问题。他们认为专门化的发展，离不开协作。科学不断地分工成若干专门化，但同时表明，许多科学

—1—

教 育 参 考 资 料

第 七 期

大学组　　　　　　　　　　1973年7月27日

西德高等学校理工科专业及课程设置概况

一、概况：

西德各高等学校现在没有统一的院系专业设置体制。一般设几个院、系，并附设一定的研究所。如波鸿大学，设18个系，其中8个文科系，10个理工科系，各系都设若干讲座。理工科各系除讲座外，还附设若干研究所。亚琛高等工科学校则设6个学院，院下面分系。斯图加特大学设18个系，有25个学习计划的科目，108个研究所。目前，西德高等学校中有以"专业领域"代替原来院系，把"专业领域"作为高校教学和科研基层单位的趋向。

西德高等学校学生的学习一般分两阶段进行，前一段学习基础知识，后一段学习专业知识。学生可以自己选听某些讲座，可以跨系听课，也可以转到其他大学去听课。但一般都在后一阶段才能得到转学的许可，工科大学对学生转学控制较严。

—1—

教 育 参 考 资 料
第 八 期

<u>大学组</u>　　　　　　　　　　<u>1973年8月10日</u>

日本高等学校的科研情况

一、日本科研的一般情况：

日本的科学研究工作由科学技术会议，学术会议，科学技术厅、防卫厅技术研究部以及政府其他各部领导。科学技术会议是决策机构，学术会议是谘询机关，科学技术厅、防卫厅技术研究部以及政府其他各部是行政机构。

日本的研究机构可分为三类：(1)政府研究机构：专门从事人文科学和自然科学的试验研究及调查研究业务的研究所；(2)企业研究机构：资金在一百万日元以上的公司、企业的研究机构；(3)大学研究机构：大学学部（相当学院）、研究院及大学附设的研究所，短期大学及高等专门学校的研究机构。

日本全国自然科学研究机构共约一万二千六百个。其中政府研究机构八百二十八个，企业所属研究机构一万一千二百八十九个，大学所属研究机构和设施四百八十个。

一九七一年日本自然科学研究机构的研究人员（四年制大学毕业，

19　　年　　月　　日　　第　　页共　　页

式颖同志：您好，府上好！

久未通候，近况美似，念。

现正在申报第四批硕士生和博士生导师，听说四月份要完成。不知外国教育史学科您这次申报没有。目前外教史学科只有河北大学滕老一个点。滕老年事已高，看来外教史学科需要增设点，增加博士生导师。金铿同志和我都觉得您完全有条件，应该申报。去年在杭州，我曾和彭明之同志谈过，目前只有北师大条件比较好。我们这里滕世群先生退后，条件不行了。我也曾劝金铿同志申报，他告诉我他要专搞比较教育，是晁已先生的梯队。加之他身体不好。这也是实际情况。

特来信希望您够申报，我觉得您完全有条件。同时我也给彭明之同志写信，为外教史学科呼吁。

您去来访问事何时可成行？近来身体好吧？

我一切粗安。已请求调教育所去，大概半个月内可实现。匆此，顺颂

春祺　　　　　　　　　　　　　　　　　　 马骥雄
　美侬等你们同志好！　　　　　　　　　　 四月三日

附件四:《学者写真》(1992年北京师范大学博士生导师肖像集)中关于吴先生的文字画像

外国教育史,教育系的基础课程,却向来被视为一门冷僻的研究专业。中学时代苦读外语,上大学时是一个历史迷的吴式颖,50年代从苏联攻读教育学回来,便很自然进入了这一研究领域,现在已成为我国该专业仅有的两名博士生导师之一。她在治学方面遵循一条严格的原则:没有充分占有材料绝不动笔。在日常生活中,她待人诚恳、谦和,不善言辞与交往,闲时常以阅读文艺作品,特别是历史小说自愉,只是现在她很难找到这份时间。看来她也有一名优秀历史学专家的通病:从不急功近利。

江勇/文、刘学忠/摄影:《学者写真》,为纪念北京师范大学校庆90周年而编制的博士生导师肖像集,1992年9月由北京师范大学出版社出版。

附件五:《中国社会科学家自述》一书中吴先生的自述

抗日战争爆发那年,我只有八岁。我们家原住河南信阳,当日寇逼近时,举家迁至长沙,后来还到过一些地方,抗战胜利后定居长沙。

日本军国主义强加给我们民族的灾难,加上国民党统治的腐败,使我国绝大多数人的生活处在水深火热之中。我家也像全国许多人家一样,不得不背井离乡,过了八年颠沛流离的逃难生活。在那个时代,我和我的许多同龄人一样,在童年、少年时期经受了许多现代的年轻人不可想象的磨难。但是我也得到了许多好人的热心帮助,使我得以时断时续地受到一些学校教育。因此,在我的心里始终充满着对世界上一些丑恶现象的深深憎恨,对所有施惠于我、给了我教导的亲人、师长、同学和朋友们的无限感激和眷恋。

1949年长沙解放后,我和父亲一起来到武汉。父亲这时已经失业有年,希望到武汉找到工作。我这时已经读完高中二年级课程。由于深知父亲的困境,我希望能够越级考上一所公立大学,以减轻家里的负担。在中学时,我的各门功课都很好,尤其喜欢生物和化学;加之儿时多住在农村,懂得农民劳动与生活的艰辛,很想多学点农业知识,帮助农民改进生产;所以我考学的主要目标是农业院校。父亲体谅女儿的心愿,鼓励我寻找继续学习的机会。我跑了几所农学院招生办,都不接受同等学力的考生,结果我报考了武昌华中大学(现华中师范大学的前身),被录取在教育系,先后副修过生物和历史。当时这所大学还是一所私立教会学校,但有党的秘密组织。在党组织和同志们的帮助下,我从自己的亲身经历中认识到一些中国革命的道理,明白了应该走为人民服务的道路。

解放后的新中国,到处是一片朝气蓬勃的景象,学校的教学也脱离了旧的轨道。1951年,华中大学与中原大学的教育学院合并,改为公立大学,以后又改为华中高级师范学校。我仍在这里学业务、学政治,参加一些革命实践活动。这时候我读了许多政治和历史书籍,也读了不少文艺作品。其中奥斯特洛夫斯基的《钢铁是怎样炼成的》一书给我留下了最深刻的印象。"人最宝贵的是生命。这生命，人只能得到一次。人的一生应当这样度过：当回忆往事的时候，他不致于因为虚度年华而痛悔，也不至于因为过去的碌碌无为而羞愧，在临死的时候，他能够说：'我的整个生命和全部精力，都已经献给了世界上最壮丽的事业——为人类的解放而斗争'。"保尔的形象和他的这一段话（这一段话也就是作家奥斯特洛夫斯基本人关于人生价值的表述），使我受到很大的感染和启迪。在后来的生活、学习与工作的各种考验中，我头脑里会常常出现"人的一生究竟应当怎样度过"的问题。

1952年夏，学校选送我到苏联学习，通过考试，我于1952年9月到北京学习俄语，1953年8月赴苏。我们这一批留苏学生一共四百余人，一些学习和生活费用都是由国家供给。当时新中国建立还不久，万事待举，抗美援朝战争也刚刚结束，国家在还有很多困难的情况下，送我们出国学习，我们心中充满对党和政府的感激之情，每个人都深深感到自己肩负的重托，下决心努力学习并取得优异的成绩，以便报效祖国。

初到苏联学习，我遇到的困难是很大的。以前我在中学和大学，外语课学的都是英语，在俄专学习俄语的时间实际上只有十个月，一到苏联就要随班听课，开始可以说什么也听不懂。我采取的办法是上课硬听，课后加强复习和预习。听讲和自学相辅相成，终于收到了很好的效果。这样的学习花费的时间自然是很多的：我和许多中国同学一样，上午上课四到五小时；午饭后就到阅览室，一直学到半夜（苏联高校的图书馆阅览室每天开放到晚上十一点半）；有时候回宿舍吃过晚饭，还要找个地方学习，夜车开到两三点钟是经常的。在苏联学习四年，我的生活异常节俭，为的是省下生活津贴费，购买更多有用的书籍带回祖国。在寒暑假，我也很少休息，平时更少逛街和游玩。四年里，我的体重由一百零三斤降到八十斤。但是我拿到了全优的毕业文凭，为回国后进一步学习和工作打下了基础。

在苏联学习期间，我有幸听了叶·雅·戈兰特（我国教育史界十分熟悉的《世界教育学史》的作者）和绍·伊·加涅林教授讲授的两门教育史课程，激发了对人类教育的历史遗产的研究兴趣。20世纪60年代初参加曹孚先生主持的《外国教育史》编写组，进一步确立了我的专业方向。这些学习和工作的经验使我深深懂得，外国教育史的教学与研究必须有十分宽广的哲学社会科学知识背景，要掌握两门以上外语，以便占有第一手历史资料。因此，即使是在"文化大革命"时期，我也没有中断过看俄文书和对各种知识的学习。如果不看点书，我就觉得时间过的可惜。特别是在1970年春天以后。我是在肾炎病没有痊愈的情况下到干校劳动的，后来由于腿脚浮肿，病情加重，而且又新添了胃病（后来确诊为十二指肠溃疡），因而被调回北京治病，兼做机关留守工作，其中包括照看图书馆。几年没进图书馆了，现在各种各样的书都在我的手边。我原来就深感自己缺少很多知识，现在有了看书的便利条件。于是，我暗自为自己拟订了一个读书计划。工作之余，我系统地学习了哲学史、中国通史和世界通史，阅读了不少馆藏的俄文专业书刊和一些世界文学名著，并开始学习许国璋先生编写的《大学英语》课本，以恢复阅读英文专业书籍的能力。这几年读的书，使我后来的工作获益匪浅。

《中国社会科学家自叙》，国务院学位委员会办公室编，上海教育出版社1997年出版。

附件六：国家教委重点课题《西方"传统派"与"现代派"教育的冲突、融合及其对现代教育发展的影响》研究成果公报

本课题为全国教育科学"九五规划"国家教委重点课题

本课题属教育史学科

课题负责人：吴式颖，为北京师范大学教育系教授

课题组主要成员如下：吴式颖、史静寰、刘传德、郭法奇、褚宏启、季平、吴明海、王晓华、向蓓莉、李立国、郑崧、郭志明

现在，我们将课题研究的成果公告如下：

（一）课题研究的指导思想和理论基础

本课题研究是以辩证唯物主义和历史唯物主义的基本原理和方法论为指导的。恩格斯曾强调客观世界以及人们对客观世界（包括自然和社会现象）进行研究的发展观。他写道："一个伟大的基本思想，即认为世界不是一成不变的事物的集合体，而是过程的集合体，其中各个似乎稳定的事物以及它们在我们头脑中的思想映像即概念，都处在生成和灭亡的不断变化中，在这种变化中，前进的发展，不管一切表面的偶然性，也不管一切暂时的倒退，终究会给自己开辟出道路，……如果人们在研究工作中始终从这个观点出发，那么关于最终解决和永恒真理的要求就永远不会提出了；人们就始终会意识到他们所获得的一切知识必然具有的局限性，意识到他们在获得知识时所处的环境对这些知识的制约性；人们也不再敬重还在不断流行的形而上学所不能克服的对立，即真理和谬误、善和恶、同一和差别、必然和偶然之间的对立了；人们知道：这些对立只有相对的意义；今天已经被认为是合乎真理的认识都有它隐蔽着的、以后会显露出来的错误的方面，同样，今天已经被认为是错误的认识也有它合乎真理的方面，因而它从前才能被认为是合乎真理的；被断定为必然的东西，是由纯粹的偶然性构成的，而所谓偶然的东西，是一种有必然性隐蔽在里面的形

式，如此等等。"①恩格斯还一再提醒我们，要防止运用历史唯物主义时的种种曲解。他指出："根据唯物史观，历史过程中的决定性因素归根到底是现实生活的生产和再生产。无论马克思或我都从来没有肯定过比这更多的东西。如果有人在这里加以歪曲，说经济因素是唯一决定性的因素，那么他就把这个命题变成毫无内容的、抽象的、荒谬无稽的空话。经济状况是基础，但是对历史斗争的进程发生影响并且在许多情况下主要是决定着这一斗争的形式的，还有上层建筑的各种因素：阶级斗争的各种政治形式和这个斗争的成果——由胜利了的阶级在获胜以后建立的宪法等等，各种法权形式以及所有这些实际斗争在参加者头脑中的反应，政治的、法律的和哲学的理论，宗教的观点以及它们向教义体系的进一步发展。这里表现出这一切因素间的交互作用……"②他还说："我们自己创造着我们的历史，但是第一，我们是在十分确定的前提和条件下进行创造的。其中经济的前提和条件归根到底是决定性的。但是政治等等的前提和条件，甚至那些存在于人们头脑中的传统，也起着一定的作用，虽然不是决定性的作用"；"整个伟大的发展过程是在相互作用的形式中进行的（虽然相互作用的力量很不均衡：其中经济运动是更有力得多的、最原始的、最有决定性的），这里没有任何绝对的东西，一切都是相对的。"③学习恩格斯的这些理论知识，对清除我们头脑中"非此即彼"二元认识模式的影响，树立辩证唯物主义的知识观，客观考察"传统派"与"现代派"教育理论的基本观点、理论价值及其局限性很有帮助，同时也使我们十分注意研究各派赖以形成的社会历史条件和理论基础，特别是19世纪至20世纪前期哲学、生理学、心理学的发展、教育实践的成就和问题，"传统派"和"现代派"教育理论对教育发展产生的积极作用和消极影响。

（二）课题研究的主要内容和研究方法

本课题研究采用历史研究、理论研究和比较研究相结合的方法，通过大

---

① 《马克思恩格斯选集》第四卷，人民出版社1972年版，第239-240页.
② 同上书，第477页.
③ 同上书，第477-478页，第487页.

量占有和深入分析文献资料，解读教育家的原著，对以赫尔巴特等人为代表的"传统派"教育理论和以永恒主义、要素主义、新托马斯主义为代表的"新传统派"教育思想形成与发展的过程、"传统派"与"新传统派"教育赖以形成的社会条件和理论基础、"传统派"与"新传统派"教育的基本主张及其对欧美教育发展的影响、"传统派"教育与"新传统派"教育之间的异同与联系等问题进行了比较细致的研究。并用同样的方法研究了以杜威等人为代表的"现代派"教育理论形成和发展的社会背景与过程、"现代派"教育的理论基础、"现代派"教育的基本主张及其对欧美教育发展的影响。在对"现代派"教育理论进行研究时，本课题遵照最近几年学界获得的新认识，不但对杜威的教育思想和美国的进步主义教育运动进行了探讨，还对西欧的新教育运动及其理论代表的教育思想进行了深入的分析，剖析了它们各自的特点，比较了它们之间的异同。在以上研究的基础上，本课题进一步从教育本质观、教育与社会、教师与学生、课程和教学等四个维度讨论了"传统派"与"现代派"的关系，揭示了二者冲突的深层原因，探讨了二者融合的理论根据和相互沟通的可能性。

（三）课题研究取得的主要进展和不足之处

本课题研究取得的重要进展大体上可归结为以下四点：

1. "传统派"、"现代派"、"新传统派"教育理论的形成、发展及其相互关系，构成近现代西方教育发展的主线之一，对西方乃至世界教育理论与实践的发展产生了重要影响，"传统派"与"现代派"的争论、冲突和融合是教育学界的经常话题，但至少在国内还未曾对这一重大课题作出全面、系统的研究，本课题是我国学者对这个重大课题进行的一次比较系统的研究，具有开创性质。

2. 通过系统研究，理清了西方教育史上所谓传统派和现代派教育问题的由来，说明了二者均为特定社会和文化背景的产物，是对现实教育问题所做的理论研究，二者虽有差异，但也有相似和互补之处，打破了"非此即彼"的二元认识模式，提出了"冲突和融合同在"、"历史贡献与历史局限同在"的结论。实际上，将所谓传统教育与现代教育作为对立的理论派别提出来进行对比研究、对传统教育（"旧教育"）的观点大加批判，对现代教育（"新教育"、"进步教育"）观点大加颂扬的杜威在1938年所写的《经验与教育》一书中已对"非此即彼"的思维方式进行谴责，提出了传统教育与现代教育在更好地满足教育要求的前提下实现和解的问题。[①]这就是说，长时期受到二元认识模式困惑的进步主义教育理论主要代表人物的杜威在其晚期就已开始实现对这一模式的超越了。

3. 突破了教育界一般把"传统派"等同于赫尔巴特学派的认识，扩展了"传统派"的内涵和外延，将"新传统派"纳入"传统派"范畴进行了研讨，对作为"现代派"教育组成部分的美国进步主义教育运动与西欧新教育运动也作了比较深入的研究。

4. 坚持历史研究、理论分析与比较研究相结合是本课题组在研究方法上的特点。这对问题的深入探讨有所帮助。此外，对我们来说，"洋为中用"的目的性也是比较明确的。

如上所说，"传统派"、"现代派"、"新传统派"思潮的许多代表人物的教育思想对各国教育理论建设和教育实践的发展产生了重要影响。但是，由于二元认识模式的困惑，在一些国家，在对待"传统派"或"现代派"教育的态度上也出现过忽"左"忽"右"的不良倾向，给这些国家的教育理论建设与教育改革也起过明显的消极作用。全面总结这方面的经验教训对我国今后的教育建设和教育改革将是有益的。本课题组在这方面的工作做得还很不够。

（四）课题研究取得的主要成果目录

1. 阶段性研究成果

1）"杜威的教育思想"：《外国教育思想通史》第九卷中的一章，约5万字，将由湖南教育出版社出版；

2）"西欧新教育运动与新教育思潮"：6万多字，成果形式和出版单位同上；

---

① 详见《杜威教育论著选》，赵祥麟、王承绪译，华东师范大学出版社1981年版，第345页，第376页.

3）"美国进步教育思潮"：6万多字，成果形式和出版单位同上；

4）"苏联前期的教育思想"：3万多字，成果形式和出版单位同上；

5）《现代西方教育思想流派新探》：专著，23万字，广东高等教育出版社1999年已出样书；

6）《基础教育的基本问题》：论文，6000字，载《教育研究》1999年第3期；

7）《学校何去何从——从进步教育与要素教育的对立谈起》：论文，8000字，载《江西教育科研》1998年第12期。

2．提交鉴定的研究成果

课题组提交鉴定的主要研究成果是《二元认识模式的困惑与超越——"传统"与"现代"教育研究》。它是一本专著，20万字，已获鉴定组成员们的充分肯定并通过了鉴定。课题组将根据鉴定专家的建议和我们自己认识到的不足之处，对该成果作出修改和补充，然后和出版社商定出版问题。

（五）研究成果推广的范围和社会效益

预计，本课题的上述研究成果将在师范院校师生、中小学教师和广大教育工作者中得到推广，对他们的教育理论学习、研究与教学工作起到参考作用。

（六）尚待进一步研究的主要理论和实际问题

我们前面提及的本课题研究的不足，只是针对提交鉴定的成果所需修改、补充之处。而从长远来说，我们的研究可以说还只是起步。这首先是因为作为"传统派"和"现代派"主要理论代表的赫尔巴特与杜威都是世界教育家群体中最重要的人物，他们的教育思想体系博大精深，著述较为丰富，影响深广，有待于对他们的教育思想体系作专门研究。其次，20世纪50年代以来，世界各国开展了声势浩大的教育改革，其中面对的教育问题和提出的改革措施既反映了"传统"与"现代"教育派的冲突，也反映了两派融合的基本趋向，出现了体现两派长处的新思想，如以皮亚杰和布鲁纳为代表的结构主义教育思潮，在20世纪五六十年代美国教育改革中就发挥了主导作用。对此，也需要加以认真的总结和研究。

附件七：《俄国教育史》书评（一）

深邃、开阔、从容、厚重
——读吴式颖著《俄国教育史》[*]

王长纯

吴式颖先生所著《俄国教育史——从教育现代化视角所作的考察》（文中简称《俄国教育史》），从开始构思到最后出版，历时十七年，2006年由人民教育出版社出版。这是建国以来我国第一部名为俄国教育史的专著，也是第一部以教育现代化为视角的国别教育史研究著作，是我国俄国教育研究和外国教育史研究领域的重要研究成果。这部著作的出版值得祝贺。

历史研究的功能是"述往事，思来者"。外国教育史研究就是要通过对于我国以外的其他国家既往在整体社会发展的环境中教育活动的叙述和对于其中成败得失的追问与分析，揭示教育发展中的内在逻辑、一般联系、特殊规律和重要的历史经验，使同代人与后来人有所启发、有所镜鉴。这是一种历史义务，是历史研究者首先应明确的、自觉承担的义务。吴式颖先生的新著关注的是俄罗斯教育的昨天，但意在说明影响教育现代化的多因素作用、教育现代化自身发展的基本脉络，从而更深刻地理解教育现代化的历史运动，启示今人与后人，特别是使中国的教育改革能从中有所感悟。撰写《俄国教育史》一书，也许正是吴先生作为外国教育史学者和研究俄国教育的专家，自觉意识到自己梳理俄国教育史的某种义务吧。该书向读者敞开的深邃的历史场景、开阔的比较视野、从容的辩证分析、厚重的启发意义，让我们赞叹不已。

一、深邃的历史场景

我与吴先生初识是在1984年哈尔滨市召开的苏联教育改革研讨会上，我拿自己的一篇参会文章《论苏联中等职业学校发展的新阶段》向她请教。吴老师

---

[*] 该文原载《北京大学教育评论》，2007年第2期。作者简介：王长纯（1942—   ），男，首都师范大学教育科学学院教授。

非常中肯地提醒我，研究苏联教育要和苏联的历史、政治、经济、科技、文化的发展变化联系在一起考察。那次谈话给我留下深刻的印象。这次拜读她的新作，又自然地联想到22年前吴先生的教诲。吴先生以她一贯的教育思维方式，把对俄罗斯教育长时段的研究回放到其所发生的历史情境之中，展现了复杂、生动、多侧面的历史场景，把俄罗斯教育镶嵌在俄罗斯民族形成与发展、俄罗斯国家政治经济社会文化变迁的总体动态图景之中。我们从中看到的是活生生的历史叙事，体味着俄罗斯教育发展的深层原因，感悟着俄罗斯教育与其社会政治、经济、文化的紧密关联，并常常不由自主地反观我国现代教育的发展历程。吴先生的大作提供的不是堆砌的史料，而是以历史唯物主义为基础、从教育现代化视角对俄罗斯教育所作的深度考察。

吴先生在该书的第一编《俄国教育现代化的历史基础》，以大量丰富翔实的资料，从俄罗斯文明的产生，包括俄罗斯民族的产生、俄罗斯统一国家的形成这些俄国教育产生的最原初、最根本的方面出发，在纷繁复杂的国家、民族的历史纠葛中清晰地描绘出俄国教育现代化的历史基础。该书从斯拉夫人的起源和基辅罗斯形成开始，叙述了斯拉夫人的形成与分化，基辅罗斯的兴衰和文化教育发展，14—16世纪初作为俄罗斯人的共同文化基础的俄语的形成，各古罗斯公国的变化，莫斯科公国的强盛以及统一俄罗斯国家的出现，其中有罗马帝国的影响，有与古代德国、瑞典、波兰、立陶宛的复杂历史关系，有长期的鞑靼蒙古的侵略控制，有东正教的形成和东正教脱离罗马而独立的发展，有远古罗斯人的劳动、创造和最初的教育以及争取独立和自身权利的曲折斗争，这些历史事件构成了复杂生动的历史场景，从中我们也会体会到俄罗斯教育的原始蕴藏，认识到教育现代化的俄国逻辑。其中关于罗斯人和俄语形成的描述，在国内还没有著作做到如此深入。可见吴先生对俄国教育的研究有着十分深厚的俄罗斯文化基础和非常充分的准备。

该书以教育现代化为视角，同时采用了长时段的历史考察，抓住俄罗斯脱欧入亚和脱亚入欧的重大线索。从早期基辅罗斯作为欧洲重要国家，到被鞑靼蒙古人统治，被迫经历了240年的脱欧入亚的漫长过程。而后，彼得一世的改革打开了向西方学习的大门，又开始了俄国脱亚入欧的现代化历史进程，揭开了俄国教育现代化的大幕。正是吴先生描述的这一幅俄罗斯社会发展的总体图景，使我们有可能较以前更为深入地了解俄罗斯教育复杂而独特的历史道路。

从该书中我们可以清晰地看到，俄罗斯教育的发展大致经历了基辅罗斯、鞑靼蒙古人统治下的罗斯、莫斯科公国、沙皇俄国（特别是彼得一世的改革和1861年农奴制的废除）、苏维埃俄国五个发展阶段。其间，俄罗斯教育经历了促成主要的社会—文化转型的五大事件：第二罗马帝国—拜占廷文化的重大影响；鞑靼蒙古人的武力统治及其所携带的文化的浸透；彼得一世重新欧化，向西方学习；马克思主义的传入；列宁主义的诞生与发展。该书所说的教育现代化角度，是现代化视野中的一个重要观察点，而现代化视野实质上是现代社会转型的视野。社会转型是一种社会发展的模式，是一种由量变积累产生的突变形式。它也是在社会未来变化几种可能性中的重大选择。如涂尔干所言，这种发展"远非遵循这一条僵化的规则道路"，"（教育）形式可以是多种多样的，但并非无限，在每一历史时刻，都有几种可能的未来"。[1]该书作者既把现代化作为俄国社会历史变迁的重要阶段，又当做解释俄国现代社会教育的重要分析角度。当然，现代化本身是一个非常复杂的问题。

特别需要指出的是，作者实事求是地叙述了宗教对俄国社会发展、国家现代化和教育制度变迁的深刻影响，使读者能够进入社会深层了解教育现代化。

该书从史实出发将东正教的产生、东正教与俄罗斯教育发展的关系、与俄罗斯教育现代化的关系动态地揭示出来。公元988年，基辅罗斯大公弗拉基米尔一世在拜占廷移民城市赫尔松受洗，并把东派基督教作为国教，对基辅罗斯学校教育的创办起了推动作用。从伊凡三世开始被尊称为"真正的东正教"的世界首领，到1589年俄国教会摆脱了对君士坦丁堡总主教的依附，到1721年东正教最高牧首的职位被取消，再到沙皇成为俄国东正教的最高牧师，并设有宗教事务委员会，教会不得干预政治、插手世俗事务，教会成为沙皇的附庸，这种变化促进了俄国教育的新发展，为俄罗斯教育现代化提供了可能性。但是直到19世纪50年代中期，东正教仍然谋求在初等教育领域发挥主导作用，并且事实上教育领域里教会的影响在当时的俄国随处可见。十月革命以后，1918年苏俄人民委员会颁布了《关于信仰自由、教会和宗教团体的法令》，明确宣布教会必须同国家分离，学校必须同教会分离，为教育现代化提供了必要的保证。[2]透过书中描写的教会变迁及其在教育发展作用的历史变化，我们可以看到俄国教育现代化进程的另一种线索。

在上述五次社会—文化转型中，除了鞑靼统治时期和苏联早期之外，其余时期在不同程度上都有俄罗斯社会的"欧化"进程。可以说，重新欧化是俄国现代化的起点，"欧化"是俄罗斯社会发展的一条主线，"俄罗斯一直在追求与西欧的融合"。该书对俄国教育历史场景变换中的教育事件、对俄国教育现代化中制度变迁的叙述也是非常深入的。我在年轻的时候读普希金1814年写的《皇村的回忆》，先是中文版后是俄文版，都没弄懂什么是皇村中学，读了几本教育史著作，亦没有对皇村中学的解释。吴式颖先生在这部著作第四章《17世纪中期至19世纪中期俄国社会与教育的发展》中，专门从学校结构的角度，介绍了沙皇亚历山大一世以法国的国立中学为范本建立的皇村高等政法学校，还特别指出诗人普希金是皇村中学的第一届毕业生。[3]读到这里，终于揭开了近半个世纪的疙瘩，由于有了对这种带有自由主义色彩的教育结构及这种新型学校重要职责的认识，我对于普希金《皇村的回忆》的意义才有了新的理解。同时，这也是彼得一世以后，俄罗斯脱亚入欧、开始教育现代化探索的一个重要确证。

二、开阔的比较视野

比较分析是教育史重要的科学原则。[4]《俄国教育史》拥有开阔的比较视野，对许多历史事件采用比较分析的方法，在比较中出现了新的意义空间，使读者更能够产生对具体历史问题的清晰理解。

在该书第三章《13世纪后期至17世纪初期古罗斯各公国的社会政治经济生活及文化教育状况》中，作者对成吉思汗帝国统治者的作为与阿拉伯伊斯兰文明作了具体的比较，使读者能在错综复杂的古代罗斯的国际关系中理解统治罗斯的金帐汗国必然灭亡的原因；更能使读者了解到阿拉伯伊斯兰文化这一时期对西欧文化发展的巨大贡献，对文艺复兴时代到来的历史性推动，认识金帐汗国统治对古罗斯发展的桎梏和集权文化对早期俄国的可能影响，体会到对蒙古鞑靼人统治的不屈反抗之所以成为俄罗斯民族爱国主义、英雄主义等重要文化精神的原因。[5]

在叙述俄罗斯文化教育时，作者又专门描述了这一时期东北罗斯以西国家的情况，从"创造新的文化也要有一个新的起步点"这一深刻的认识出发，指出这些国家将古希腊罗马文化作为起步点，并由此开创了辉煌的文艺复兴时期，极大地促进了现代化的进程。作者将此时俄罗斯与西方社会的发展作了深入的对比，指出俄国古代的历史发展不但决定了它的现代化后进者地位，而且使其现代化进程具有既不同于西方、又不同于东方国家的特点。这样一来，借用西方的先进技术以提高自己的生活质量与国家实力便成为俄国当权者最初的理想选择，从而使它重新踏上欧化的道路。[6]这不但揭示了而后彼得一世改革脱亚入欧、开启俄国现代化道路的必然性，其比较视野也使我们能在一定程度上洞见俄国教育现代化的主要目的、主要内容和主要做法。

该书揭示了一种推动教育现代化的、并且反映贯穿于这一过程中的不同思潮的论争，即如何对待西方的教育思想和俄国自己的教育实践，不论是沙俄尼古拉政权时代西欧派和斯拉夫派的论争，还是农奴制改革时期自由派和民粹派的不同道路，或是苏联建立初期关注现代派教育理论与继承本国教育遗产和传统派教育理论观点的博弈。教育现代化首先是教育观念的变化，是不同观念的冲突与碰撞，这些构成了俄国教育现代化的一种基本的内在矛盾。该书通过对这些论争在不同时期的表现和矛盾冲突解决的不同结果进行比较，勾勒出俄国教育现代化曲折发展的路径，并给中国教育现代化的实践以深刻的启迪。

该书第四章叙述了17世纪中期至19世纪中期俄国社会与教育的发展和西欧工业化运动的冲击促发了俄国卷入资本主义市场，农奴反抗此起彼伏，先进贵族也加入其中，动摇着俄国的农奴制，挑战历史上有名的俄国"专制制度、东正教和民族性"的所谓保护性原理。沙皇俄国向何处去？俄国现代化需要怎样的教育？从19世纪30年代开始围绕着这一主题发生了西欧派和斯拉夫派的激烈论战。作者抓住了这一俄国现代化过程的重大历史事件，对两派的代表人物、主要主张、思想观点作了清晰的比较。斯拉夫派强调俄国历史发展的特殊性，主张废除农奴制，召开缙绅会议。但是，他们又断言俄国人民笃信宗教，衷心爱戴君主，赞扬古老习俗，把族长制村社奉为理想，主张改革应自上而下进行。西欧派则与之对立，反对权力无限的君主制和农奴制，认为俄国必须走西欧的道路，采纳西欧文明并按资产阶级议会原则改造国家制度。[7]这表面上是不同政治道路之争，实际上这种争论也指示着当时俄国教育现代化，包括教育目的、教育内容、教育方法的不同思想的不同观点，是欧化还是斯拉夫化？当然，这场论争有力地促进了俄国社会思想的发展，也极大地丰富了俄罗斯教育现代化的思想。可以看到，俄国先进思想界已经认识到在现代化的道路上不能盲从，坚持农奴制就是历史的倒退。

三、从容的辩证分析

对历史事件深入的辩证分析是吴先生这部新作的重要特点。吴先生坚持历史唯物论，占有大量翔实的第一手资料，运用辩证法对复杂动态的俄国历史、俄国教育现代化进程中的具体问题作了正反两个方面的剖析，从容不迫，娓娓道来，其功底可见一斑。

现代化、包括教育现代化不是设计的结果，也不是只从经济一维或只从文化一维就能决定并结束的重大历史过程。吴式颖先生在本书中，对俄国教育现代化作了民族、政治、经济、文化、社会、宗教、教育、国际关系的多因素分析，因而，沿着俄国社会的发展模式及其历史变迁轨迹，读者得以看到独特的俄国教育。可以看出，作者在试图摆脱长久以来教育研究中机械的经济决定论的束缚，同时，也不赞成文化热中出现的唯文化倾向。作者的这种努力对于我国今天的教育研究在方法论上具有明显的思考价值。

该书所谈的俄国教育现代化是从彼得一世开始的，各个重大历史时期的法律和政策对教育现代化起着重大作用。在彼得一世改革中，俄罗斯帝国意识取代东正教思想成为全俄思想，鞑靼蒙古人中央集权制的统治模式进入俄罗斯文化，专制制度确立；西欧的科技文明在俄国得到传播和推崇。集权制与科技理性是彼得一世脱亚入欧、实现俄国拥有自己特点的现代化的两个关键点，确立了俄国二元社会结构的分离性。这次重大改革高度重视人才的培养，开始允许贵族出国旅行，派遣优秀学生出国留学。[8]彼得一世上述的改革，在很大程度上决定了此后很长一段时间俄罗斯教育现代化的方向和艰难的步履。

也正是在上述背景下，俄罗斯各阶层的开明人士都在反思俄罗斯落后于西方的深层社会根源，进而明确提出反对农奴制。1861年，俄罗斯出台解放农奴的宣言，并颁布了农奴制改革的法令，在社会结构上打破了地主与农民的二元结构，进一步为教育的现代化开辟了道路，特别是1863年的《大学章程》使高等学校重新获得了某种自治权，教授们获得了进行学术活动的较大自由。在这前后展开的俄国公共教育运动直接推动俄国教育现代化的发展。尽管如此，俄国1861年改革也是不彻底的、非自觉的社会转型。正如该书所言：当时的"俄国教育离现代化的目标还是相当遥远的。"[9]从俄罗斯社会长时段的历史进程观察，十月革命铸就的苏联社会主义建设促成了俄罗斯社会发展模式的变迁，这也是彼得一世以来俄罗斯现代化某种特殊的继续。

苏联时期的教育指导思想和文教政策对于在工业化进程中实现教育现代化发挥了至关重要的作用。这里特别要指出，苏联成立早期，所谓无产阶级文化派大肆鼓吹历史虚无主义，夸大无产阶级文化的特殊性，主张全盘否定教育文化遗产，并以无产阶级文化的创造者自居。正是列宁揭示了无产阶级文化派的谬误，坚持建设社会主义文明的正确方向，为教育现代化的实现提供了重要的思想源泉。

苏联的工业化对高等教育现代化提出了很高的要求，而苏联高等教育的现代化又极大地推动了苏联综合国力的发展。苏联在高校招生方面政策的变迁在高等教育发展中起到了十分重要的作用。

十月革命初期至20年代实行优待工农子女的政策，许多工农子女通过工人系的学习进入高等学校。到30年代，十年制中学有了很大发展，苏联适时地改变了高校招收政策，以择优录取取代推荐为主。这一改革大大提高了苏联高等教育的质量。尔后苏联的高校招生政策受到赫鲁晓夫思想的影响，规定只招收具有2年以上实际工龄、有单位推荐的青年人进入高校。在苏联高等教育发展新时期（20世纪60年代后期到整个70年代），坚决终止了这种招生办法，实施了一系列重要的改革：重视在普及义务教育的基础上发展高等教育，恢复择优录用应届毕业生的招生方法；建立高等学校预科制度，招收具有完全中等教育水平的先进的工人、农民和士兵；采取高考和中学阶段的考核相结合的招生政策；对边远地区的考生实行定向招生和定向分配的政策。这一时期高校的招生政策为教育现代化乃至国家现代化提供了有利的条件。对苏联高校招生政策几次重大变化的反思，会对我国高等学校招生制度的改革提供有益的参考。

苏联教育发展中儿童学是一个绕不开的历史事件。我在1991年写过一本名为《现代国外教育家群》的小册子，在涉及苏联教育时也谈到了儿童学，但是，在研究的深度和广度上远远不及吴先生。

该书依据历史事实，对从20世纪初期已传入俄国的以研究儿童发展为主要内容的儿童学在苏联20—30年代教育发展中的负面影响和积极作用作了辩证的思考。一方面，作者指出当时苏联的教学改革者力图将西欧和美国进步主义教育运动的教学形式和方法、杜威的教育理论运用于中小学改革的实践，因此，儿童学曾受到当时苏联教育部门主要领导人的高度重视，在他们看来，教育工作、包括教学法的选择在很大程度上取决于对儿童的了解；同时作者也指出，儿童学试图将心理学、解剖学、生理学以及其他学科的材料融为一体来研究儿童的努力没有获得成功，把成长中人的本质特征变成了一种生理上的表述，过分强调遗传因素的自发影响，事实上造成学校教育的一些混乱。[10]

作者指出，《关于教育人民委员部系统中的儿童学曲解的决定》（1936年7月4日）要求恢复教育学和教师的权利，终止了教育人民委员部对儿童学的全力支持，帮助教育工作者提高了对教育、教学工作在儿童成长过程中所起作用的认识，增强了工作的光荣感和责任心。同时，作者认为该决定用行政命令的办法发动对儿童学的批判，并取缔了这个学派，对苏联教育科学的发展产生了明显的不良影响。我们可以从作者全面深入的叙述中发现俄罗斯教育思想在苏联时期获得真正发展恰恰是这以后，从对欧美教育思想的追逐中实现教育现代化转到了对本国教育史和教学论、教学法的研究，而这种转移在很大程度上促进了尔后苏联教育科学的繁荣，成为苏联教育理论迅速发展的一个起点。作者并没有在此停笔，而是揭露了自此以后在苏联教育史学界非此即彼的形而上学态度，对于杜威等的现代西方教育思想的态度就只剩下责骂了，并深刻地指出，以党代政、以路线斗争代替学术讨论和用行政命令的高压手段取缔某学派的做法并非孤立现象，而是与斯大林模式的政治体制、特别是对斯大林的个人崇拜相联系的。

这段历史在今天特别值得重温，以使我们冷静地反思我国教育理论与实践发展中如何处理本土经验和舶来品之间的关系，努力将我国教育推进到一个发展的新起点。

吴式颖先生就是这样以复杂的辩证思维深入地破解苏联教育史上这一复杂的重大事件，还历史以真实，并给以中肯的评价。如前所述，吴先生之所以能如此从容，是因为她占有了大量资料，有"竭泽而渔"的真功夫，这使我想到傅斯年主张的"上穷碧落下黄泉，动手动脚找材料"。吴先生这部新作中，在叙述乌申斯基的过程中，并没有满足于国内已有的有关乌申斯基的大量资料，而是深入查询，找到了国内尚未发现的材料。乌申斯基在《学校的三个要素》中指出："任何规程和教学大纲，学校中的任何人为机构，无论它考虑得多么周密都不能代替人格在教育工作中的作用……没有教师人格对学生的直接影响，深入人格的真正的教育是不可能的，只有人格才能影响人格的发展和确立，只有性格才能形成性格。"[11]这段话是吴先生直接从1952年苏联出版的《乌申斯基全集》译出并引用的。这段话十分重要，充满现代化的味道。现代化是人的现代化，人的现代化要求自由发展的空间，要求打破封建专制的束缚。只有现代化的发展才有可能发现人格的意义，重视人格的培养，重视教师人格的作用。吴先生援引的这段话让我们更深地感受到19世纪中期开始的俄国公共教育运动现代化思想的脉动，使我们再一次发现教育现代化与人的发展与培养的普遍联系。

四、厚重的启发意义

读罢吴先生的大作，我深深感受到马克思经典作家所强调的"周围的感性世界决不是某种开天辟地以来就已存在的、始终如一的东西，而是工业和社会状况的产物，是历史的产物，是世世代代活动的结果"。[12]今天只是历史的一种延续，我们生活在历史之中，历史的研究在于沟通历史、现实与未来，当然现实与未来处于历史的空白处，优秀的史学著作能够激发读者与这些空白的对话而深入思索，而历史著作也以此对现在乃至未来发生持续的影响，这是历史研究应具有的价值和意义。

现代是历史生命的中心，历史不应只是回忆过去，而应该将过去、现在、未来同等看待，应该阐明从现在而过去而未来的不断的生命之流。研究历史的目的，是根据对历史的深刻认识理解现代的社会生活，洞察当今的问题，所谓"知古而察今"。奥古斯丁（Augustinus）很早就指出，历史时间只是现在的关系；马克思以现代性为历史之全体性和发展性的基础。从现实出发，向历史提问，这又是法国年鉴派史学的著名口号，意大利思想家克罗齐所言"一切历史都是现代史"，指的也是这种治史态度。读吴先生的著作，久积于心的一些问题豁然化解，感到历史的厚重和思想的力量，并感受到其复杂而清晰的线索、宽阔而又细致的运思。

吴式颖先生此书从梳理俄国教育现代化的新角度，拓宽了国内对教育现代化的研究，提供了可供借鉴的历史根据和思想资料。全书以多因素全面观照俄国教育现代化的复杂背景和独特道路，视界开阔，不是杂乱无章的事实堆砌，也不是随文点播的泛泛之论，而是从对历史的总体把握中引导读者乘小舟进入时而蜿蜒曲折、时而波涛汹涌的俄罗斯历史之流，直至源头。透见摇曳不定的河底，一种不可名状的历史亲切感和纵深感油然而生。吴先生的新作填补了国内关于俄国教育现代化研究中的空白，对教育史研究、对俄国研究、对教育现代化研究都是一个杰出的贡献。吴先生把俄国教育现代化置于俄罗斯国家发展的深邃的历史场景中，其宽阔的比较视野、从容的辩证分析使我们对俄国教育现代化、对于今天俄国教育的改革都会有深刻的理解，并得到厚重的启示。

20世纪六七十年代苏联开展了连续十年的以教学内容现代化为中心的教育改革，作者肯定了这一改革"使苏联中等普通教育学校的课程结构与教学方法有了很大的改进"，[13]同时又指出这场改革远远没有解决苏联普通中等教育的学制短、教育教学任务繁重，普通教育、劳动教育和综合技术教育难以兼顾的矛盾。她援引苏联教育学者的说法："现行的大多数学校课程的内容具有相当高的科学水平，在很大程度上能满足科技革命时代的要求，能适应社会主义社会现阶段发展的任务。这样，在许多门学校课程中，普通中等教育的理论组成部分得到了应有的反映。但是，对于教养内容的实践部分却不能这么说，这个部分需要予以大力加强，……从根本上改善为现代化国民经济培养未来专家的工作，不从根本上依靠学校的高水平的一般科学训练是不可能实现的。学校教育的最根本的缺点之一，就是学生负担过重。由于教材造成的学生负担过重，导致学生无论在掌握普通教育内容方面，还是在思想教育方面都受到严重的障碍。因此，克服学生负担重的现象，使学习负担标准化，是改革的最重要要求。"[14]作者对苏联被称为十年改革的教学内容现代化举措的历史梳理，并没有联系到当今俄国以及我国基础教育的改革，这是作者留下的空白。而与这些空白对话，使我们不禁联想到我国已经开展多年的基础教育课程改革，是否可以反思一下这场大规模的课程改革的积极意义及其存在的主要问题，如何从根本上理解并解决学生负担过重的紧迫问题。

吴先生在第十一章《苏联教育的成就、经验与教训》介绍了俄国国内和西方人士对苏联教育的评价，还依据苏联教育现代化的历程及整体社会发展的样态作了再评价。作者强调正是在苏联时期俄国完成了教育现代化，并从对俄国教育史整体把握的角度总结了苏联用较短的时间实现教育现代化的主要经验，包括：党政领导懂得知识能造福于人民和科教兴国的道理；重视教育理论研究，不断总结教育经验和开展教育实验；初等教育的普及和中等教育的发展与提高；重视师范教育和师资培训与提高；人民自身对知识与教育的渴望得到不断的激发和社会各界对教育事业的积极性被充分利用。作者同时指出苏联教育问题的严重性和主要表现："苏联解体的内因虽然主要是各发展阶段苏共在政治经济方面的失误，但与教育也有很大的关系。苏联教育的主要问题，一是思想政治教育的教条化；二是教育体制的机械性。"[15]该书不论是对经验的总结还是对问题的揭示都是很中肯的，也留给我们充分的思想空间：既然这些是苏联实现教育现代化的经验与教训，正在奋力实现教育现代化的中国是不是可以从中吸收到一些有益的启示呢？答案应当是肯定的。当然，吴先生的大作并没有终结对俄国教育史的研究，一是教育现代化只是教育历史研究的一个角度，而且从现代化角度对俄国教育史的研究也还有接着吴先生继续思考的广泛可能。

从《俄国教育史》一书的写作，可以感受到班彪评论司马迁《史记》所说的"善序事理，辩而不华，质而不野，文质相称"。更为重要的是，此书为研究俄国教育提供了一个重要视角，多因素与长时段结合的方法，摆脱机械的经济决定论和文化决定论的尝试，复杂眼光的辩证分析，对教育现代化的深入理解。一本好书就是一所学校，作为这所学校的一名学生，我衷心地感谢吴式颖先生。

参考文献

[1][2]（美）M. 艾默贝耶. 涂尔干对历史和社会学分析的贡献[J]. 国外社会学，1997（4—5）：19—20，61—297。

[3][5][6][7][8][9][10][11][13][14][15] 吴式颖. 俄国教育史——从教育现代化视角所作的考察[M]. 北京：人民教育出版社，2006：176，91—105，138，156—157，164，262，310—314，235，350，419—420，426—429.

[4] Dzhurinsky A. N. Thinking at History of Pedagogy, Pedagogy[J], 2001, (6): 72.

[12] 马克思，恩格斯. 费尔巴哈[M]. 北京：人民出版社，1988：20.

附件八:《俄国教育史》书评(二)

客观分析历史,理性探讨得失
——《俄国教育史》述评[*]

李莉 朱旭东 肖甦

《俄国教育史》是由吴式颖教授撰写的一部关于俄国教育史的著作。作者以教育史学家的深邃思想和广阔视域,以教育现代化为视角对俄罗斯教育史进行解读,并从教育形态的变迁状况和教育现代性的增长状况两个纬度考察俄国教育现代化的进程,总结其教育经验教训。该书是世界教育现代化历史研究的个案研究,也是作者长期探索和研究俄国和苏联教育问题的成果。自苏联解体后,对于俄国教育的研究进入一个相对较冷阶段,研究队伍逐渐缩减,学术成果相对较少。因此该书的出版,以其精、专、详、深的特点,为研究世界教育和俄国教育的学者呈上一份饕餮盛宴。

一、俄国教育研究的历史沿革

中国对俄国教育的研究开始得较早,按照时间纵向顺序和研究成果特点可以分为下面几个时期:鸦片战争后至解放前夕。

鸦片战争后,中国的有识之士主张向外国学习教育经验,改革中国的教育制度。如郑观应的《盛世危言》(1894)中介绍了德、英、法、俄、美、日等国的教育制度,而各种公报及刊物对苏俄教育也多有介绍。如《教育世界》(1901.5—1908.1)多期对俄国学校就学人数、中小学数量及女子学校进行介绍。20世纪初,中国的俄国教育研究扩大了研究范围,研究内容也更广泛,包括教育行政、学制、各级各类教育的教育宗旨、教育内容、教学方法、教学组

---

[*] 该文原载《比较教育研究》,2007年第1期。

织等。另外，形成了国别教育体系，已有一些研究俄国教育的专著出现。其中一些是翻译的著作如《苏俄新教育》《苏俄新教育之研究》《苏俄的教育》。同时我国学者也编著了一些俄国教育专著，如《苏俄新教育概观》，它语言简练，内容丰富，对俄国教育制度、行政、经费、各级各类学校等进行了介绍。总体上讲，这一时期对俄国教育研究还处在一个相对较低的水平，多是译著，重点多限于研究苏联时期教育，且多停留于现象的描述。

解放初期至"文化大革命"。解放后，中国在社会主义建设的各个方面，都提倡向苏联学习经验，教育方面尤其如此。研究和介绍苏联的教育制度、教育理论和教育经验，几乎成为当时研究外国教育的唯一任务。20世纪50年代，翻译出版了不少苏联的教育论著，一些教育理论和教育思想的书籍都被翻译出版。如《马卡连柯全集》《列宁教育文选》等，还有一些苏联教育家如克鲁普斯卡雅、凯洛夫的教育理论书刊也介绍到中国，但具体深刻而又翔实地论述俄国教育史的著作还是非常鲜见。这一时期主要特点是照搬、照抄苏联教育理论和教材，翻译得多，研究得较少。虽然翻译著作范围较宽、成果较多，但理论深度和研究视域还较为狭窄，理论自觉意识不强，对沙皇时期教育批判得过于厉害。

"文化大革命"后至苏联解体属于繁荣发展时期。教育研究得到了突飞猛进的发展，对苏俄教育的研究不断加强和深化，理论且系统地研究俄国教育便是从这一时期开始的。该时期翻译得多，研究得也多。赞科夫、苏霍姆林斯基等苏联教育家的教育著作几乎全部翻译介绍到国内，如《教学与发展》《关于全面发展教育的问题》《给教师的建议》等。很多研究学者都是在苏联学习多年，短期访学、公派留学的人员也很多，他们对俄国教育理论和思想进行了全面而细致的研究，为我国教育理论发展、教材建设和教育改革作出了巨大的贡献。主要研究著作有顾明远主编的《战后苏联教育研究》、杜殿坤主编的《原苏联教学论流派研究》。同时该时期所编撰的各个版本的《外国教育史》都辟有专章介绍俄国教育制度和教育思想。

苏联解体后至今，我国对俄国教育研究进入相对较冷阶段。究其原因，首先是研究队伍缩减，前一时期的很多教育家已经退休，而新成长起来的教育家大多研究美国、日本等国教育。苏联解体后初期，俄罗斯国内对苏联时期所有建设成果进行全面批判和否定，教育也包括在内，我国学者也存在着对苏联社会主义教育的再认识问题，这些原因导致国内学者对研究苏联教育兴趣不大，热情不高。这一时期研究较少，成果也不多，主要有顾明远、梁忠义主编的《苏俄教育——世界教育大系》、王义高、肖甦合著的《苏联教育70年成败》《俄罗斯教育10年变迁》。

吴先生的《俄国教育史》属于这一时期的力作，作者高屋建瓴，以教育现代化作为视角，以辩证唯物主义和历史唯物主义的思想观点和方法作为指导去研究和解释俄国教育史。该书视野宏大，时间上突破了苏联时期的限阈，对俄国千年教育史进行了系统的研究与分析；空间上跨越了俄罗斯疆域，在世界文明背景下研究俄国教育进程；内容上突破了"就教育谈教育"的单薄，综合政治、经济及文化等社会因素对俄国教育进行全面而立体式的研究。

二、《俄国教育史》的文本解读与评述

《俄国教育史》一书将俄国教育放在世界历史文化背景中进行比较研究，就其所涉及的广泛内容而言，可以说是熔俄国教育史、比较教育、文化交流史、文明演进史于一炉，这在俄国教育史研究中尚无先例。该书博大精深、论理深刻，凭一文恐难展现其价值全貌，本文仅为管中窥豹，以求与其他读者共商。

（一）坚持以辩证唯物主义和历史唯物主义的思想观点和方法统领全书

"历史进程是受内在的一般规律支配的……历史过程中的决定性因素归根到底是现实生活的生产和再生产……经济状况是基础，但是对历史斗争的进程发生影响并且在许多情况下主要是决定着这一斗争的形式的，还有上层建筑的各种因素。"在《俄国教育史》中，作者坚持社会基本矛盾原理和生产力是社会发展最终决定力量原理，指出了生产力的进步和发展是教育现代化的主要影响因素。人类在改造客观世界的同时必须努力改造人的主观世界，作者强调了社

会存在和社会意识的辩证关系。教育作为整个社会生活的有机组成部分，受社会生产、经济基础、政治及文化等因素的制约，反之它对这些因素又具有能动作用。该书开宗明义：不同国家社会与教育的现代化都有它自己的起点和发展道路。这在很大程度上是由各个国家在其古代的社会发展和发展中所形成的文化教育传统决定的。这种社会发展及其文化教育传统和现代化事业起步以后，社会政治、经济与文化教育的发展，构成各国教育现代化的历史基础。

事物都是相比较而存在，这是辩证唯物主义认识论的一个基本观点。没有比较，就没有辨别，就不能区分事物的共性与特性，发展与变化，正确与错误，进步与落后，也就不可能对任何问题进行事实判断和价值判断。作者运用比较史学方法，不仅着力去描画和比较历史个案，把握各种各样有意义的因果模式，同时还努力透视引发俄国教育现代化演进的条件组合和原因集合。另外，作者还运用多元历史方法来解释社会现代化和教育现代化话语体系的形成，展现俄国国际和国内各种因素错综复杂的关系，使我们看到了教育体制的生产和选择机制及教育制度变迁和演进过程。该书的创作没有就俄国谈俄国，就教育论教育，而是将俄国放到世界文明进程的大的历史背景之下，将教育历史发展与教育现代化放到俄国社会现代化进程中进行考察。同时从两个纬度，即教育形态的变迁和教育现代性的增长论述其教育的现代化进程。她的观点实际上表明了一种现代化的整体观，教育的历史发展与教育现代化是社会生产、政治、经济和文化等因素的综合合力的结果。可以用下面图形来描述该书的结构脉络：

我们可以这样理解作者的创造意图和写作模式：教育过程是社会过程的一部分，它和社会的各个过程是联系在一起的，是相互依存和相互作用的。萨德勒说过"校外的事情甚至比学校内的事情更重要，校外的事情制约并

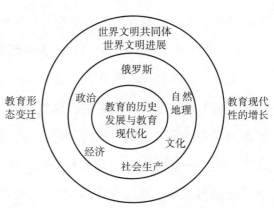

且说明着校内的事情"。离开社会各方面的因素来谈教育是不可能的。第一，社会生产的水平和性质制约着教育的水平和性质、教育的规模和结构。第二，经济制约教育的社会性质、受教育的权利、教育目的和教育内容。第三，政治通过调节各种社会关系来调节教育和社会各个方面的关系，以法律和政策的形式确立教育在社会生活中的地位及其相互关系。第四，文化的水平和性质制约教育的水平、性质和内容。另外，俄国的历史发展又是与它所处的地理位置和自然环境分不开的，与欧洲、亚洲乃至整个世界的文化发展进程分不开的。作者没有囿于经济、政治二元决定论，而是在指出经济基础决定作用的同时，强调了社会思想观念的变革在教育现代化进程中的促进作用。书中详细地论述了俄国近现代社会思想的变迁及其对教育发展的影响，这是以往我国在俄国教育研究中鲜见的。

（二）考察研究大量史料，评述兼具

作者在占有大量历史资料的基础上，自觉地将俄国教育置于具体的、历史的社会生活环境和世界文明进程这样一个坐标系当中，论述了俄国社会现代化和教育现代化发展的独特进程。作者不仅参引了世界史、拜占廷史、蒙古史，还有俄国政治史、社会文化史、社会思想史、自然地理史，同时还援引了古罗斯早期编年史、壮士歌等。对古罗斯民族起源、建立公国等一直存有争议的问题也进行了历史考证，并给出了客观和符合史实的回答："基辅罗斯的形成和基辅罗斯国家的诞生，既是东斯拉夫人在特定的自然环境与国际环境影响下发展的结果，也是瓦利亚格人即罗斯人征服的结果。"

通过对史料的梳理和分析，作者对俄国教育进行追根溯源的考察和研究，寻找俄国社会现代化、教育现代化的历史基础和发展轨迹。这也使我们看到，俄国社会的历史发展是曲折的，深受内因和外因的影响。公元10世纪左右，基督教由拜占廷传入俄国，此后拜占廷的宗教、文化给予俄国很大的影响。古罗斯国和欧洲一些国家也有联系和交往。从11世纪中期开始，拜占廷帝国走向衰落，这给古罗斯国的发展带来不利的影响。13世纪40年代，古罗斯被鞑靼蒙

古灭亡。俄罗斯民族和俄国是在与西欧各国长期隔绝和反对鞑靼蒙古统治的斗争中形成的。正因为如此，俄国没有与西欧和中欧国家同步发展，没有像它们一样通过文艺复兴、宗教改革等运动走上社会与教育现代化的道路。经历了16世纪末至17世纪初期的混乱和屈辱之后，能否借用西方先进技术以战胜强敌已成了生死攸关的问题。俄国从罗曼诺夫王朝建立的时候起，重新欧化已经成为不可逆转的历史潮流。俄国社会与教育的现代化是从重新欧化起步的，这时已比欧洲其他国家晚了300年。作者不是草率作下结论，而是援引大量史实和数据，综合考察俄国的欧洲、亚洲邻国的发展状况，世界各国的史学家的观点及俄国本国学者的研究及中国学者的著述，并通过自己对史料的分析和研究得出结论。在研究过程中作者并不是以史学家的身份将俄国教育史单纯还原真相，也不是简单呈现历史文本，而是评述兼具，运用历史和发展的眼光洞悉根源，探寻俄国教育发展之路，解释其变迁和演进的必然性和局限性。

（三）客观分析俄国教育经验教训，探讨得失

作者对各个时期俄国教育进行了客观、理性的评价，以时间的纵向顺序用三编论述俄国教育发展史。第一编论述俄国教育现代化的历史基础。作者以大量历史资料说明俄国为什么未能与英、法等西欧或中欧如德国同步开始现代化进程。基辅罗斯时期与西欧联系较为密切，发展水平比较接近。但13世纪古罗斯被鞑靼蒙古彻底征服了，阻断了俄国与欧洲文明交往之路。从此俄国与这些国家发展的差距出现并加大了，教育发展的水平也越来越落后于西方国家了。走上欧化道路以后，俄国在历史上相对短促的200多年时间里无论是在政治、经济还是在文化领域都发生了相当大的变化。俄国已经拥有一批受过良好欧式教育的知识分子，科学技术有所进步，文学艺术开始走向繁荣，这可以说是教育发展的结果。

第二编论述俄国在资本主义发展阶段进行的教育现代化变革。19世纪60年代，农奴制改革后俄国社会和教育走上了资本主义道路，教育不断得到发展。这一时期社会力量开始参与解决俄国教育问题，同时教育理性化水平有所提

高。应该说这一时期的教育成果和教育经验都为苏联教育现代化的初步实现奠定了一定的基础，但与其他欧洲国家相比教育还是相当落后的。在1897年，俄国居民识字率为16%，1910年，学龄儿童入学率仅为1/5。这些数字具体地揭示了人民群众在这个国家"被剥夺了受教育、获得光明、求得知识权利"的野蛮情况。

第三编论述苏联为实现教育现代化而奋斗的历史与经验。苏联社会主义时期，教育得到了突飞猛进的发展。苏联共产党和政府领导人一贯将教育的现代化视为社会主义改造和社会主义建设的有机组成部分。苏联教育是随着其政治经济的变革与发展而发展起来的。历史事实说明，俄国教育的现代化正是在这个伟大的时代中才得以逐步实现的。作者总结了该时期教育现代化的经验：党政领导一贯重视教育，并亲自过问教育经费、师资及教材供应等教育条件的落实，为教育事业的扩展提供了有力的保障；重视教育理论研究，不断总结教育经验和开展教育实验，促进教育科学的发展；狠抓初等义务教育，大力发展中等教育；重视师范教育和师资培训等。同时，著作中也实事求是地指出了苏联时期教育发展的两点不足：思想政治教育的教条化和教育体制的机械化。

俄国教育现代化是一个历史的、动态的过程，后一阶段的发展总是建立在前一阶段成果之上。各个体系、各个因素都始终在流变当中，在任何一个给定的时间环节上，这些持续的变化都关系到一个单一、固定和具有限定作用的参照点，也就是相关环节上的社会条件。作者在特定的历史场域中客观地解读俄国各时期的教育，指出其成就与不足，克服了历史虚无主义和对历史盲目肯定的态度，加强了对俄国教育研究的批判意识和批判能力。

三、《俄国教育史》的价值

世界不是既成事物的集合体，而是过程的集合体。作者坚持过程性原则，用发展的观点、历史的方法来研究俄国教育问题，具体考察了俄国教育制度的来龙去脉及历史传统和现代化进程的起点及轨迹，分析其教育现代化发生的机制、面临的挑战、解决问题的途径与方法。既认识其发展的渐进性，又认识其发展的曲折性，为深入分析当今俄罗斯教育寻找历史根源和理论依据。同时文章著述持整体性原则，以全局性和综合性视野，在世界文明共同体融合交流过程中，在俄国社会政治、经济及文化等的总体演进过程中考察俄国教育史。因此本书对于研究俄国的文化、历史发展及世界教育都大有裨益。外国教育制度的研究，意味着对自己教育思想的一次检讨和挑战，因而也是对本国教育制度的背景和基础的一次比较清楚的分析。作者的创作意图也表现为通过理性理解俄国教育的经验教训，为我国教育现代化发展提供启示和借鉴。

原载作者简介：李莉（1975—），女，黑龙江海伦人，北京师范大学教育学院国际与比较研究所博士研究生；

朱旭东，（1965—），男，浙江人，北京师范大学教育学院国际与比较研究所，博士生导师；

肖甦（1962—），女，福建福州人，北京师范大学教育学院国际与比较研究所，博士生导师。

附件九：褚宏启、王保星：《走向教育历史的深处》

走向教育历史的深处
——吴式颖教授的学术追求[*]

褚宏启　王保星

"学为人师，行为世范"是北京师范大学的校训。作为北京师范大学的一名在外国教育史研究领域学术造诣很深的教授，吴先生是校训的忠实践行者。先生长期从事外国教育史研究，成就卓然。她与全国同行一道，把我国本领域的学术研究推向了一个崭新的高度。然先生质朴无华，和善谦逊，为人低调，不求闻达，走在校园里，人们很难把她同学术权威的形象联系起来。大音希声，大象无形，这正是先生智者仁者风范的最佳写照。

1957年七八月间，先生回到久别4年的祖国，被分配到中央教育科学研究所工作。不久就被指派去负责接待苏联来华举办"苏联国民教育展览"的三名专家并参与编写《苏联国民教育介绍》一书。从那时算起，先生从事外国教育史研究已经整整50年。半个世纪的风风雨雨，先生亲历了新中国外国教育史研究的整个历程；半个世纪的辛勤耕耘，先生倾注了她的智慧和热情，凝结为丰硕的学术成果。

吴先生的主要学术贡献集中体现在外国教育史教材建设、外国教育思想史研究、外国教育现代化历程研究、俄国教育史四个方面。

外国教育史教材建设

吴先生不仅教书育人，还"写书育人"，几十年致力于高水平教材的编写，惠及莘莘学子。

---

[*] 该文原载《国家教育行政学院学报》，2007年第6期。作者介绍：褚宏启，北京师范大学教育管理学院院长、教授，教育部小学校长培训中心主任；王保星，华东师范大学教育科学学院教授。

1962年秋天，吴先生参加了由我国当代著名的教育学家和外国教育史学家曹孚先生主持的《外国教育史》编写组。编写组另外两位成员是滕大春和马骥雄先生。吴先生是编写组最年轻的成员。1964年，编写组的工作因其成员相继参加"四清"而不得不中断，当时已经完成了部分章节的初稿，其中包括吴先生写的"拜占廷的教育"。1973年，吴先生调到北京师范大学工作。1977年我国恢复高考后，高等师范院校各科教材建设成为当务之急。1978年吴先生和滕大春先生商量恢复1964年中断的《外国教育史》编写工作，因为曹孚先生已在"文化大革命"中去世，编写工作由滕大春先生主持。由于原编写组留下的书稿主要属古代教育，因而决定先写一部《外国古代教育史》。该书于1981年6月由人民教育出版社出版，可以说是新中国成立后由我国学者编写的第一部外国教育史教材。

从1982年起，在滕大春先生的主持下，继续外国教育史方面的教材建设，编写组决定先编一本《外国近代教育史》。该书被列为国家教委"七五"教材建设项目，由滕大春先生任主编、吴先生为副主编。该书于1989年由人民教育出版社出版。

1991年，吴先生申报了全国教育科学规划"八五"重点科研项目"外国现代教育史"。在先生的主持下，该项目由北京师大、华东师大、福建师大、杭州大学等高校学者协作完成，其成果——《外国现代教育史》于1997年由人民教育出版社出版，吴先生任主编。该书1998年获北京市第五届哲学社会科学优秀成果二等奖。

这样，从1981年到1997年历时16年，先后在滕大春先生和吴先生的主持下，人民教育出版社终于以断代史的体例出齐了一套高水平的三卷本外国教育史教材。这三本教材质量上乘，对于外国教育史的教学与研究起到了很大的促进作用。但作为教材，三本书加在一起篇幅较大，会增加学生的课业负担和经济负担。基于这种考虑，编写一卷本的外国教育史高校教材就很有必要。

早在1983年，教育科学出版社委托吴先生组织编写《外国教育史简编》，作为《中国教育史简编》的配套教材。经过4年努力，1987年竣工。该书于1988

年出版后，南方和西北各师范院校均以其为教材，很受欢迎。1989年该书被光明日报社评选为"全国首届优秀教育理论著作优秀奖"。1991年，教育科学出版社约请修订，1995年该书第2版出版。1995年华中师范大学任钟印先生来京与吴先生谈到教材建设问题时，认为《外国教育史简编》基础较好，可在此书基础上编写一部更好的教材。在人民教育出版社的支持下，《外国教育史教程》的编写工作随即展开。次年，该书被原国家教委批准为普通高等教育"九五"国家重点教材。这是一部由吴先生任主编，由李明德教授、单中惠教授任副主编，由北京师大、华中师大、华东师大、福建师大、西北师大、西南师大、东北师大、杭州大学、河北大学协作完成的体系完整、资料较新、历史分期和结构更为合理的新教材。该书于1999年由人民教育出版社出版，并获"全国普通高等学校优秀教材一等奖"。2002年吴先生又组织了该书缩编本的编写工作，并于2003年出版。这部新教材被认为是人民教育出版社的品牌书，至2006年11月已被8次印刷，累计印数9万余册，成为最受欢迎的全国师范院校外国教育史通用教材。

吴先生在教材建设中的主要贡献有三个方面：第一，经过几十年的积淀和努力，集全国之力，编写出了新中国成立以来质量上乘的教材，极大地改善了外国教育历史的知识状况，促进了外国教育历史知识的标准化，提高了外国教育史教材建设的水平，促进了外国教育史知识的传播。第二，为外国教育史教材的中国化做出了积极贡献。解放前我国学者所写的外国教育史著作多受西方影响，解放后又大受苏联影响。新中国成立初期，我国所用外国教育史教材也都译自苏联学者所写的著作。吴先生几十年编写教材的过程是不断摆脱西方教材"西方中心化"和苏联教材简单化、公式化的过程，是使外国教育史教材中国化的过程。第三，在教材编写中，之所以能取得上述两个方面的成绩并多有创新，根本原因在于吴先生以辩证唯物主义和历史唯物主义为指导。1989年，吴先生和金锵教授在《华东师范大学学报（教育科学版）》第4期发表的《四十年来的外国教育史》一文，指出了第二次世界大战后联共（布）中央一系列有关意识形态问题的决议对教育史学发展的不利影响以及第二次世界大战后出版的教育史教科书在运用唯物史观时所存在的严重简单化、公式化倾向。这种简单化和公式化倾向表现在评价教育家的时候以唯心还是唯物和政治上是进步还是反动保守划线，不能从实际的历史辩证地、实事求是地看待问题。吴先生不断探索如何摆脱苏联教育史著作不良倾向的影响。例如，对外国教育史的历史分期问题，从吴先生主编的《外国现代教育史》开始就摆脱了以政治革命为划线标准的做法，而从教育自身历史发展的实际情况出发来解决问题（以欧美教育革新运动作为现代教育的起点）。此后编写的《外国教育史教程》，以"文艺复兴与宗教改革时期的教育"作为近代教育起点，以"19世纪末至20世纪前期欧美教育思潮和教育实验"作为现代教育起点，也使问题得到了比较合理的解决，比此前出版的《外国古代教育史》和《外国近代教育史》有了新的进展。吴先生自认为她在教材建设方面所做的一切都是在完成曹孚、滕大春等前辈的未竟事业，使我国史学得以继续向前发展。

外国教育思想史研究

外国教育思想史是吴先生多年潜心研究的另一重要学术领域。

尽管吴先生主攻苏俄教育史，对苏俄许多教育家如乌申斯基、克鲁普斯卡雅、苏霍姆林斯基、马卡连柯、赞科夫的思想都有精深的研究，但她的研究不只局限于苏俄。她还深入研究了古希腊"三大教育家"以及夸美纽斯、洛克、赫尔巴特、斯宾塞、欧文、拉夏洛泰、康南特等人的教育思想。例如，她在1989年发表了以《拉夏洛泰及其〈论国民教育〉》为题的论文。该论文以宗教改革以后大约两百年法国政治经济和文化教育发展的线索为背景，评说了拉夏洛泰的社会政治活动与教育思想，并以大量史实说明了他主张国家办学的教育思想对西欧各国教育发展的影响。正是她的这一研究，确立了这位过去一直不为我国外国教育史学界重视的法国思想家在我国西方教育思想史研究中的历史地位，对于理清近代西方国民教育思想的起源和发展过程具有重要意义。

吴先生在外国教育思想史研究方面的重大贡献是2002年由她与任钟印先生共同主持编写的《外国教育思想通史》（湖南教育出版社）（以下简称《通史》）

的出版。尽管我国自20世纪80年代以来陆续出版和发表了不少有关西方教育思想史方面的教材、著作和论文，但始终没有一部系统、全面研究外国教育思想的通史。《通史》的出版在外国教育思想史研究方面具有划时代的意义。它是国家"十五"重点图书出版项目，共分10卷，约500万字，是迄今为止全面深入研究外国教育思想发展历史的巨型学术专著。正如王炳照教授所评价的，它"十分注意采取实事求是的科学态度，坚持历史唯物主义精神和方法……全面展现其思想内容和基本观点，客观考察其与当时教育实践的辩证关系及对后世的影响，特别注意分析一种教育思想理论与其他教育思想理论的联系与区别"。《通史》出版后不久，就于2003年获得我国出版业的政府最高奖——国家图书奖。

吴先生为《通史》写了长篇总序。对从古至今各个时期外国教育思想的发展历程、发展机制和本书各分卷所做的贡献进行了论述。总序系统展现了吴先生的教育思想史观，体现了她和同行编写《通史》的指导性的原则和方法。《通史》的编写工程巨大，全国师范院校从事外国教育史研究和教学的几十名学者参加了编写，由吴先生与任钟印先生共同担任总主编，经过多年艰苦努力，集中多人的智慧与热情，才得以圆满完成。在吴先生教育思想史观的指导下，经过共同努力，《通史》在以下两个方面取得了实质性的突破：

首先，体系完整，时空跨度大，解决了不少教育思想史著作中常见的欧洲中心论和西方中心论的问题。上至原始社会初民的教育行为与思想，下至20世纪后半期的教育思想，《通史》涵盖亚洲、欧洲、美洲、非洲和澳洲主要国家教育思想的历史发展脉络，对外国教育思想发展的各主要阶段、主要思想（或思潮）和主要教育家都作了极为系统的介绍和分析，基本反映了外国教育思想发展的全貌。在我国外国教育史学界，《通史》第一次尝试对东方文明古国的教育思想进行了集中、深入和系统的探讨。

其次，史料丰富，创新性强，研究方法有新突破，研究观点有新进展。《通史》挖掘了很多新的史料，并对史料予以甄别，运用辩证唯物主义和历史唯物主义对史料进行客观评价，在研究范围和研究观点方面都实现了新的重要突破。例如，《通史》根据现代考古发现和科研成果对原始社会的教育思想观念进行了研究，这是一个重要进展，因为无论中外，"还没有哪一本著作曾对原始社会的教育思想做过专门的考察和研究"。再如，对中世纪教育思想史、文艺复兴时期教育思想史的研究方面，在广度和深度上较以前都有不小进展，深刻论述了当时教育思想中宗教性与世俗性的关系、中世纪教育思想与文艺复兴时代教育思想的联系，以及文艺复兴时期人文主义教育思想、新教教育思想、天主教教育思想之间的共性与冲突。《通史》在外国古代和近现代教育思想史的研究方面取得了重大突破。

外国教育现代化历史研究

吴先生认为，理论与实践是教育的两翼，教育发展的历史既是教育思想发展的历史，更是教育实践发展的历史。教育实践是教育思想的源头，也是检验教育思想正确与否的标准。正是基于这种认识，吴先生非常重视教育实践发展史的研究。20世纪90年代以后，吴先生主持的两项主要科研任务是"外国教育思想通史"和"外国教育现代化的历史研究"。前者重教育思想研究。后者重教育实践研究，尤其是教育政策与制度的研究。"外国教育现代化的历史研究"是吴先生主持的博士点课题，由她和她的7位博士生共同完成。研究成果《外国教育现代化进程研究》共72万余字，由山西教育出版社于2006年出版。

该项研究及其成果的最重要的学术贡献在于：为分析研究教育实践的发展历史提供了一个比较新的分析框架，对于改进教育史的研究方法、提升教育史的研究质量具有重要意义。这个分析框架从教育形态的变迁和教育现代性增长两个维度探讨了教育发展的水平和状况。该书认为，教育现代化问题的实质就是教育发展问题。教育现代化是指与教育形态变迁相伴的教育现代性不断增长的历史过程。教育形态的变迁是指教育的各个层面的变化、演进过程，主要是指教育结构（如行政管理体制、学校结构、课程结构等）分化和教育功能增生、改变的过程。该书从以下方面分析了教育形态的变迁：①背景与政策。"背景"主要是指影响教育变迁的政治、经济、文化、宗教等社会背景。对背景进行分析实质上是探讨社会现代化进程对教育现代化进程的影响，以及社会政策（政治、经济政策）对教育政策的影响。"政策"是指某国家某一时期基本的教育政策，而这往往与当时该国家的社会政策相联系。②教育管理体制。教育管理体制是一种制度化的东西，其发展、转化体现了国家行政权力（乃至立法权力）对教育事业的渗透力度和范围。③教育的类型与结构。主要是指正规学校教育的类型与结构。④课程与教育教学方法。课程要素包括目标、内容和评价方式几方面。教育教学方法的变迁主要与两个因素有关，即儿童观的变化和人类认识方式的变化。⑤教育条件。教育条件是指人、财、物、技术等条件，主要是教师条件和经费条件。分析一个国家某一时期教育现代化的状态和水平应该从这些基本方面入手。

教育现代性的增长从教育形态的演变中表现出来。教育现代性是现代教育一些特征的集中反映，它体现了教育现代化过程中教育呈现出的一些新特点和新性质，教育现代性的增长是教育现代化进程的根本特征。一个国家的教育现代化程度的高低主要体现在教育现代性的增长方面。教育现代性的增长主要从教育形态的变迁中体现出来，教育形态是表象，教育现代性则表明这种形态的性质和本质。教育的现代性主要体现在教育的世俗化、国家化、科层化、理性化、民主化、专业化、科学化和福利化等方面。在不同的文化背景下，这些变迁有不同的表现。教育现代性是一个多面体，由许多方面所构成。不同国家在教育的现代性的增长方面并不均衡，不是齐头并进的，往往一个国家在教育现代性的某一方面先行发展，其他方面的教育现代性增长则较为迟缓，而另一个国家却是另一个样子。这就使得不同国家的教育现代化进程各具特色，并对其后的进程产生重要影响。

从以上维度分析一个国家教育发展的历史，体现了一种自觉的方法论意识，更好地贯彻了唯物史观的要求，克服了以往主要用单一的"学制"要素取代丰富的教育发展维度的片面做法，拓宽了教育史研究的范围，增强了研究的内在逻辑性，为不同时期、不同国别教育发展的比较奠定了坚实的基础。

此外，该书还有两点值得关注：①对教育现代化问题进行了深入的理论研究。该书对教育现代化的阶段和分期、教育现代化进程中教育的分化和整合、教育传统与教育现代性的互动方式、发展中国家教育的迟发展效应、发展中国家教育现代化道路的选择、教育现代化的价值取向、教育现代化进程中平等与效益的关系、教育现代化与人的现代化等理论问题进行了比较深入的研究，这些研究为深入分析教育史实奠定了理论基础。②对各国教育现代化的不同道路进行了细致的比较研究，并着重探讨了外国教育现代化的经验与教训对我国的启示。该书选择英国、法国、美国、德国、俄国、日本、印度和韩国八国作为研究对象，比较分析了这些国家教育现代化道路的共性与个性，对于我国的教育改革与发展具有重要的借鉴价值。

俄国教育史研究

1953—1957年，吴先生在列宁格勒赫尔岑师范学院留学，学习的是学校教育专业，当时她就对俄国教育史产生了浓厚的兴趣。1957年回国后，俄国教育史研究一直是她的主攻方向。吴先生对俄国和苏联教育史进行了深入系统的研究。这些研究涉及俄国和苏联教育制度，教育理论的发展，苏联教育政策和教育思想方法论问题，俄国和苏联重要教育家的思想等内容。吴先生2006年出版的个人专著《俄国教育史——从教育现代化视角所作的考察》，则是其一生研究俄国教育的结晶。

在1985年为《中国大百科全书》教育卷撰写的"俄国近代教育"条目和《外国近代史教育史》一书的有关章节中，吴先生从历史唯物主义的观点出发，对俄国近代教育历史发展的轨迹以及各阶段教育发展的特点、成就与问题进行了清晰的分析，提出了自己独到的见解，受到同行的肯定。在《外国教育史简编》论述苏联教育实践与理论发展的两章、《外国现代教育史》论述苏联教育理论与制度发展的各章以及1979—1981年发表的《试论苏联二三十年代的普教建设和普教改革》《从苏联当代教育发展谈到瓦·阿·苏霍姆林斯基》《赞科夫的教育实验和他的教育思想》等论文中，她系统地考察了十月革命后苏联教育制度、教育政策与教育理论的发展和变化过程，客观地分析和探讨了苏联各级教育、特别是普通教育发展的社会历史背景、改革中出现的各种问题及历史成就，从方法论原理的层次上研究了造成教育工作中某些失误的思想根源，清楚地勾画出了苏联70余年教育发展的历史脉络及其经验教训。

吴先生在研究、介绍俄国和苏联教育家的生平及思想方面做了大量工作。她系统研究和评介过的有乌申斯基、克鲁普斯卡雅、马卡连柯、苏霍姆林斯基、赞科夫等著名教育家。在这方面具有代表性的是她为《克鲁普斯卡雅教育文选》撰写的前言"克鲁普斯卡雅及其教育思想简论"和她与方苹女士为《马卡连柯教育文集》合写的前言"马卡连柯及其教育思想评介"。两文均以翔实的史科和对两位教育家思想发展脉络的准确把握而受到我国教育史学界的重视和好评。

2006年人民教育出版社出版了吴先生的个人专著《俄国教育史——从教育现代化视角所作的考察》。该书是对其一生研究俄国教育的全面总结和系统提升，代表了吴先生最高的学术成就。

早在1987年，人民教育出版社就慕名约吴先生写一部苏联教育史。瞿葆奎先生和金锵先生多次给吴先生写信，希望吴先生写这么一本书。1989年吴先生到苏联访学，访问俄国教育科学院许多学者，包括老院士斯卡特金，就苏联在20世纪二三十年代的教育问题、20世纪中期的教育改革进行讨论。除此以外，她大部分时间都在列宁图书馆读书，搜集了很多国内见不到的资料。但回国后因忙于《教育大辞典》的定稿工作，加上苏联解体、俄国局势混乱，因而就把此事搁置起来。过了几年，在出版社的催促下，她开始动笔写《俄国教育史》。2005年书稿完成并于次年出版。

在《外国教育现代化进程研究》中，吴先生承担"俄国教育现代化的历史进程"部分，但由于篇幅所限，因而对许多问题无法展开论述。《俄国教育史——从教育现代化视角所作的考察》是对俄国教育现代化研究的继续和深化。该书近60万字，以教育现代化为视角，从教育形态的变迁和教育现代性的增长状况两个维度去研究和分析俄国教育的发展历史。李莉、肖甦等撰文评论说："该书视野宏大，时间上突破了苏联时期的限阈，对俄国千年教育史进行了系统的研究和分析；空间上跨越了俄罗斯疆域，在世界文明背景下研究俄国教育进程；内容上突破了'就教育论教育'的单薄，综合政治、经济及文化等社会因素对俄国教育进行全面而立体式的研究。"该书把俄国教育现代化分为三个发展阶段，具体考察了俄国教育发展的来龙去脉，详尽分析了其教育现代化发生的机制、面临的挑战、应对的策略，充分阐述了俄国教育现代化进程的渐进性、曲折性和独特性。

上面从教材编写、外国教育思想史研究、外国教育现代化历史研究、俄国教育史研究四个方面概述了吴先生的学术贡献。实际上，吴先生的学术贡献不止于此，吴先生还参加了《中外教育比较史纲》（任近代卷主编之一）、《外国教育通史》《外国教育家评传》《世界教育名著通览》《教育大辞典》（外国教育卷）等重要学术著作和工具书的编写工作，并有多部译著出版。

从吴先生的学术活动和学术成果我们可以发现，有一种精神始终贯穿其中，正是这种精神才让吴先生成就斐然、在做事做人方面令人景仰的。这种精神至少有三个方面：科学精神、民主精神和爱国情怀。

科学精神即理性精神，即独立思考、追求真理的精神。作为一个严肃的从事外国教育史研究的学者，在治学思想和方法上，吴先生一向以实事求是、认真严谨的朴实学风而受到学界的肯定。在多年的学术研究中，她始终坚持以马列主义的思想方法为指导，自觉运用辩证唯物主义和历史唯物主义的观点分析问题，擅长于把教育思想和制度的研究置于广泛的社会历史背景之中，客观、全面地认识历史现象和把握历史的发展。吴先生的严谨学风还突出地表现在她对教育史料搜集、整理的重视。写史是写已经过去的事，不是自己的亲身经历和所闻所见。而外国教育史又是论述外国的事情，如何解决史料问题也是很大的问题。在这方面，吴先生下了很大的功夫。为研究俄国、苏联教育史，吴先生仔细读过中央教育科学研究所图书馆馆藏的苏联教育杂志和书籍，买了许多俄国、苏联教育家的著作，在北京图书馆借阅了一些原著，1989年她去苏访学期间复印了大量国内见不到的书刊，阅读过俄国、苏联几乎所有的教育决议。吴先生认为，一个国家的教育与这个国家的政治、经济、文化、自然环境、人民的生活习俗、民族传统、国际关系都有联系。要说明教育现象、教育发展历程是什么样，还要说明为什么会如此，就不能就教育谈教育，一定要弄清楚这个国家的历史发展及其与周边国家的关系。为研究和撰写俄国教育史，吴先生不仅读了大量教育文献，还读了能找到的各种俄国史、关于俄国自然地理和东正教的历史书籍、拜占廷文化史、金帐汗国衰亡史、俄国社会思想史、列宁和斯大林的一些著作、俄国主要沙皇的传记，等等。

史料的翔实和运用的贴切，既显示出了吴先生扎实的理论研究功底，也体现着她实事求是的治学态度。她反对从理论出发写史，更反对预定褒贬，再拼凑材料证明自己的议论。无论学术界流行什么样的潮流，她始终坚持只在自己多年研究的专题内写文著述，非经深思熟虑的文章从不出手。这充分表现了一个知识分子的学术责任感。

另一方面，吴先生又不是那种把个人的学术兴趣看得高于一切的书斋式的学者。从她的研究内容和成果来看，她十分重视历史研究为现实服务的功能。主张外国教育史的研究要为我国教育的改革与发展服务，尤其是不能脱离我国教育改革与发展的实践。20世纪70年代末以来，我国教育改革方兴未艾，社会普遍重视教育和文化学习，同时出现了片面追求升学率和单纯重视智育、导致学生学习负担过重的倾向。她把自己的研究工作集中在总结20世纪二三十年代苏联教育改革的历史经验上。在《试论苏联二三十年代的普教建设和普教改革》中，她强调一定要重视苏联这一时期教育建设和改革给我们留下的重要经验教训：要清醒地认识到普通教育是办好各种教育事业的基础，要避免学制结构的单一化，普通教育既要为高一级学校培养合格新生又要为学生参加实际工作与劳动作准备，要坚持贯彻德、智、体全面发展的方针；她指出，只有坚持唯物辩证法、反对形而上学，才能搞好教育改革。

吴先生在学术研究中不盲从权威，客观评价教育历史人物，是其理性精神的重要表现。例如，拉夏洛泰出身贵族，政治上保守，吴先生能根据他在国民教育方面做出的贡献和影响给予他较高的评价，并将他的思想与卢梭的思想进行比较，说明其长短；克鲁普斯卡雅政治上先进，一生革命，并做出了极大贡献，但她的教育思想确实存在片面性，吴先生能明确地指出这些问题并做出自己独立的评价（列宁对她的《国民教育与民主主义》评价极高，吴先生则从实际出发提出自己的见解）。

　　吴先生具有很强的民主精神。在研究中，她充分发扬学术民主，从不把自己的观点强加于人，尊重他人的学术见解。在为人方面更是平等待人，尊重他人的感受，常常设身处地为他人着想。她对同行、对同事、对学生都是如此，很受大家爱戴和推崇。全国从事外国教育史研究的同行都愿意与她合作、都愿意在她的组织协调下协作开展研究工作，这与她的民主平等精神，与她的尊重人、理解人、关心人的人文情怀是密不可分的。作为吴先生的学生，我们对于吴先生的民主平等精神感受最深。北师大教育科学研究所从1979年开始招收研究生，由吴先生担任硕士生指导小组组长。从那时起，吴先生开始指导硕士研究生。1991年，吴先生作为北京师范大学第一位外国教育史方向的博士生导师，开始招收博士生。几十年来她培养了很多研究人才，并且一些研究生已经在学术界产生较大影响。谈起吴先生，没有一个不钦佩她的为人。实际上，为文与为人是不可分的，为人的境界往往决定着为文的境界。吴先生的学术成就与她为人的态度有很大的内在联系。吴先生在其自述《我的学习、学术探究生涯与教育史观》（未发表）中讲到："我并不好为人师，但爱护、尊重自己的学生，崇尚教学相长。我把学生视为自己的朋友，和他们一起研究、讨论外国教育史的各种问题。我的博士生都参加我主持的研究课题，在学习、研究中获得成长。"吴先生具有很深的爱国情怀。她少时饱受战祸之苦。抗日战争爆发那年，她只8岁，战争中随家人先逃难到湖南，又逃难到桂林，再逃难至贵阳，最后至重庆，翻山越岭，风餐露宿，受尽磨难。先生受尽国弱之苦，自小就渴望报效国家，为国家强大效力。先生青少年时代家境贫寒，尽管学业一直优异，但常常为学费忧心忡忡。新中国的成立改变了国家的发展道路，也改变了先生个人的命运。1952年，先生由学校推荐经考试合格被送到北京外语学院留苏预备部学习俄语。次年8月，由国家派遣到苏联学习。国家和人民给了先生以新生。报效国家、报答人民在先生那里不是空洞的口号，而是发自肺腑的真挚情感。留学归来，吴先生一直为报效国家和人民而努力工作。她对外国教育史教材中国化的贡献，对中国教育改革与发展的关注，对我国青少年儿童发展的关心，都展现和阐释着她的爱国情怀。她在其自述中讲道："我研究外国教育史，不是为研究而研究。改革开放30年来，我每年都很忙碌。20世纪80年代写些文章，想的是为恢复和发展教育尽点力。做'外国教育现代化的历史研究'，也是想为我国的现代化事业尽点心。教育史学不仅在师资培养方面能够发挥作用，还能为我国教育理论建设和教育事业的发展提供启示与借鉴。我读书、思考的虽然是外国教育问题，心中想着的还是我们国家自己的教育问题，希望我们一代一代的儿童和青少年能够愉快、健康地成长。"

求真、向善、爱国，是先生人格的集中表现。先生之风，山高水长，永远值得我们景仰和学习。

附件十:《回忆我的导师》

回忆我的几位导师[*]
毛祖桓

我从1979年至1981年在北师大教科所念硕士,师从的是吴式颖老师,给我授课的还有陈友松先生和程舜英先生。1985年至1988年我在教育系念博士,师从的是王焕勋先生和黄济先生。

值此母校110周年华诞,几位老先生当年给我授课的音容笑貌又不由自主地浮现在我眼前,遗憾的是王焕勋先生、陈友松先生和程舜英先生已经去世了。

先说说几位已去世的老先生对我的教诲。

上陈友松先生的西方教育哲学非常不轻松。我们选用的是英文原版的《教育学基础》(*Foundations of Education*),陈先生要求我们学生上课前先阅读原文,再翻译成中文。上课时先念英文后念中文。陈先生事先已通过助手备过课。他虽然双目失明,但记忆力和听力却惊人地好。我们只要一出现阅读理解和翻译方面的错误,他就会立即加以纠正。单词关、翻译关过了后再讨论文意。这门课占用了我课下的很多时间,但收益却非常大。专业英语的阅读理解能力包括口头表达能力有了很大提高。对教育哲学的理解也深入了许多。他床底下的箱子里有大量教育财政学方面的文献资料,许多是从美国留学带回来的。如果先生的一生不是如此坎坷,教育科学的命运不是如此多舛,先生肯定会对教育科学做出更多的贡献,给后人留下更多的宝贵财富。

程舜英先生去年去世后我曾去八宝山为先生送行。先生当年给我上中国教育史。先生的古文功底、文献功底颇有家传,先生的姐姐就是中华书局著名的古籍文献专家,先生多年来以抱病之躯孜孜治学不倦,每有新作送我常使我感

---

[*] 2012年在北京师范大学教育系1978年入学的同学聚会时提交的文章。

动不已，感受到老一辈学者"天行健，君子以自强不息"的那种韧劲，自己每生怠惰之心，就会想起这些老先生，先生对学生要求极严，要求将《论语》按照教育学的纲目重新整理，至今我还珍藏着当年的作业，那是正反两面都写满的厚厚的一叠卡片纸，是按照先生的要求完成的。先生给了个优，以资奖励。

王焕勋先生则常常给我们讲他一生的经历。先生1935年毕业于北京大学教育系。1938年奔赴延安入陕北公学学习。1943年加入中国共产党。曾任华北联合大学教员，晋察冀边区第二专署督学，冀晋行署教育厅督学、秘书、中共中央宣传部教育研究室研究员。所以先生对老区的教育经验非常重视。先生给我印象最深的有两点：一是为人非常谦虚，常常强调自己年老体弱，指导博士论文有力不从心之感。但其实我们厚厚的论文先生都是在病中看的，这让我们非常感动。有一次先生在309医院住院治疗，我们去看先生，先生仍然是那么和蔼可亲，关心我们的论文。后来我的博士论文在重庆出版社出版了，送给先生一本，先生非常高兴，要求教育学组的老师一人买一本。我赶快和出版社联系，出版社很快把书寄来了，当把几十本书拿到先生家时，先生非常高兴，先生给我的另外一点深刻印象是要求对马列著作的引用一定要慎重，一定要认真阅读原著。这种严谨的治学态度令我们这些后辈晚学真是受益匪浅。

黄济先生的谦谦君子之风是众口皆碑的。先生常常挂在嘴边的一句话就是："我没有什么，我真的没有什么。"但是先生的大作却不断推出，创作欲望之强烈一点都不亚于年轻人，这一点真让我们年轻人不得不由衷地佩服。先生要求我们不能只做书斋学问，为此先生当年已经67岁的高龄了，依然像年轻人一样亲自骑着自行车陪我们去实验中学去见王校长、让王校长给我们介绍中学的教育改革情况。我现在也带了不少学生，博士生有几十个，硕士生就更多了，但和先生当年那样倾心竭力地带学生相比确实是差得太远了。

吴式颖先生留过苏，对苏俄教育研究得很专深。我每年春节都会去看望先生和他的老伴张羽先生。张先生是原社科院外国文学研究所的所长，我曾专门邀请张先生到北科大讲高尔基，真是语惊四座。我觉得吴式颖先生对我当年硕士论文的指导倾注的心血恐怕要超过现在许多博士生导师对博士论文的指导。

先生亲自为我查找俄文的有关文献，介绍我认识了许多著名学者，如中央教科所的胡克英教授、社科院的陈元晖教授、北京教育学院的温寒江院长、杭州大学的王承绪教授、金锵教授等，都是亲自带我上门求教。先生虽退休多年，仍治学不辍，出版专著一本接着一本。面容虽然消瘦却精神矍铄。

我们这一代人是有幸的，接触了那么多的名师。他们擅长的学科领域虽然不同，但有一点却是完全一样的。那就是对教育科学的毕生挚爱，对后生晚辈的竭力栽培，于治学，于为人，都是我们毕生学习的楷模。他们这一代人是真诚地、认真地教，我们真诚地、认真地学，什么是大学精神，其实就是因为有这样一批大师，他们薪火相传，生生不息，追求真理，永不怠倦。

对于已经逝去的大师我们将永远追忆！对尚健在的老师们的师恩我们表示最诚挚的感谢，并衷心地祝您们健康长寿！

后　记

后 记

　　她的童年在战乱辗转中度过；她正式上学是从小学四年级开始，学习成绩得过101分；她在新中国成立那年考入大学，是20世纪50年代哼唱着"红梅花儿开"的留苏女大学生；她是全国外国教育史学科第一位招收硕士生和博士生的女教授，北京师范大学国家级重点学科——外国教育史的老学科带头人；她是我们老师的老师。如此丰富的人生阅历，像磁石一般吸引我们，使我们走近这个精神矍铄的耄耋老人——吴式颖先生。

　　跟吴式颖老师的缘分要追溯到2002年，那时候我还是北京师范大学本科四年级的学生，吴老师为她主编的即将出版的《外国教育思想通史》写了一篇长长的总序，张斌贤老师嘱咐我将吴老师的总序录入电脑。因为这个机会，我得以有机会最先读到吴老师写的这篇总序，从吴老师笔下了解到外国教育史丰富多彩的世界。

　　吴老师从小在湖南长大，对湖南有着一种深厚的故乡情愫，我恰好也是湖南人，吴老师总是亲切地管我叫"小老乡"。2007年陪同吴老师参加了在安徽师范大学召开的教育史年会。坐车的时候，吴老师跟我讲了很多她小时候读书和逃难的故事，缓解了舟车劳顿之苦，也让我对吴老师的故事充满了兴趣。

　　因为一直在北师大读书工作的缘故，所以也一直延续着与吴老师的缘分。这几年教育学科很多老先生们的口述史都得以陆续出版，我们也觉得吴老师应该出版自己的口述史。在教育学部和教育历史与文化研究院领导的关心和推动之下，2012年初我很高兴地承担了这个任务，课题组的成员还包括当时读博士的李曙光和读硕士的杨璐仪同学，杨璐仪同学由于中途毕业，退出了课题组的工作。

　　看其他老先生们已经出版的口述史是一件轻松的事情，而当需要我们自己开始进行口述史研究的时候，发现口述史并不像我们过去所想象的那样，就是口述过去和整理文字这样简单。无论是对吴老师而言，还是对我们整理口述材料的人而言，都是一个重新探索和研究的过程，我们是跟吴老师一起在探索口述史研究的有趣世界。

吴老师是一个非常认真和严谨的人，刚开始第一次访谈完的时候，吴老师讲完然后我们把文字稿整理出来，吴老师却并不是很满意。于是她自己回去再思考修改，然后我们再访谈再录入，吴老师再修改。每一次的访谈，虽然是让吴老师回忆自己走过的路，经历过的事情，但吴老师并不是在简单地追忆往事，而是每一次都重新思考自己走过的路，重新把自己的人生经历研究一遍。年代和事件记不清了，吴老师就亲自查阅资料或者打电话给亲朋好友求证。第一次访谈记录修改完成以后，吴老师就把"我的故乡在哪里"这个问题重新研究了一遍。吴老师对我们说，过去自己也没有认真仔细地思考过，这一次做口述史对自己的籍贯和故乡等问题有了新的认识。吴老师也是一个非常谦逊的人，刚开始做口述史的时候，她就跟我们说："我就是一个普普通通的人，有必要做口述史吗？"2014年6月，当我们全部的访谈快完成的时候，吴老师也从德国著名诗人海涅的诗句中为她自己最初提到的这个问题找到了答案。

当我们进入口述史的资料收集过程中去的时候，我们也发现在口述史研究过程中受益最大的，其实是参加口述史研究的人。在两年多与吴老师访谈和交流的过程中，我们不但了解到了我国外国教育史学科领域近半个世纪的发展历程，也时时刻刻被吴老师身上那种乐观而又坚韧的精神所感动。吴老师的一生，也是国家历经动荡的岁月，虽然从小经历了各种苦难，但她从未被这些苦难所打倒，而是乐观地面对生活的挑战。每次从吴老师家里访谈出来，我们的心灵都觉得仿佛接受了洗礼一般。当生活中有一些不如意的小事困扰我们的时候，想起吴老师的经历与故事，不如意便很快就会过去。当我们需要思考自己人生选择的时候，吴老师那富有哲理的话总是萦绕在我们耳边，给我们带来启示："不是我选择历史，而是历史选择了我。"进入外国教育史的教学和研究领域，虽然是组织分配的研究方向，但吴老师一直兢兢业业，为之倾注了毕生的心血。从1961年编写"外国教育史"教材开始，吴先生从事"外国教育史"研究至今已过半个世纪，50余年的风雨，她亲历了新中国"外国教育史"研究的整个历程。半个世纪里，吴先生一直坚持不懈、辛勤耕耘，其倾注的智慧和热情最终凝结为丰硕的学术成果。

2014年夏，孙益、李曙光与吴老师合影

用"耳聪目明"四个字来形容今年已经85岁高寿的吴老师一点也不为过。虽然吴老师早已退休，但在学术事业上一直是"退而未休"，我们与吴老师进行口述史研究的同时，吴老师还在忙着《中国教育大百科全书》词条的撰写、"西方'传统派'与'现代派'教育的冲突、融合及其对现代教育发展的影响"课题的进一步研究和《外国教育史教程》的修订等一系列工作。我们以为，所有这些繁忙的学术工作占据了吴老师生活的全部，没想到吴老师跟我们说，她平时很喜欢听音乐，而且在一次访谈中，吴老师居然拿出一个数独器给我们看，说她会经常拿出来玩一会，原来这也是吴老师保持思维敏捷的"法宝"，真是让我们年轻人汗颜啊。这样热爱生活的老人，即使到了100岁，也不会衰老！我们祝愿吴老师健康长寿，"何止于米，相期以茶"！

最后要指出的是，本次口述史研究得到了北师大教育学部985项目基金的资助、教育学部领导的关心和支持，得到了教育历史与文化研究院郭法奇老师的指导和张斌贤等老师的督促和帮助。为王炳照先生做过口述史的周慧梅老师给我们提供了宝贵的口述史研究经验。北京师范大学出版社的陈红艳编辑为本书付出诸多努力。书中不当之处，请各位读者体谅。

孙益

2014年7月

本书得到北京师范大学教育学部985项目基金的资助。

图书在版编目(CIP)数据

吴式颖口述史／吴式颖口述，孙益、李曙光整理．—北京：北京师范大学出版社，2015.4 (2015.10 重印)
（教育口述史系列）
ISBN 978-7-303-18571-9

Ⅰ．①吴… Ⅱ．①吴… Ⅲ．①吴式颖 – 生平事迹 Ⅳ.①K825.46

中国版本图书馆CIP数据核字（2015）第037100号

营 销 中 心 电 话　　010–58802181　58805532
北师大出版社高等教育分社网　http://gaojiao.bnup.com
电 子 信 箱　　gaojiao@bnupg.com

出版发行：北京师范大学出版社　www.bnup.com
　　　　　北京新街口外大街19号
　　　　　邮政编码：100875
印　　刷：北京利丰雅高长城印刷有限公司
经　　销：全国新华书店
开　　本：170 mm × 260 mm
印　　张：17
字　　数：249千字
版　　次：2015 年 4 月第 1 版
印　　次：2015 年 10 月第 2 次印刷
定　　价：78.00元

策划编辑：陈红艳　　　　责任编辑：陈红艳
美术编辑：王齐云　　　　装帧设计：锋尚设计
责任校对：李　菡　　　　责任印制：马　洁